前言 Preface

时间一天天地过，似乎就在眨眼间，海外汉语方言国际研讨会已经开过五届了。

特别不一般的是，与前四届不同，这个第五届会议不是在国内开的，而是在中国之外，在超级大国美国，在美国风景宜人的东海岸旧金山召开的。这是海外汉语方言国际研讨会在国内举办了四届以后，第一次在海外召开。从某种意义上说，第五届海外汉语方言国际研讨会是一届地地道道的海外汉语方言会议，不但圆了我们在海外召开一次海外汉语方言研讨会的梦，而且，这也是国家社科基金重大项目"海外华人社区汉语方言与文化研究"（14ZDB107），和国家社科基金重点项目"美国华人社区汉语方言与文化研究"（14AYY005）的一次海外科研盛会。

没有亲自经历，很难想象召开一次国际会议，尤其是在海外召开一次国际会议的艰难。不说联系承办方，筹措资金，邀请参会人员，中美主办两方的沟通联络，光是协助不少从未到过美国，甚至从未出过国的代表办理出国参会的各种杂事，为大家提供各种咨询，就能忙得人头晕眼花。

好在我们很幸运，暨南大学汉语方言研究中心对会议倾力支持，汉语方言中心的合作单位旧金山大学现代与古典语言学系，和暨南大学汉语方言研究中心携手，共同承办了这届会议。旧金山大学现代与古典语言学系的系主任李智强博士，还有与李博士一样，同是国家社科重点项目《美国华人社区汉语方言与文化研究》参与者的美国国防语言大学教授林柏松，在美国做了大量工作；暨南大学美国旧金山校友会，尤其是校友会的会长周云汉先生为参会的代表提供了各种包括住房在内的无偿服务；暨南大学汉语方言研究中心的各位同仁们，汉语方言研究中心的多位研究生，则为会议的成功召开做了很多琐碎却不可缺的工作，付出了很多努力。这所有人的努力相加，就化成了一股无可阻挡的力量，终于促成了会议在2016年7月15—18日成功举办！

尽管会议已经过去一年了，可回忆依然令人激动。按照惯例，每届会议之后，我们都会编辑出版一本会议论文集，希望本届会议的论文集除了学术的探

前言 Preface

讨，也能为大家留住在大洋彼岸共聚一堂，互学互辩，共同度过的美好时光。

本书包含了对东南亚、中亚一些国家，美国，还有中国台湾、香港华人汉语方言的探讨。文章涉及的问题有大有小，探讨既有综述式的，也有关于语音和词汇的，涵盖了海外华人社区流传的五大汉语方言"粤方言、闽方言、客家方言、官话方言、吴方言"中的前四类。论文的排列顺序大致是：综述、语音、词汇。一些原定要参加会议，最后因各种原因未能赴会的学者，也提交了论文。会议促进了国家社科重大、重点项目《海外华人社区汉语方言与文化研究》《美国华人社区汉语方言与文化研究》的进展；会议的文章无论长短，议题无论大小，都为中国海洋方言的研究添了砖瓦。只是有些遗憾，没有涉及海外吴方言的文章，也没有涉及语法的文章。或许这又从一个方面提醒我们海外汉语方言研究之不易：哪怕是一个小小的突破，都需要付出更多的努力，更需要海外各国本土的研究者的参与。

这就是我们无比珍视每一次相关的会议，每一篇相关的文章的原因。

随着国家"一带一路"倡议的推进，中国的海洋方言也得到了越来越多的关注，投身海外汉语方言研究事业的有志者慢慢多了起来，他们正一步一步朝着掌握中国海洋方言话语权的道路前行——无论前面是否荆棘重重。这本薄薄的论文集也许除了能唤起回忆，能为我们留住那份值得纪念的时刻以外，还能引发海内外更多同道的批评讨论，引起海内外更多同行的关注参与。海外汉语方言研究的广阔空间，期待更多志同道合之士的加入。

感谢暨南大学文学院为论文集的出版提供了高水平大学建设经费。感谢我的几位为会议，为论文集付出了辛劳的学生肖自辉（现在也是我的同事）、林秀雯、黄裕君、谢静婵、张天怡。感谢中国出版集团世界图书出版公司负责任的编辑，所有的支持，都将化作激励我们继续前进的动力！

暨南大学汉语方言研究中心
陈晓锦
2017年5月白兰花开时节

漂洋万里觅乡音
——第五届海外汉语方言国际研讨会论文集

海内方言与海外方言关系丛书
甘于恩 主编

陈晓锦 主编
李智强 林柏松 副主编

○ 国家社科基金重大项目「海外华人社区汉语方言与文化研究」（项目批准号：14ZDB107）
○ 国家社科基金重点项目「美国华人社区汉语方言与文化研究」（项目批准号：14AYY005）阶段性成果之一
○ 本书出版获得广东省高水平大学建设经费资助

中国出版集团公司
世界图书出版公司
广州·上海·西安·北京

图书在版编目（CIP）数据

漂洋万里觅乡音：第五届海外汉语方言国际研讨会论文集 / 陈晓锦主编. —广州：世界图书出版广东有限公司，2018.7

（海内方言与海外方言关系丛书 / 甘于恩主编）

ISBN 978-7-5192-4796-6

Ⅰ. ①漂… Ⅱ. ①陈… Ⅲ. ①汉语方言—方言研究—国际学术会议—文集 Ⅳ. ①H17-53

中国版本图书馆CIP数据核字（2018）第127142号

书　　名	漂洋万里觅乡音——第五届海外汉语方言国际研讨会论文集 PIAOYANG WANLI MI XIANGYIN: DIWUJIE HAIWAI HANYU FANGYAN GUOJI YANTAOHUI LUNWENJI
主　　编	陈晓锦
副 主 编	李智强　林柏松
责任编辑	魏志华　李　婷
装帧设计	书窗设计
责任技编	刘上锦
出版发行	世界图书出版广东有限公司
地　　址	广州市海珠区新港西路大江冲25号
邮　　编	510300
电　　话	(020) 84451969　84453623　84184026　84459579
网　　址	http://www.gdst.com.cn/
邮　　箱	wpc_gdst@163.com
经　　销	新华书店
印　　刷	广州市德佳彩色印刷有限公司
开　　本	787mm×1092mm　1/16
印　　张	18
字　　数	320千
版　　次	2018年7月第1版　2018年7月第1次印刷
国际书号	ISBN 978-7-5192-4796-6
定　　价	55.00元

版权所有　翻印必究

（如有印装错误，请与出版社联系）

咨询、投稿：020-34201910　weilai21@126.com

目录 Contents

不断开拓进取，在可持续发展的大道上阔步前进
——第五届海外汉语方言国际学术研讨会发言 ················ 詹伯慧 1

"第五届海外汉语方言研讨会"书面发言稿 ················ 张振兴 5

东南亚闽南方言的分布和变异 ································ 李如龙 7

汉语方言研究中心与海外汉语方言研究 ···················· 甘于恩 18

从中山方言在美国旧金山湾区的变异看多种语言的相互影响 ···· 林柏松 22

中亚回民社区的语言、文化和风俗 ·················· 林 涛 崔凤英 28

国内东干语研究述评 ································ 莫 超 李泽琴 38

香港大学生语言使用情况调查报告 ···························· 游汝杰 45

不同地域的开平人对其方言传承态度的调查报告
——以中国开平、香港及美国为例 ··············· 孙玉卿 邓淑芳 67

粤语在海外汉语方言的发展与演变浅析 ······················ 张蔚虹 83

由语言共存原理看标准语与地方话的社会角力
——兼谈汉语方言的消逝轨迹 ································ 李文肇 89

美国新泽西州的台湾移民闽南语语音的调查研究
——一个台中移民家庭的调查分析 ··············· 陈淑娟 史皓元 104

印度尼西亚廖内省峇眼话的方言系属 ················ 侯兴泉 曾娣佳 118

汉语方言歌谣的诗乐谐合性
——以闽、客、粤语歌谣为例 …………………………… 骆嘉鹏 128

新加坡"中英对译人名"中的汉语方言信息浅析 ………… 丘学强 146

哈佛广场燕京饭店菜单的方言因素及威妥玛音标对读 ……… 陶原珂 161

大台北地区缙云同乡会老人口音之对比研究
——以方位词为例 ………………………………………… 陈贵麟 169

美国华人常用时间名词使用特点探析 …………………… 陈晓锦 180

中缅边境地带汉语方言地名概况 ………………………… 肖自辉 199

马来西亚与中国香港惠阳腔客家话的词汇异同比较
　　　　　　　　　　　　　　　　　　　　刘镇发　吴文芯 204

印尼棉兰美达村客家话词汇中的印尼语借词 …………… 吴忠伟 217

香港三种闽南方言词汇的通语化与粤语化 ………… 徐宇航　张双庆 231

客家移民在台中有关节日活动与宗教信仰的文化词汇调查 …… 江俊龙 239

东南亚汉语方言"芭"词源考 ……………………………… 刘　莉 255

句末语气助词"定喇""啩"辨析 ………………………… 颜耀良 266

卫三畏的汉语教学观与美国汉语教学 …………………… 肖海薇 271

不断开拓进取，在可持续发展的大道上阔步前进

——第五届海外汉语方言国际学术研讨会发言

詹伯慧

（暨南大学汉语方言研究中心　广东广州　510632）

一

　　曾几何时，新一届的海外汉语方言研讨会又闭幕了。打从2008年在广州暨南大学举行首届研讨会以来，这在汉语方言研究中异军突起的新兴课题，深受汉语方言学界同仁的青睐，引起学术界的关注。研讨会多年来依次在泉州（2010）、银川（2012）、深圳（2014）举行了第二、三、四届之后，如今又把第五届的研讨会开到远隔重洋的美国旧金山了。事实充分说明，海外汉语方言的研究是得民心、顺民意的。研讨会每次选择会议地点都跟海外汉语方言的研究有一定的联系，这次选在美国华人聚居最为集中的旧金山，正值近期海外汉语方言的调查研究着力向美洲大陆华人社区发展之际，可以说是相得益彰，是非常切合实际的。

　　回顾这些年来海外汉语方言研究走过的历程，大致可以概括为：不断发展，不断有所突破，不断取得成果。具体体现在以下几个方面：

　　1. 海外汉语方言研究的重要性越来越受到语言学界重视。乐意参与这一课题，致力于这一事业的语言学者日渐增加，眼下已从开始只有少数几位热心学者冷冷清清埋头苦干的局面，发展成为稍具规模的、有条件可以走出国门、奔向海外各地进行调查研究的队伍了。

　　2. 随着国家社会科学基金接连通过立项支持，海外汉语方言研究的知名度迅速攀升，调查研究所需的资金有了一定的保证，工作条件也日渐改善。打从

2007年"东南亚华人社区汉语方言比较研究"获评为国家社科基金一般项目以后，国家社科基金办在2014年上半年批准由暨南大学陈晓锦教授申请的"美国华人社区汉语方言与文化研究"为社科基金重点资助的专案；同年年底，又进一步批准由她牵头申请的国家重大项目"海外华人社区汉语方言与文化研究"立项的决定。接二连三的获评立项给陈晓锦教授和她的团队以极大的鼓舞，以此为契机而及时进行队伍的扩充，很快就得到有志者的回应。近一年来，项目参与者已陆续出发到美洲、欧洲和亚洲的一些华人社区开展调研，像法国巴黎十三区这样华人聚居的地区，过去鞭长莫及，没有组织过调查，这回也派人去实地调查了。看来扩大海外华人社区调查面的思路正在逐步化为现实。

3. 在持续发展、不断扩展的海外话语方言研究中，一些重要的研究成果陆续面世，显示出一步一个脚印，稳扎稳打的可喜势头。这里我们首先要提出的是那几本令人瞩目的、汇编每一届研讨会论文的论文集。收入论文集中的文章，内容涉及海外汉语方言研究的方方面面，为我们提供不少难得一见的资料，对我们进一步打开研究的思路，明确劲往何处使，无疑都有启示的作用。而陈晓锦教授在多年研究东南亚华人社区汉语方言方面，有了丰厚的学术积累，出版过多部专著（如《马来西亚的三个汉语方言》《泰国的三个汉语方言》等）的基础上，近期又出版了洋洋三大卷的《东南亚华人社区汉语方言概要》。这部全面概述东南亚汉语方言的著作，全书包括概况、语音、词汇、语法、其他等五个部分，可谓集东南亚汉语方言面貌之大成。这样一部大型著作，为东南亚汉语方言的进一步深入探讨打下了坚实的基础，让后续的研究有了比较可靠的先导。除此以外，近几年陆续发表、散见于各地刊物上的有关海外汉语方言的文章也时有可见。种种迹象反映出海外汉语方言的研究正渐入佳境，成果也日见丰硕。

二

如上所述，当前海外汉语方言的研究态势很好，可谓方兴未艾，一派蓬蓬勃勃的喜人景象。这一堪称盛世伟业的巨大语言工程，实在值得我们汉语方言专业人士同心协力，抓住时机，奋力拼搏，以期能够克服各种困难，有计划、有步骤地一一实现既定目标，完成伟业。依个人管见，从目前的实际情况出发，宜着力做好以下几个方面的工作，力争在较短的时间内有新的突破：

1. 众所周知，我国是旅外侨民最多的国家。长期以来，炎黄子孙散居世界各地，有华人处自然就有汉语方言。研究海外汉语方言，首要的课题当然是全面摸清海外华人的现实情况。不断扩大调查面，更全面地掌握世界各地华人社区的汉语方言情况，始终是海外汉语方言研究的重头戏。世界在发展，海外华人社区也在发展，在调查研究中，一定要有动态的观点，要通过各种有效的途径，掌握每一个海外华人聚居社区的最新侨情，尽可能了解当今五洲四海华人的分布及其社会语言交际的实际情况，切实掌握华人社区中汉语方言使用的新动向新趋势。值得一提的是：海外汉语方言的调查，绝不能单纯只为"寻根"，只满足于找一些七老八十的老一辈华人来记录他们的口语。应该十分明确：当今的调查，不但要弄清楚老一辈华人嘴里保留着的，从祖居地带来的汉语方言，更要进一步探讨、剖析老一辈华人嘴里所说的这些方言在第二代、第三代海外华人身上还能否有所传承，有没有出现放弃不用的现象？有没有出现既有所传承、又有所"变样"的情况？其实这些都属于社会语言学的研究范围。换句话说，在对待海外华人使用汉语方言这个问题上，我们不能单纯只有语言学方面的思维，还应该增添几分社会学方面的思维。不同年龄层次的人群在所操同一语言（方言）时出现大大小小的差异，本就是社会语言学关注的课题，更何况在海外华人社区复杂语言环境下使用着的汉语方言！不同辈份的海外华人，其所操汉语方言存在不同程度的差异，是再自然不过的事。当今研究海外汉语方言，就应该在这方面下足功夫。

2. 认真加强海外华人融入当地社会情况的调查研究，特别要对海外华人社区的文化生态进行分析研究。文化总是通过语言反映出来的。海外华人社区普遍存在着中华传统文化与侨居地文化的相互影响、相互渗透的情况。这些情况必然也要反映到海外华人日常惯用的乡音土谈中来。研究海外汉语方言，离不开对当地文化和中华文化，包括各种中华地域文化之间相互关系的探究。这方面的工作尽管此前也有学者涉及过，但还不够深入，涵盖面也有限。此刻我们以"海外华人社区汉语方言与文化研究"这一国家社会科学重大专案为题来开展工作，更应该切实加强华人社区文化方面的调查研究，把语言的探讨和文化的剖析密切结合起来，才有可能达到既显示海外华人社区中独具特色的汉语方言面貌，同时也呈现出海外华人社区中多彩多姿文化现象的目的。

3. 经过近期加大工作力度，在调查面日渐扩大，资料积累日渐丰富，海外华人社区汉语方言基本情况能够大致掌握的情况下，宜及时考虑汇总相关资料，着手编制反映海外华人社区汉语方言分布及应用情况的相关图表，为绘制海外华人社区汉语方言地图准备条件。一旦把显示海外华人社区汉语方言分布和使用情况的地图绘制出来，海外各地华人社区汉语方言的面貌也就可以一览无遗。这就为进一步的深入研究提供了重要的前提，可以在这个前提下开展一些相关专题的深入探讨。

三

上述管见，此前我在历届海外汉语方言研讨会的发言中多有提及，屡屡呼吁，这里不过是旧调重弹罢了。归根结底，我认为要做好这一工作，当务之急始终在于组织好研究队伍，不断走出国门，不断加大调查力度，不断扩大调查面。在调查、调查、再调查的基础上，不断探讨、研究各种相关的问题，就一定可以一步一个脚印地稳步前进。这样一个汉语方言学中前所未有的重大工程，其艰巨性不言而喻。万事起头难，近年来在陈晓锦教授的精心策划和团队同仁的努力拼搏下，已经取得相当可观的进展。现在只要大家下定决心，同心协力，持之以恒，以大无畏的精神迎接困难，排除困难，必然能完成规划，达到既定的目标。

2016年7月于美国旧金山大学

"第五届海外汉语方言研讨会"
书面发言稿

张振兴

（中国社会科学院语言研究所 北京 100732）

各位老师、各位朋友：

今天是"海外汉语方言研讨会"第五届会议开会的日子。前四届在国内召开，我都参加，也都发言了。这一届在美国开，我因为年纪大了，不适宜长途飞行，不能参加，失去了一次向各位老师、各位朋友学习的机会，实在遗憾。很希望以后有机会能够得到一些补正。

关于海外汉语方言，以往的一些汉语教科书都略有提及，但都非常简单。《中国语言地图集》1987年版专门绘制了一幅两张的"海外汉语方言"图，比较详细地说到汉语方言在海外的分布以及使用情况，但对语言事实本身并无涉及。还有个别先生在一些论著中说到海外汉语方言的某些事实，也大多非常简单。真正对海外汉语方言进行比较详细的调查研究，并正式出版很有分量的研究报告、研究专著的是"南陈北林"。"南陈"指的是中国暨南大学的陈晓锦教授，"北林"指的是中国北方民族大学的林涛教授。陈晓锦教授从调查研究东南亚地区的汉语方言开始，而今足迹遍布非洲、美洲、欧洲很多地方的汉语方言。林涛教授足迹遍及中亚地区，对那里流行的以中国西北地区官话方言为基础的"东干语"进行了十分详细的调查研究。汉语方言通过海陆两条路径，伴随着华侨华人，传播到世界各地，为传播华夏文明，促进中国和世界各国的经济文化交流做出了卓越的贡献。这是汉语和华夏文化的骄傲和自豪。可是在很长的时间里，我们没有可能、也没有机会去进行海外汉语方言的调查研究，真的只能"望洋兴叹"。现在不同了，陈晓锦教授、林涛教授，还有一批年轻的汉语方言学者，走出了国门，不但到世界各地调查汉语方言，同时也第一次把汉语方言的研讨会开到国外，开到美国。这不但是汉语方言调查研究的一个重大转折，同时也是汉语研究、中国语言研究的一个重大转折。我作为一个有几十年经历的汉语方言学工作者，有幸亲眼看到这个历史性的转折，为此感到兴奋和激动！谢谢陈晓锦教授，谢谢在座的各位老师、各位朋友！

怎么认识海外汉语方言的本质特征？我们知道，从认识论的观点看，汉语方言的最本质特征是它的共同性和分歧性。"自其同者而观之，隔好几千公里还能通话"，这个说的就是共同性；"就其异者而观之，同一个县有好几种不易互相了解的方言"，民间说"五里不同俗，十里不同音"，这个说的就是差异性。从现在已经调查的海外汉语方言事实来看，这种共同性和分歧性的特征，应该也是海外汉语方言的本质特征，要注意把握好这个总的特征。所以调查研究海外汉语方言，在充分注意海外汉语方言互相之间，海外方言与国内方言之间分歧性的同时，一定要充分注意海外汉语方言的共同性，注意海外汉语方言与国内汉语方言的共同性。不能夸大其中的分歧性，或者以分歧性来掩盖共同性。共同性是最主要的，认识这一点，对海外汉语方言的调查研究具有重要的指导意义。海外汉语方言的调查，以及相关的论著，第一要高度重视语言事实。不管这个事实在海外或国内的其他方言中是否相同或有差异，都要记录，不要遗漏。事实越多越好。第二要研究其中的差异性，弄清楚这个差异性形成的历史地理背景、经济文化背景，把语言的差异性和背景的差异性结合起来。这两点做好了，我们的海外汉语方言调查研究就做好了，做活了，做出高度了。

当然，从事海外汉语方言的调查研究跟在国内的一样，最重要的一条就是"到田野去！"南宋诗人陆游在《夜读笔记示儿》诗里说："古人学问无遗力，少壮工夫老始成。纸上得来终觉浅，绝知此事要躬行。"这四句话把做学问的道理都说透了。不过，在国外做调查研究有许多意想不到的困难，希望各位老师、各位朋友努力。但一定要注意休息，注意身体。

最后预祝第五届海外汉语方言研讨会取得完满成功！

东南亚闽南方言的分布和变异

李如龙

（厦门大学 福建厦门 361005）

【摘　要】闽南话是汉语方言中流播最广的方言，除东南沿海外，还分布在东南亚十几个国家，原先使用人口约有1500万，因与当地人交往，闽南人后裔都是多语者。第二次世界大战后推行当地民族语，后来又推广华语，汉语方言受到压抑而萎缩。现在主要为老年人所用。闽南话的变异主要表现在不同闽南话之间的整合，闽粤客之间也相互有影响，当地民族语言对闽南话的语音系统和语法规律影响不大，词汇上则有所交流。文中列举了多年来调查所知的一些变异。

【关键词】闽南话　东南亚　分布　变异

一、闽南方言的海内外分布

在林林总总的汉语方言中，闽南方言是海内外分布最广的方言之一。在中国的版图之内，海南省和台湾省这两个最大的海岛的主要方言都是闽南话。在本土的福建省，除了闽南地区以外，闽东沿海的宁德、霞浦、福鼎，闽中的永安、尤溪，闽北的邵武、武夷山也有不少闽南方言岛。在广东，闽南话分布在潮汕、中山、电白和雷州半岛，占据着全省1/2以上的海岸线。在浙南的苍南、泰顺和舟山一带也有一些闽南方言岛。以上各地说闽南话的人口应有4000万。在海外，闽南话主要分布在东南亚，包括印度尼西亚、马来西亚、菲律宾、新加坡、泰国、缅甸、越南等国，几代人之中曾经以闽南话为母语的人数应在1500万以上。东南亚的汉语方言中，闽南话、广州话和客家话都是分布最广、走得最远而又保留得最好的较为强势的方言。三者之中，人口最多、外迁历史最长的，还是闽南话。正因如此，在普通话推广之前，闽南话曾经是那里的华人社会的通语。1955年，丁声树、李荣为汉语方言分区时，把闽南话作为汉语的八大方言之一，也与它历史长、分布广有关。

闽南话之所以沿着东南沿海的海岸线和海岛分布,继而漂洋过海走向东南亚,从客观原因上说,是由于闽南丘陵地耕地不足,而且贫瘠多旱;从主观条件上说,则是闽人早就善于造船行舟。北宋《太平寰宇记》以"海舶"为泉州名产;南宋徐梦莘的《三朝北盟会编》则称"海舟以福建为上";南宋王象之的《舆地纪胜》曾引用惠安人谢履的《泉南歌》说:"泉州人稠山谷瘠,虽欲就耕无地辟,州南有海浩无穷,每岁造舟通异域。"到了元代,泉州港的海舶就多达15000艘,马可波罗在他的游记中,称泉州为"世界上最大的港口之一","大批商人云集这里,货物堆积如山,的确难以想象"。再后来,跟随郑和下西洋的马欢在《瀛涯胜览》中写道:"嘉靖间,漳泉及潮州人,多至马剌加、勃尼、暹罗。"《西洋番国志·爪哇国》则说:"杜板……约千余家,中国广东及漳州人多逃居于此。"可见,到东南亚去的华人,去得最早、人数最多的正是闽南人。[1]

二、东南亚闽南人的语言生活

闽南人下南洋,在19世纪之前,虽然人数已经不少,但是在许多地方还是处于不太稳定的暂居状态,开始时是为了逃荒、逃难(海上行商被当成海盗,参加农民起义后,有失散的败兵,有的是被官府追捕的人犯),其后也有被"卖猪仔"而去的,带有"流寓"的性质,流落异邦、暂且寓居而已。后来逐渐定居下来,筚路蓝缕,垦荒种植,或出卖苦力,受雇于西方殖民者;或当起走街串巷的小贩,做点小本生意以糊口。初到异地,语言不通,只好与同宗的乡亲聚居,后来者则投亲靠友,在老乡家中权且"浪帮"(马来语:依人糊口)。流寓时代的华人说的都是闽南本土的方言,因为他们大多都是来自农村的文盲,认得几个汉字的,也只能读出方言的字音。早期新马一带编给他们学马来语用的《华夷通语》(光绪9年——1889年出版)就是用闽南字音注的马来语的常用词语和例句。华人的吃苦耐劳、省吃俭用与善良和顺,都是举世公认的。经过几代人的奋斗,他们大多站稳了脚跟,一部分还成了工商业者,为社会做出大大小小的贡献。直到20世纪中叶,东南亚的华人已有数千万之多,他们都还记住自己的家乡和故国,怀着强烈的家国

---

[1] 李如龙:《福建方言》,福州:福建人民出版社,1997年,第87—97页。

之情。在这样的"华侨时代"形成的语言生活，对于中下层平民来说，大多是保留着自己的方言母语，也学会了当地语言（马来语、印尼语、泰语、缅甸语、他加禄语、越南语等），都是双语者或多语者。辛亥革命之后，侨社所办的华文学校开始教学注音字母、推行"汉语"，上层人士还兼通殖民者的"西语"（西班牙语、法语、英语等）。

在南洋的华侨时代，1979年出版的陈烈甫的《东南亚洲的华侨、华人与华裔》曾引用了台湾侨务委员会70年代统计的数字，东南亚华侨华人共有1600多万，华人在50万以上的有：菲律宾55万，缅甸66.5万，越南55万，新加坡168.9万，印度尼西亚361万，泰国365万，马来西亚391.6万。[①]

其中只有越南华人是说粤语的占多数，泰国华人多是潮州人，说的也属于闽南话，其余各国说闽南话的占多数。由于绝对人数占据着优势，闽南话曾经是东南亚华人之间的通语。

第二次世界大战结束之后，在东南亚民族独立运动中，各国先后以主体民族的语言作为常用语，在学校和社会上大力推行。新中国不承认双重国籍，鼓励海外华人就地落籍，因而东南亚的华侨进入了"华人时代"，学习所在地的常用语成了"华人时代"的新常态。20世纪50年代，新加坡从马来亚联邦中独立出来，在这个华人占大多数的岛国，为了克服闽、粤、客三大方言的阻隔，政府提倡推广"华语"，十几年间便大见成效。由于新加坡的华人集中，且经济发达、港口繁荣，住在各国、说着不同方言的华人之间联络也增强了，加上中国大陆"推普"的影响，东南亚华人便也逐渐普及了华语。原来作为南洋华侨通语的闽南话，也逐渐让位给这种普通话的海外变体。

对社会语言生活有直接影响的是政府的语言政策和教育政策。作为文化的载体，作为政治运作和教育传承的工具，政府关注语言政策、强调本国主体民族语言的学习和使用，这是顺理成章的。出于种种原因，东南亚的华人为了传承本族语言和文化，常常受到许多限制和打击。在华人占了大多数的新加坡，由于政府确定英语为教育语言和行政用语，原有的从小学到大学的系统中文教育，就受到了严重的打击。提倡"华语"又只是停留于口头浅层次的沟通，没有书面阅读的措施，连街市原有的中文路标都不复存在。华文教育只能迅速地式微，汉语方言在

[①] 李如龙：《福建方言》，福州：福建人民出版社，1997年，第98页。

家庭里失去地位。新生的一代代华裔，只能用英语谋生，融入西方文化，不但原有的家庭方言母语失传了，占总人口2/3的华人后裔中，"华语"实际上已经退出了许多青少年的生活。据《联合早报》的调查，从1980到1990年的十年间，新加坡华族的家庭用语，使用方言母语的从81.6%下降为50.6%，使用华语的从10.2%上升为29.8%，使用英语的从7.9%上升为19.2%。[①]在其他华人只是少数民族的国家，华人的母语教育也普遍处于艰难的困境。占着总人口1/3的马来西亚，原来的华文教育已经形成了独立系统，而且质量相当高，因为不能列入国家计划的普及教育，只能靠着华社自筹的经费维持着惨淡经营。泰国北部山区华人区的子弟要学习华语，只能夜晚加班在本地的村校学习。在印尼的几次"排华"中，所有的华文学校都被取缔，一切中文书刊被禁止进口，连华人的中文名字也要改用印尼语文。那里的闽南话如今只能保留在老年华人之中了。

在这种严峻的情况下，华语和华文要在东南亚各国得以存在和发展，只能靠华人社会的团结协作和热爱中华文化的华人志士的努力奋斗。然而，中华文化毕竟是树大根深的，数千年的光辉蕴藏，一定会给世代子孙予无穷的智慧。2016年，笔者到雅加达访问，在中老年华人中间，还听到了纯正的闽南方言，有些花甲老人年轻时在华校受过中文教育，还会写旧体诗词。侨社正在努力恢复华文教育，笔者从中受到极大的鼓舞。三十年来中国的崛起已经引起世界的注目，也增加了中华文化的底气和魅力，全世界许多有识之士为了和中国打交道，都在学习汉语、使用中文。近些年来，东南亚各国已经创办了数以百计的孔子学院和孔子课堂。汉语和中文在东南亚的发展虽然道路曲折，但前景还存有一片光明。

三、闽南方言在东南亚的变异

闽南方言在东南亚虽然拥有数百万的使用人口，但是离开本土已经有几百年之久，来自闽南的漳州、泉州，或粤东的汕头、汕尾的闽南话，原来就有不小的差异，相互之间难免要经过一定的整合；又是分散在大大小小几十个国家，受到当地许多各不相同的强势语言的包围，在与当地人民的友好交往（包括通婚）之中，如上文所述，大多数华人都是兼通当地多种语言的双语者或多语者，在内部整合

[①] 见甘于恩文所引，见李如龙主编：《东南亚华人语言研究》，北京：北京语言文化大学出版社，2000年，第16—21页。

和外部接触的过程中，势必发生种种不同的变异。语言是人们须臾不能离开的交际工具，在不同规模的城乡社区，在不同民族组合的家庭，对于不同文化和职业的个人，这种变异都可能有不同的形式和结果。现有的方言调查大多只能选取个人的样例作抽样调查，所做的报告也只能是具有一定典型意义的样品。如果不同的样例做得多了，就可以归纳出一定的类型。本文所谈的东南亚闽南方言的变异，就是以单个样例为依据，参考见到的同类样例，从类型上所做的某些分析。限于篇幅，既不能作出全面的描写，也不能进行系统的比较。

以下试谈谈初步考察的一些结论。

就语音方面说，东南亚闽南方言的变异主要表现在内部的整合和调整，外部接触中语音上的变异很少。

所谓内部的整合和调整，就是根据相关的闽南方言的语音结构系统的差异，选择常用音类、合并罕见音类，减少多音现象。以下举两处方言为例。

2004年，香港中文大学申请了"大闽语"的课题，组织了一批专家参与调查。庄初升和张双庆调查了马尼拉的闽南话。那是泉州晋江县的闽南人几百年来陆续移民传承下来的，因为人数多，聚居密集，与原乡又一向存在比较密切的联系，所以至今还保存良好。从调查情况看，马尼拉闽南话和泉州一带闽南话最大的不同是字音文白读的残缺。如所周知，闽南话单字音以有广泛的文白异读著称。外播的方言一般只用于口语交际，不和口语词汇挂钩的纯粹的读书音就被大量淘汰，因而有文白异读的字音就减少了大半。以该计划所调查的"果、假"两摄的65字为例，保留文白读的只有25字（为节省篇幅，以下只列举例字，未注音标）：我簸破磨(平)螺果过和把马渣沙加价架嫁下(上、去)厦夏斜也瓜瓦花；其余的40字有放弃文读的：做搓柯鹅坐火爬杷茶纱家假虾蛇；也有因为用作口语词并不常用而放弃白读的：可(小可)何(无奈何)课(功课)化(德化—地名)。

另外一个明显的变异是一些不常用的音类的精简和合并。泉州音的单元音韵有 i、u、ɯ、ə、e，因为 ɯ、ə 在闽南地区使用面比较窄（晋江、惠安一带和厦门、漳州一带就都不用），所以马尼拉闽南话就把这两个单元音韵省简了，前者并入 i：猪徐箸锄鼠薯居举锯去鱼语矩紫此师事史；或并入 u：女吕著除煮书如舞注取句区雨署滤处；后者则并入 e：袋灾背配陪推妹退罪灰回皮糜吹炊飞尾，这种读音和现在的晋江话比较相近。

1995年，高然向60年代从苏门答腊北部亚齐省来的归侨陈先生调查了亚齐闽南话。那里的闽南话使用人群有数十万人，至今还在使用着。从来源说，到那里去的泉州地区和漳州地区的移民都有。就其内部整合调整的总体情况看，声母系统与漳州音较近，最明显的是有dz声母；声调系统则调值与泉州音较近：阴平为33调，阴入5，阳入23；而调类则与漳州音相近：阴阳去分调，浊上并入浊去；而二音节连读变调，则更近于泉州音：前字阴平、阴入不变，阳平、阳去和阳入变得十分相近。就韵母的类别说，凡泉漳厦有别的，选用哪种读音显得比较杂乱，总的说，接近漳州音的多些。举例如下：

（1）漳泉厦有别的，取漳州音，例如：

ue 皮、过（泉ə，厦 e）

又如：ɔm 森、参（泉əm，厦 ɔŋ）

ueʔ 月、袜（泉、厦 e）

uan 县、悬（高）（泉 uĩ、厦 uaĩ）

（2）取与泉厦同音，漳州特异的不取，例如：

e 爬、家（漳ɛ）

iũ 羊、张（漳iõ）

（3）漳厦同，泉州特异的不取，例如：

iŋ 登、能（泉əŋ）

（4）泉厦同，漳州有别的也取，例如：

eʔ 八、节（泉、厦 ue）

uĩ 酸、卵（泉、厦 ŋ）

不过，这类字音，也有两读并存的，如：饭、碗，两读为 ŋ、uĩ。[①]

从上面所举的例子看，就内部整合的总趋势说，应该是"从众、从简"。从众，就是取闽南话内比较普遍的说法；从简，就是减少音类的数量。

至于上文所说的"外部接触引起的语音变异很少"，这里还可以补充几句。汉语方言是有声调的，南洋的许多民族语言没有声调，这种情况并没有使汉语方言放弃声调的区别。南岛语有些音节的结构是闽南话没有的，例如词尾的辅音s、h，辅音音位r、j，有些多音词也没有被接受。闽南话在借用外来词时，都按照自己的结构规律加以改造。

[①] 高然：《印尼苏门答腊北部的闽南方言》，李如龙主编：《东南亚华人语言研究》，北京：北京语言文化大学出版社，2000年，第165—194页。

从下列印尼、马来西亚华人借用的马来语（印尼语）就可以看到这些情形：

arah——a¹la?⁷（估计）

suap——sap⁸（吃的一种）

cara——lia³la⁶（计划，照管）

kapas——ka¹pua⁵（棉布，写为"加贝"）

serutu——tsu¹lut⁸（雪茄，写为"珠律"）

pasar——pa¹sat⁷（市场，写为"巴刹"）

jamban——iam³gan²（厕所，写为"掩颜"）[1]

就词汇方面说，可以看到东南亚闽南话变异的三个特点。分述如下：

第一，凡是闽南方言有派生能力的核心词、日常生活常用的基本词和内部普遍使用、在外方言少见的特征词，在东南亚各地的闽南话都保留得相当牢固。以下所列例词是"大闽语调查"中不论是菲律宾的马尼拉、马来西亚槟城的"福建话"（即闽南话），或是泰国曼谷的潮州话都共同存在的（限于篇幅，只列词条未加标音）。

1. **单音的核心词及其派生词**

厝（房子）	厝脊（屋脊）	厝边（邻居）
厝瓦（瓦片）	起厝（盖房子）	厝主（房东）
骹（腿、脚）	灶骹（厨房）	骹川（屁股）
骹目（踝骨）	骹缝（胯下）	骹迹（脚印）
鼎（铁锅）	鼎盖（锅盖）	鼎底（锅底）
鼎脐（铁锅外底的收口）	鼎钱（铁锅碎片）	薰（烟草、烟丝）
薰箬（烟叶）	薰支（烟卷儿）	薰吹（旱烟管）
薰盒（烟盒儿）	囝（儿子）	囝儿（子女）
生囝（分娩）	病囝（害喜）	鸡囝（小鸡儿）
船囝（小船）	侬（人）	大侬（大人）
生理侬（商人）	侬客（客人）	丈侬（岳父）
作穑侬（农民）	喙（嘴巴，口）	喙齿（牙齿）

---

[1] 高然：《印尼苏门答腊北部的闽南方言》，李如龙主编：《东南亚华人语言研究》，北京：北京语言文化大学出版社，2000年，第152—160页。

喙须(胡须)	刀喙(刀口)	门喙口(门口)
喙燋(口渴)	食(吃、喝)	食薰(抽烟)
食桌(赴宴)	食教(信教)	煮食(炊事)
食惊(吃惊)	沃(浇灌、淋)	沃雨(淋雨)
沃菜(浇菜)	沃水(浇水)	沃肥(浇粪)
沃澹(浇湿)	褪(脱)	褪衫裤(脱衣服)
褪赤骹(打赤脚)	褪皮(脱皮)	褪脱脱(脱得精光)
曝(晒)	曝日(晒太阳)	曝燋(晒干)
曝衫裤(晒衣服)	曝粟(晒谷子)	芳(香)
芳花(香花)	芳味(香味)	芳水(香水)
鼻芳(闻香)	食芳(吃香)	乌(黑色)
乌涂(黑土)	乌阴天(阴天)	乌墨(黑墨)
乌青(皮下淤血)		

隻(用得广泛的量词：鸡角公鸡、牛、猪母母猪、羊团小羊、马、车、船、飞机)

2. 单音或双音的基本词汇

汝(你)	伊(他、她、它)	恁(你们)
因(他们、她们)	家自(自己)	逐个侬(大家)
箸(筷子)	索(绳子)	潘(洗米水)
领(脖子)	塗(泥土)	糜(稀粥)
枋(厚木板)	卵(蛋)	秫米(糯米)
烧水(热水)	滚水(开水)	年冬(年成)
日昼(中午)	暝(夜晚)	大水(洪水)
苦旱(旱灾)	秋清(凉快)	所在(地方)
起火(生火)	挽(拔)	拭(擦)
敨(解开)	舐(舔)	徛(站立)
徙(迁移)	必(裂开)	园(藏匿)
闹热(热闹)	哺(嚼)	物件(东西)
事际(事情)	所费(开支)	塗豆(花生)
树栽(树苗)	菜头(萝卜)	手指(戒指)
火烌(草木灰)	藻(浮萍)	塗笼(谷砻)

泛粟(秕谷)　　　　草埔(草坪)　　　　番爿(南洋)
亲情(亲戚)　　　　头家(老板)　　　　腹肚(肚子)
查某(女人)　　　　知影(知道)　　　　晏(天晚)

第二，一般词汇中有不少并存并用的同义词，这显然是来自闽南、粤东各地闽南人同住在一处而互通共用、保存下来的。这种情形在闽粤本土的闽南话中也有，但是比较少见。

茶叶——茶心、茶箬、茶米

马铃薯——番仔薯、干冬薯、荷兰薯

花生——落花生、垒豆、地豆

白天——日时、日间、日头、白日

晚上——暗暝、暝时、暝昏、暝昏头

后来——路尾、慢后、尾手、后日

以前——旧底、旧时、往过、往摆、先时

热水瓶——电瓶、电罐、热水壶

茶壶——茶鼓、茶罐、茶瓶

洋葱——霸葱、北葱、番葱、大粒葱

煤油——垒油、火油、番仔油、臭油

汽油——电油、车油、树奶油

手电筒——手电、电火、电筒

瘸腿——瘸骸、摆骸、拐骸

下饭菜——物配、咸、菜配

水泥——霸灰、霸垒、红毛灰、洋灰

青菜——菜、草菜、菜蔬

茄子——茄、茄仔、红菜、落苏

包粽子——缚粽、包粽、裹粽、拍粽

收工——放工、散工、歇工

农历——唐侬历、咱侬历、旧历、老历

洋楼——番仔楼、红毛楼、独立厝

早米——春米、六月米、早帮米

晚米——晏米、十月米、下帮米、晚季米

第三，在南洋安家，自然环境和社会状况与故土多有不同，势必要创造一些新词，也必定会借用当地语言的一些词汇。

一百多年前出版的《华夷通语》共收马来语的常用词语和短句2800多条，其中有的当时就被闽南话借用，并传到闽南本土。例如：kawin（交寅：结婚），mati（马滴：死），kapas（加贝：棉花树、棉织品），sabun（雪文：肥皂），tongkat（洞葛：文明杖），suka（须甲：中意，喜爱），kawan（交弯：朋友），buaya（鲗仔：鳄鱼），bali（峇厘：船舱），macam（马占：人物）。这些语词有的闽南人已经不知道是马来语借词了。[①]笔者在20多年前曾经搜集过闽南话的马来语借词近百条，马来语向闽南话借词则有近200条。就闽南话向马来语借用的词语说，好多是热带的事物和当时当地特有的设施和物品，例如：kopi（咖啡），kakao（可可），karicare（咖喱），capio（有沿的毡帽），sabun（肥皂），ayan（洋铁皮），sago（西谷米），mangga（芒果），durian（榴莲），pinang（槟榔），sate（沙茶，一种香料），baba（峇峇：华人和当地妻子所生的混血儿），lacur（落仄：丢丑），sarong（沙龙，马来人的裙子）。有时这种马来语的外来词也并非"填补空挡"，甚至是常用词，借来并用的，例如：patut（巴突：规矩，道理），capcae（杂菜：可用于引申义"混杂貌"），gudang（牛笼：仓库），kaya（加额：富裕）。

有些马来语的借词在闽南话还有派生能力。例如："加贝"可以说加贝棉（棉花）、加贝衫（棉质衣衫）、加贝头（棉株的根，药用）、加贝子（棉籽），"雪文"可以说：加贝水（肥皂水）、加贝沫（肥皂泡）、加贝盒（肥皂盒），"洞葛"还说加贝头（手杖的把）、加贝铳（手杖式的枪）、番仔加贝（喻不明事理、易受唆使的人）。

还有些是闽南话和马来语双方互相借用的常用词。例如：闽南话借马来语的duit，马来语借闽南话的ci（钱），闽南话借马来语的makan，马来语借用闽南话的ciak（食），闽南话借用马来语的patut，马来语借用闽南话的cengli（情理），马来语借用闽南话的"食力：糟糕"读为cialat，又读为celaka，闽南话又把[tsi^{8}la^{8}ka^7]借回表示"遭殃"。马来语借用闽南话的"按怎：怎么样，为什么"，ancua，闽南话则借用马来语的mana，读为[ma^{3}na^3]，表示同样的意思。

这些情况都说明了闽南话和通行于马来西亚、印度尼西亚的马来语的相互借用不是一般的"因为欠缺而借贷、互通有无"，而是"即使不欠缺也可借来并用"，两种不同语系的语言有如此深度的接触和交融，在不同语言的借词历史上应该说

---

①李如龙：《〈华夷通语〉研究》，《方言》，1998年第2期。

是很少见的。这正是反映了华人和马来人长期和平相处、密切交往的友好关系。①

就语法方面的变异说，也是内部的整合多，语言接触造成的变化少，通常只是汉语方言内部的相互影响。试列几条：

第一，一些反映闽南话语法重要特色的地方，除了语音上有所不同之外，在用字和有关格式上，大多有共同的保存。这里所举的例子除了特别指明的，都取自"大闽语"计划的调查材料。例如，表示动作进行和持续的虚词往往是同形的（读音有[lɛ、lɔ]，本字有人说是"着"，暂且写为"咧"），进行态置于动词前，持续态置于动词后，例如"咧开会"（在开会），"门开咧"（门开着）。表示动作的结果补语，常用"去"："鸟飞去了"（鸟飞走了）"碗破去了"（碗破掉了）。反复问句往往用"有—无"句式："你的表准不准？"说成"你的表有准无？""打算不打算去？"说成"有打算去无？"陈晓锦的《东南亚华人社区汉语方言概要》（下）列举了东南亚好多地方闽南话的一些数量词的特殊组合：把"一百一十"说成"百一"，"一斤半"说成"斤半"（其实这些说法已经进入了东南亚的华语）。②她还列举了不少东南亚闽南话近指代词和远指代词的音节数和韵母都是一样的情况，只是用声母的[ts]和[h]来区别。③

第二，和词汇一样，由于闽粤不同地方去的闽南人的杂处，有些句式往往有几种说法并用的情况。例如，"把字句"也可以说成"宾语前置"："把门关上！"说成"将门关咧！"或者说成"门共伊关咧！""把碗擦一擦！"说成"将碗拭一下"或是"碗共伊拭一下"。又如，动词的经历体助词，往往可以选用"着"和"过"："伊有去着上海""伊有去过上海"都可以说。还有，"比较句"也有同义句型。例如"你比他大"，可以说成"汝比伊卡大"，或者说成"汝大过伊"。陈晓锦的书里也列举了双宾句的两种并行的句式："给他一本书"说成"与伊本书"或"与本书伊"；④"他先吃"甚至可以有三种说法："伊先食""伊食先""伊先食先"。⑤后者这种副词后置的说法，显然是受到粤语的影响。在东南亚，粤语正在逐渐成为强势方言，据说这与香港说白话的电影50年代之后大量输入东南亚有关。

---

① 李如龙：《闽南方言和印尼语的相互借词》，《中国语文研究》（香港中文大学），1992年。
② 陈晓锦：《东南亚华人社区汉语方言概要》（下），广州：世界图书出版公司，第1016页。
③ 陈晓锦：《东南亚华人社区汉语方言概要》（下），广州：世界图书出版公司，第1109—1011页。
④ 陈晓锦：《东南亚华人社区汉语方言概要》（下），广州：世界图书出版公司，第1200页。
⑤ 陈晓锦：《东南亚华人社区汉语方言概要》（下），广州：世界图书出版公司，第1190—1192页。

汉语方言研究中心与海外汉语方言研究[①]

甘于恩

(暨南大学汉语方言研究中心/语言资源保护暨协同研创中心 广东广州 510632)

【摘　要】本文讨论方言研究中心在海外汉语方言研究中的角色和地位,并对海外汉语方言的发展提出若干建议。全文分为五部分:(一)海外汉语方言作为学科分支肇始于暨大的时间与原由;(二)海外方言研究是海内方言的延伸和扩展;(三)机构设置与相关成果回顾;(四)海外汉语方言资源的固化、数据化与活化;(五)海外汉语方言研究的前景与几点建议。

【关键词】方言中心　海外汉语方言　特色　建议

自从 2008 年 7 月,首届海外汉语方言国际研讨会在暨南大学召开以来,时间一晃便过了八年整。汉语方言研究中心作为主办方之一,先后在福建泉州(2010)、宁夏银川(2012)、广东深圳(2014)召开第二、第三、第四届国际研讨会,海外汉语方言研究事业取得了长足的进步,暨南大学汉语方言研究中心作为国内海外方言领域的领头羊,获得普遍的认可,成果源源不断。这次第五届会议在美国旧金山举行,是这个会议首次在中国大陆以外地区举办,这当然要归功于暨南大学汉语方言研究中心的合作伙伴——旧金山大学古典文学系的大力支持,以及李智强主任的周密安排。大会召集人陈晓锦教授要我以暨南大学方言中心与海外汉语方言的研究为主题,做个大会发言,虽然我在海外汉语方言的研究方面,成绩有限,但作为中心的主持人,回顾一下成绩与不足,还是有必要的。以下谈五个方面。

---

①本文系第五届海外汉语方言国际学术研讨会(2016 年 7 月 15—17 日,美国旧金山)之大会报告,有修改。
　[基金项目]国家社科基金重点项目"粤、闽、客诸方言地理信息系统建设与研究"(批准号 13AYY001)。

(一)海外汉语方言作为学科分支肇始于暨大的时间与原由

海外汉语方言的研究,可以说,从20世纪八九十年代起就有学者从事,如印尼学者哈玛宛出版《印度尼西亚西爪哇客家话》(1994),李如龙教授主编《东南亚华人语言研究》(1999),邵慧君2001年发表论文《毛里求斯华人社会语言概况》,这些都是比较早涉及海外汉语方言的成果。不过,这些研究,以个人成果为主,规模优势并不明显。

海外汉语方言作为学科分支,可以说以2008年首届海外汉语方言国际研讨会在暨大召开为标记,暨大推动海外方言研究,有其内在的必然性:(1)暨南大学本身是侨校,开展海外汉语方言有得天独厚的条件;(2)前辈学者打下的良好基础,早在90年代,李如龙先生在暨大工作时,已经敏锐地发觉海外方言是一个值得开拓的领域,并申报相关项目,出版论著;(3)暨大方言研究中心2008年成为广东省人文社科重点研究基地,获得对外开展科研的极佳平台;(4)很重要的一点,就是方言中心有一位热心于海外方言研究的带头人——陈晓锦教授,她自20世纪90年代以来,常年奔波于海外的田野调查,孜孜不倦,持续推动,硕果累累,促成了这一学术领域的形成。当然,我作为方言中心的当家人,对于海外方言事业,是毫无保留地支持,也起了一定的作用。

(二)海外方言研究是海内方言的延伸和扩展

海外方言与海内方言的发展速度是不一样的。研究海外方言,从某种程度上,可以弥补海内方言的不足。常言道,"礼失求诸野",一些大陆方言消失的语言成分,反而可以在海外方言中得到保留和印证,说明海外方言具有极好的语料价值。

海外方言由于与所在国的语言长期接触,难免互相影响。在海外方言中,我们往往可以发现友族语言的踪迹,而海外方言也对所在国的语言文化产生影响,这对于了解中华文化的传播轨迹,对于开展接触语言学研究,都具有很高的理论价值。

笔者曾在一篇论文中指出"研究好海外方言,也是中华文化软实力的重要体现"(甘于恩2013),也可以说,海外方言研究是海内方言的延伸和扩展,海内方言与海外方言是源和流的关系。

(三)机构设置与相关成果回顾

从2009年起,方言中心就设立了海外汉语方言研究室,以陈晓锦教授为代表的学术团队,积极申请各种学术课题,精诚合作,取得了众多成果。比较重要的就有:

《马来西亚的三个汉语方言》《泰国的三个汉语方言》等,申请了1个国家一般项目、1个国家重点项目和1个国家重大项目。就一个研究室而言,这是相当不易的成就。

2013年以来,中心又在成果发布上有所动作,在《南方语言学》杂志设立专栏"海外汉语方言研究",共发表10余篇论文。2014年,中心推出"海内方言与海外方言关系丛书",至今年为止,共出版《东南亚华人社区汉语方言概要》《汉语南方方言探论》《泰国的西南官话》《印尼"先达国语"调查报告》等一共6种8册图书,在海内外产生良好的学术影响。今年,丛书又增加了《中亚华人回民社区语言文化风俗研究》(林涛等)一书的出版。这套丛书便增加到7种9册,体量上与"南方语言学丛书"相当。

此外,陈晓锦教授的弟子这些年来以海外汉语方言研究为重心,方言中心其他老师的研究生也写出不少可圈可点的学位论文,例如:李建青《泰国勿洞广西白话语音研究》(2013)、单珊《印尼"先达国语"词汇研究》(2013,导师甘于恩)、肖自辉《泰国西南官话研究》(2014博士论文)、吴忠伟《印尼棉兰美达村客家话词汇比较研究》(2014,导师伍巍)、张淑敏《马来西亚吉隆坡大埔客家话词汇研究》(2014)、罗凤莹《越南芒街市粤方言词汇研究》(2015)、黄高飞《广东省华侨农场越南广宁省归侨粤语语音研究》(2015博士论文)等。

(四)海外汉语方言资源的固化、数据化与活化

汉语方言无论处于境内还是海外,都是人类宝贵的精神财富,都值得珍惜,值得调查研究,尤其是在"一带一路"的大背景下,我们更要加强使命感,提升海外汉语方言的调查力度,让海外汉语方言在文化建设和沟通中,起到应有的作用。

在学术层面,方言学界都知道暨大汉语方言研究中心在海外汉语方言的重要地位,但是在社会层面,知道的人还不多。原因在于我们只注重调查研究,不太注重向社会大众做宣传;只注重语言面貌的调查(就是固化),不太注重语言资源的数据化和活化,应用研究做得不够。

暨大最近成立了语言资源暨协同研创中心,开发了"语言资源快讯"公众号平台,在平台上陆续发布了《南方语言学》创刊以来的海外方言调查报告和论文,推送了相关信息,并在"知粤讲堂"做了讲座(陈晓锦《粤语在海外》),取得了一定的影响。最近,语言资源中心又与广东广播电视台合作,在其"触电新闻"APP上推送视频和文字,影响不断扩大。我们要善于利用新媒体来宣传海外汉语方言的意义,宣传海外汉语方言的成果,推送相关文化活动(比如陈晓锦教授正在做的海

外华人口述历史),让更多的人知道我们正在做的事情,了解其意义,并给予实际的支持。所以,如何将海外方言研究的成果数据化、活化,用比较规范的形式予以发布,这是我们面对的全新课题,需要认真学习、积极参与。

(五)海外汉语方言研究的前景与几点建议

海外汉语方言,相比于国内方言,濒危程度普遍较为严重。但海外方言也有濒危程度的差异。我认为:

首先,要加强海外汉语方言研究的人才队伍建设。单靠某个人或某几个人的单打独斗,是无法解决海外汉语方言研究的可持续性发展问题的。

其次,我在2013年说过:开展海外汉语方言的研究与抢救,不能孤立地就方言问题来开展工作,这样可能难以取得实效,应该结合中华文化的推广,包括地方文化的传承,结合所在国汉学人才的培养,有目的、有针对性地使海外汉语方言研究工作有序地展开。

再次,在规范和工具性上要有所进步,要争取出版海外汉语方言调查手册。虽然海外汉语方言情况各异,但调查内核并不会有太多实质的差异,出版调查手册,对于推动海外方言调查的深入进行,具有方法上的重要性,可以令调查者在范围上、体例上有依可循,当然,调查者也可以根据实际情况进行调整。

最后,我想对各位说的是,方言研究(不管是海内的还是海外的)是异常艰辛的事业,需要方言人齐心协力,共同奋斗。只要是对方言事业有利的,我们都要尽全力支持,而不要内耗。方言的发展,不管是人员还是机构,不管是成果发表还是资金投入,比起相邻的学科,都远远不够。我们一定要竭力推动这项事业,让它在暨南大学的学科构成中,占有更加重要的地位,让它继续成为国内汉语方言研究的重镇,让它在海外汉语方言研究中,继续起着主导的作用。

【参考文献】

[1] 陈晓锦. 马来西亚的三个汉语方言[M]. 北京:中国社会科学出版社,2003.

[2] 陈晓锦. 泰国的三个汉语方言[M]. 广州:暨南大学出版社,2010.

[3] 陈晓锦,黄高飞. 汉语海洋方言的扩散与回归[J]. 暨南学报,2016(38):1.

[4] 甘于恩. 海外汉语方言研究刍议[M]//第二届海外汉语方言国际研讨会论文集. 昆明:云南大学出版社,2012.

[5] 张振兴. 海洋与方言[M]//第四届海外方言国际学术研讨会暨第六届世界汉语教育史年会大会发言,2014.

从中山方言在美国旧金山湾区的变异看多种语言的相互影响

林柏松

（美国国防语言学院）

【摘　要】 本人于2015至2016年间，曾对美国旧金山湾区通行的中山方言进行过一次调查，本文就是这次调查的成果之一。全文分为三部分：第一部分介绍调查旧金山湾区中山方言的动机与调查方法。由于长期侨居海外的华人对汉字已经比较陌生，特别是第二、第三代移民，能认识几个汉字的是少之又少。因此，不能用传统的方言调查字表进行海外方言调查。本人基于对家乡中山方言的特征以及数十年来变化的了解，设计了一个《美国中山华侨后裔中山方言调查表》，采取了中英文结合、重点调查与问卷调查相结合的方法。第二部分阐述了中山方言在美国旧金山湾区的主要变异，包括声调数目增加，ŋ声母明显减少，ɔm和ɔp两个韵母基本消失，用"动词+铺p^hu^{55}"表示动作完成的形式逐渐消失，原中山话中一些特有的词汇已经很少使用等等。第三部分是对方言发展变化规律的讨论。汉语方言因受共同语或强势语言的影响，在语音、词汇和语法方面正经历着变化，呈现出向共同语或强势语言靠拢的趋势。方言的一些重要特征慢慢消失，方言的"棱角"慢慢被磨平。另一方面，共同语或强势语言也反过来受方言或弱势语言的影响而在词汇方面有所变化。

【关键词】 海外方言调查　粤方言　中山方言　语言相互影响

中山市内方言情况十分复杂，粤语、闽语和客语兼而有之。本文所说的中山方言，指的是中山市政府所在地石岐及其周边地区所通行的石岐话。由于石岐历来是中山的政治、经济、文化和交通的中心，因此石岐话也就自然地成了中山方言的代表。

一、调查旧金山湾区中山方言的动机与调查方法

自从语言学大师赵元任博士于1948年发表《中山方言》以来,中山方言就以其独特的语言面貌受到海内外学者的广泛关注。中山方言属于粤语系统,可是却具有一些其他粤语所没有的特征。一是只有6个声调。一般来说,粤语有8—9个声调,可是中山话却只有6个声调;上声和去声都不分阴阳,平声和入声分阴阳,可是没有中入。二是ŋ声母四呼俱全。不但保留了开口呼(如"硬"ŋaŋ^{33},这与其他粤语区相同),而且保留了其他大部分粤方言区所没有保留的ŋ声母齐齿呼(如"疑"ŋi^{51})、撮口呼(如"月"ŋyt^{33})和合口呼(如"玩"ŋun^{33})。三是中山话用"动词+铺"表示动作完成,如"喫铺囉"iak^{33} p^{h}u^{55} lo^{33}(吃过了)。四是有一些只能在中山才能听到的中山方言词,如"咁纸"gɐm^{33} tsi^{33}(这样)、"姑哩"gu^{55} nei^{55}(那些)。中山话这些独特的语言特征,与其居民的来源以及邻近地区闽语和客语的影响有关。本文作者在中山出生、长大,曾在20世纪80年代对中山石岐话做过系统的调查研究,因此对中山话的上述特征有较为深刻的了解。

最近数十年来,随着中国改革开放的深入发展,大批的乡村外来工涌入城市,造成了各地方言的巨大变化。数以十万计的外来工涌入中山,也使中山方言受到了巨大的冲击而出现了显著变化。现在,不管在街头商店,还是在机关学校,听到的都是普通话或是广州话,已经很少听到人们用中山话交际了。笔者近年来每次从美国回中山探亲,都感受到中山方言因为推广普通话而被边缘化以及受广州话影响而被同化的趋势。笔者从一批老一代中山移民的口中知道,中山方言在20世纪二三十年代随着大批中山移民来到美国旧金山湾区,曾一度成为旧金山中国城和屋伦华人聚居地区的通行语。那么,在旧金山湾区多种语言和汉语方言相互影响的语言环境中,中山方言近几十年来究竟发生了什么变异?这些变异揭示了什么样的语言变化规律?这些都是笔者有兴趣了解的问题。为此,笔者于2015至2016年间,在美国旧金山中山同乡会和中山市第一中学美国校友会的大力支持下,对旧金山湾区通行的中山方言进行了调查。本文就是这次调查的成果之一。

这次调查,笔者采取了中英文结合、重点调查与问卷调查相结合的方法,发音人既有第一代移民,也有第二、第三代移民。在海外进行汉语方言调查,不能套用中国国内采用的调查方法。长期侨居海外的华人,对汉字已经比较陌生。特别是第二、第三代移民,一般来说能认识几个汉字的是少之又少。因此,不能用

传统的方言调查字表进行方言调查。由于笔者是中山人，对中山方言的特征以及数十年来家乡方言的变化谙熟于心。在这个基础上，笔者设计了一个"美国中山华侨后裔中山方言调查表"。使用这个调查表既可以当面调查，由本人当面记音；也可以把调查表寄给发音人，请发音人用电邮或微信寄回填好的调查表以及音档。必须指出的是，在海外进行汉语方言调查，如果以好不容易找到的发音人作为某个方言点的代表，这种做法欠妥。因为海外某个地区通行的某种方言，其居民往往来自不同的时期和不同的地区，因此没有足够的书面材料，是很难确定某个发音人具有代表性。笔者这次对旧金山湾区中山方言的调查，一共调查了64个不同年龄的发音人，相信比较能反映旧金山湾区所通行的中山方言的现状。以下是笔者设计的"美国中山华侨后裔中山方言调查表"。

美国中山华侨后裔中山方言调查表（2015年2月）

Personal Data 个人资料：
  1. Birth Place 出生地：美国____ 中国____ Years in the U.S. 已来美多少年？_____
  2. Age Range 年龄：60岁以上____ 40岁—60岁____ 20岁—40岁____ 20岁以下____
  3. Mother Tongue 母语（出生后学的第一种语言）：石岐话____ 英语____ 其他_____

A. Please count slowly from 0 to ten.
甲：请用石岐话从零数到10。
  0 1 2 3 4 5 6 7 8 9 10

B. Please determine whether the following pairs of words are homonyms in the Shiqi dialect.
乙：请判定下面各组字在石岐话里是否同音。
  （同音，在中间加一横，变成"="；不同音，在中间加一个"X"。也可以用录音表示。）
  1. 瓦—哑   2. 鱼—余   3. 语—与
  4. 御—预   5. 愚—愉   6. 儒—盂
  7. 遇—喻   8. 外—爱   9. 宜—移
  10. 儿—夷   11. 义—易   12. 二—异
  13. 疑—姨（姨妈） 14. 而—怡   15. 耳—以
  16. 尧—摇   17. 染—掩   18. 验—艳
  19. 严—盐   20. 业—页   21. 热—嘢（打嘢）
  22. 软—远   23. 言—延   24. 元—园
  25. 阮—远   26. 愿—怨   27. 月—粤
  28. 仰（久仰）—养 29. 凝—蝇   30. 迎—盈

C. How do you express the meaning of these following words in the Shiqi dialect?
丙：用石岐话怎样表达下面这些词语的意思？
  1 这样 2 那些 3 做梦 4 尼姑庵 5 乳鸽 6 天杀的

D. How do you express the meaning of these following sentences in the Shiqi dialect?
丁：用石岐话怎样表达下面这两句话的意思？请写出各种说法，也可以用录音表示。
  1. 你吃过了吗？（Did you eat?）
  2. 我吃过了。谢谢！（I ate already. Thanks!）

二、中山方言在美国旧金山湾区的主要变异

显而易见，上述"美国中山华侨后裔中山方言调查表"中所设计的甲、乙、丙、丁四项各有其调查重点。甲项从零数到十，意在简要调查中山方言的声调系统。乙项明确标出是要调查ŋ声母的现存情况，表中精心挑选出来的30对读音，根据笔者1986年的调查，都是同韵同声调，只是前字发ŋ声母而后字不发ŋ声母。丙项要调查的是6个有特色的中山方言词的保留情况。丁项要调查的是中山方言动作完成体的表达法。根据笔者1986年的调查，中山方言动作完成体主要由"动词+p^hu^{55}"的形式来表示。以下是笔者利用这个调查表进行调查所发现的中山方言在美国旧金山湾区的主要变异。

（1）声调数目增加，出现向广州话靠拢的趋势。中山话阳平调本来是高降调51，现在普遍出现了一个新的变体低降调21，与广州话的阳平调值相同。如"零"既可读作$liŋ^{51}$，也可读作$liŋ^{21}$；"油"既可读作yeu^{51}，也可读作yeu^{21}。此外，还出现了变音35调，用来表示动作完成，如"买了"$mai^{33-35}\ la^{33}$；"走了"$tseu^{33-35}\ la^{33}$。其实，笔者在1986年调查中山方言的时候已经发现了这种受广州话影响而在声调方面向广州话靠拢的个别案例。可是当时这种现象并不如现在那么普遍。

（2）ŋ声母明显减少。中山话原有的ŋ声母四呼俱全的情形已经消失。在绝大部分被调查的人当中，耳=以（i^{33}）；鱼=余（y^{51}或y^{21}）；验=艳（im^{33}）；月=粤（yt^{33}）。有少部分发音人单字和复音词的发音不一样，如单念时，"月"发$ŋyt^{33}$，但在说"月饼"时，说成$yt^{33}piang^{33}$。这表明中山话ŋ声母的变化仍在进行当中。至于中山话的ŋ声母开口呼，相对来说保留比较好，这与广州话大致相同，如"瓦"$ŋa^{33}$；"硬"$ŋaŋ^{33}$。

（3）中山话原有的用"动词+铺p^hu^{55}"表示动作完成的形式已经逐渐消失。对调查表中的语法例句"你吃过了吗？""我吃过了。谢谢！"，发音人依年龄的不同而表现出明显的差异：

第一代移民（多数）：喫未呀？喫囉，唔该！

$iak^{33-35}\ mi^{33}\ a^{33}$？ $iak^{33-35}\ lɔ^{33}$, $m^{51}gɔi^{55}$!

第一代移民（少数）：喫铺未呀？喫铺囉，唔该！

$iak^{33}\ p^hu^{55}\ mi^{33}\ a^{33}$？ $iak^{33}\ p^hu^{55}\ lɔ^{33}$, $m^{51}gɔi^{55}$!

第二、三代移民：食咗未呀？食咗囉，多谢！

sik^{33}tsɔ^{33}mi^{33}a^{33}? sik^{33}tsɔ^{33}lɔ^{33}, dɔ^{55}tsie^{33}!

值得注意的是，除了动作完成体的表现形式不同以外，不同年龄发音人所使用的词汇也有明显差异。第一代移民还保留着"喫"（吃）这个中山话特有的方言词，可是第二、三代的移民已经采用广州话普遍使用的"食"来表示"吃"了。

（4）中山话中原有的两个韵母ɔm和ɔp已经基本消失。在1986年笔者调查中山话的时候，发现有ɔm和ɔp两个韵母，虽然它们只存在于少数个别的词语中，可是韵尾配对却很整齐。如"庵"（师姑庵）ɔm^{55}"甘"（甘草）gɔm^{55}和"合"hɔp^{33}"鸽"（乳鸽）gɔp^{33}。时至今日，旧金山湾区中山话已经不存在这两个韵母，它们已分别被ɐm和ɐp两个韵母所代替。如"庵"（师姑庵）ɐm^{55}"甘"（甘草）gɐm^{55}和"合"hɐp^{33}"鸽"（乳鸽）gɐp^{33}。

（5）原中山话中一些特有的词汇，对于大部分发音人来说已经很少使用，可是仍保留在少部分60岁以上的发音人口中，如：

"这样"：第一代："咁纸"gɐm^{33}tsi^{33}　　第二、三代："咁样"gɐm^{33}iœng^{33}

"那些"：第一代："姑哩"gu^{55}nei^{55}　　第二、三代："個的"gɔ^{55}di^{55}

"做梦"：第一代："发寐梦"fat^{33}mi^{51}moŋ^{33}　　第二、三代："发梦"fat^{33}moŋ^{33}

"天杀的"：第一代："斩头鬼"tsam^{33}tʰɐu^{51}guɐi^{33}

第二、三代："冚家铲"ham^{33}ga^{55}tsʰan^{33}

三、方言发展变化的规律

通过上述对美国旧金山湾区中山话在语音、词汇和语法方面的变异所作的简要描述，我们可以窥见汉语方言发展变化的一些规律。汉语方言因受共同语或强势语言的影响，在语音、词汇和语法方面正悄然发生变化，呈现出向共同语或强势语言靠拢的趋势。最先发生变化的，往往是与共同语迥异的区别性特征，如中山话特殊的方言词汇，ŋ声母，ɔm和ɔp两个韵母，以及特殊的动作完成体表示法等等。其结果，一方面是方言的一些重要特征慢慢消失，方言的"棱角"慢慢被磨平；另一方面，共同语或强势语言也反过来受方言或弱势语言的影响而有所变化。我们已经看到粤方言的不少词汇，如"的士、打的、靓、买单"等，正出现在普通话中，并被大众媒体所接受。同时，我们也注意到不少汉语方言词汇，如"dim sum（点心）、gongfu（功夫）、toufu（豆腐）、taiji（太极）、hongbao（红包）、long time no see（好久没见）"等，已经出现在英语当中。有时候根据来自中国的物种在英文中的译名，可以判别出它们来自哪一个方言区。如"dim sum"（点心）显然是从粤方言区传入的，而"taiji"（太极）和"hongbao"（红包）则分明是从北方方言区传入的。有意思的是，在旧金山湾区的植物园，可以看到从中国运到美国的枇杷树有两个不同的名字——"Loukuak"（萝橘）和"Pipa"（枇杷），反映出它们分别来自粤方言区和北方方言区。看似高深的语言学，其实在日常生活中处处可以看到它存在的痕迹。

【参考文献】

[1] 赵元任. 中山方言[M]//历史研究所集刊（第二本上册）. 北京：北京科学出版社，1956：49-73.

[2] 林柏松. 石岐方音[D]. 暨南大学硕士学位论文，1987.

[3] 近百年来澳门话语音的发展变化[J]. 中国语文，1988（4）.

[4] 詹伯慧，张日升主编. 珠江三角洲方言字音对照[M]. 广州：广东人民出版社，1987.

[5] 詹伯慧，张日升主编. 珠江三角洲方言词汇对照[M]. 广州：广东人民出版社，1988.

[6] 詹伯慧，张日升主编. 珠江三角洲方言综述[M]. 广州：广东人民出版社，1990.

[7] 中山市地方志编撰委员会. 方言编：中山方言[M]//中山市志（第41编）. 广州：广东人民出版社，1997.

中亚回民社区的语言、文化和风俗

林 涛 崔凤英

（北方民族大学北方语言研究院 宁夏银川 750001）

【摘 要】19世纪后期，我国西北部分回民由于政治和民族关系等原因而进入中亚，在楚河两岸和伊塞克湖等地建立起华人回民社区——东干诺夫卡。他们的生活方式、文化发展虽和中国回民存在着140年的历史隔断，发生了一些变化，但仍保留了伊斯兰文化和中华传统文化的本质。同时，也吸收了中亚地区的多民族文化，从而形成了与众不同的文化特点。从发展走向上看，中亚回民的文化正在向所在国家的主体民族文化靠拢，这种趋势对中亚文化发展前景构成了严重威胁。抢救、保护和弘扬中亚华人回民社区的语言、文化和风俗，成为当下刻不容缓的历史责任。

【关键词】中亚回民 语言 文化 风俗

中亚吉尔吉斯斯坦、哈萨克斯坦和乌兹别克斯坦境内，居住着一个被称为"东干"的民族。他们是由于政治和民族关系等方面的原因，于1877年至1884年间走出中国国门，进入中亚后建立起来的一个个华人回民社区——东干诺夫卡。这部分回民首先到达吉尔吉斯斯坦，后来又辗转分散、迁移到哈萨克斯坦和乌兹别克斯坦，在楚河两岸和伊塞克湖等地分布较为集中，最初只有15000人，现在已经繁衍发展到12万。他们在中亚主要从事农业，种植小麦、水稻、棉花、蔬菜，栽培果园，兼营手工业和商业。中亚回民为谋求生存和发展，在为当地社会经济繁荣贡献力量的同时，也始终不渝、原汁原味地保持着自己的民族传统、语言和风俗。

一、中亚回民的语言和文字

中亚回民所使用的语言是"东干语"，他们自己称为"中原语言"或"大清国的话"。东干语来源于我国晚清时期的近代汉语西北回民方言。先后进入中亚的东眉人、兰州人、河州人、莲花城人、张家川人、灵州人、西宁人、伊犁人等所使用的汉语逐渐融合，从而形成了甘肃话和陕西话两大方言以及民族共同语——东干语。①

东干语有25个声母，32个韵母，3类声调。声调中的平声不分阴阳，入声字归入平声。东干语和我国汉语中原官话有着一脉相承的共源关系，虽与汉语有140年的历史隔断，又受到多民族语言的影响，在语音、语汇和语法上发生了一些变化，但始终没有脱离汉语的语言系统。前苏联语言学家A.德拉古诺夫教授认为："东干语来源于汉语，但现在已经发展成为一种独立的语言。"②这种观点是不符合东干语实际的。通过十多年的调查研究，我们认为，目前的东干语是以我国近代汉语西北方言基本词汇和语法结构为主体，以甘肃话语音为标准音，融合吸收了中亚地区普遍使用的俄语、突厥语族诸语言、阿拉伯语和波斯语的某些成分，在语言要素上发生了一定变化所形成的一种汉语跨境方言。③

回民在中亚地区属于少数民族，人口仅占中亚五国总人数的0.2%。中亚国家的政治、经济、文化生活中使用俄语或所在国家主体民族的语言。东干语只在回民社区内部使用，但也不是所有人都在使用。事实上，居住在城市里的回民，不管社会交际还是日常生活，都使用俄语。随着多民族语言环境的影响、强势语言的冲击、中亚各国语言政策的变化和制约，回民中双语和多语化情况正在加剧，目前东干语已经在部分地区和人群中逐渐消亡。

中亚回民曾经在很长时间内，只有语言，没有文字。苏联"十月革命"胜利后，在各民族平等发展的原则下，国家民族事务委员会宣布各民族可以使用和创制本民族的语言文字。1927年后，中亚回民中的知识分子和苏联的语言学家一起，先后用阿拉伯字母、拉丁字母创制了东干文。1955年，由于语言政策的改变，又改为斯拉夫字母拼音文字。斯拉夫字母东干文颁布后，著名诗人亚瑟儿·十娃子和语言学家ІО·杨善新等人编写了新东干文识字课本，十娃子和阿布都创作了很多诗歌和小说。停办了近20年的回民报纸又以《十月的旗》新名称出版发行。民间保留下来的丰富的口传文学作品也被用东干文整理出来，许多世界名著被翻译成东干文。老一辈的诗人、作家在此基础上又培养出了一批批年轻的诗人和作家。可以说，东干文的创制不仅发展了回民教育，繁荣了回民文化，大大提高了中亚

---

① ІО·杨善新：《东干语的托克马克方言》，伏龙芝，1968年版，第5页。
② A·德拉古诺夫：《东干语》，1937年版，第117—118页。
③ 林涛：《东干语调查研究》，北京：中国社会科学出版社，2012年，第28页。

回民的民族素质和社会地位,而且从理论与实践上证明了汉语可以使用音素文字作为其记录符号。我们毫不夸张地说,在汉语拼音化的道路上,中亚的东干文走在了时代的前列,开创了汉语拼音文字的先河。

二、中亚回民的文化、文学和艺术

文化是人类在社会历史发展中创造、总结、积累而成的精神财富和物质财富的总和。中亚回民虽然侨居境外,成为了一个独立的民族,但他们的民族特征、宗教信仰、生活方式和文化渊源等,仍和中国回族同宗同源、血脉相连。中亚回民文化有对伊斯兰文化的继承、中华传统文化的保留和中亚多民族文化的吸收,是一种多元的文化。具体考查中亚回民文化,可以从精神文化和物质文化两个方面来进行探求。精神文化主要包括思想意识、文学艺术、礼仪风俗等;物质文化主要包括民居建筑、衣服穿戴、饮食生活等。

在精神文化的发展中,中亚回民最突出的贡献是不仅很好地保留了口传文学,而且在创制东干文的基础上形成并发展了书面文学。俄国著名文学评论家别林斯基曾经指出:"无论就哪一种意义来说,文学都是民族的自觉,是它精神生活的花朵和果实"。[①]中亚回民文学分为口传文学和书面文学两类。口传文学,包括儿歌、口歌儿、口溜儿、猜话、曲子、古今儿、神话传说等。曲子主要有《珍珠倒卷帘》《十二月歌》《孟姜女》《王哥放羊》《南桥担水》《出门人》《男寡妇上坟》等;神话传说主要有《后羿射日》《八仙过海》《牛郎织女》《哪吒闹海》《王母娘娘》等。中亚的曲子、神话传说等口传文学大都承袭了我国的民间文学,同时,他们也创作了不少表达自己内心世界的新故事,如《张大杰打野鸡》《红葫芦》《阿訇带狼》《义长和义短》《弟兄们》等。这些故事表达了中亚回民的宗教活动内容和日常生活习俗,回族特色非常鲜明。

中亚回民书面文学的发展是以口传文学为基础,以东干文创制为前提,和他们艰苦卓绝的反抗斗争、西迁历史,中亚的地理、人文、社会政治变革以及多民族的文化背景紧密相连。如果说,中亚回民的口传文学是中国回族民间文学的传承和延续,那么书面文学则是在中亚地区独立形成和发展起来的一种文学形式。中亚回民书面文学的发展大致可以分为三个时期。早期是从十月革命到苏联卫国

---

① 《别林斯基选集》(第2卷),上海译文出版社,第174页。

战争之前,这是书面文学的初创时期。它的特点是以诗歌为先导,以歌颂列宁、十月革命,展示革命英雄主义,鞭挞旧社会的苦难与罪恶为主要内容。中期是从卫国战争胜利到20世纪60年代末,这时文学创作形式逐步走向多样化,除诗歌外,还出现了小说、散文、儿童文学等。内容反映社会生活的广阔画面,创作注重文学作品的艺术性。著名诗人如亚瑟儿·十娃子、小说家阿里·阿布都等创作了大量的文学作品。后期是从20世纪70年代到现在,不但创作体裁全面发展,除诗歌、小说、散文之外,还有特写、戏剧、文学评论等。同时,涌现出了一大批中青年作家和诗人,如亚库布·哈瓦佐夫、默哈麦德·哈萨诺夫、黑牙·兰阿洪诺夫、伊玛佐夫、曼苏洛娃、舍末子、杜娃子、田古拜、十四儿等。这时的文学创作开始向切入生活的深邃性和艺术风格的多样化方面发展,追求文学作品的文化意蕴、乡土特色、寻根意识和哲理性思考。[1]作家与回民的经济生活、传统心理、文化风俗紧密地联系在一起,用赤子之心向人们诉说西迁中亚的穆斯林华人群体特有的生存方式和发展历程。

中亚回民不仅有自己独特的文学,还有自己著名的美术家和音乐家,民间艺术非常普及。回族妇女十分擅长刺绣,她们在衣服、枕头、被单、门帘、桌布等日常生活用品上,巧妙地刺绣着花草、石榴、葡萄、动物等。每种图案都有一定象征意义,如"凤凰戏牡丹"是婚姻幸福的标志;"鱼儿钻莲"有忠贞和诚实的寓意;"兔子剜灵芝"蕴意长寿;"老鼠吃葡萄"期盼着子孙绵长;"二龙戏珠"预示着力量和强大的意象。剪纸在回民艺术中也占有重要地位。中亚回民没有贴窗花的习俗,她们剪出来的图案常用作刺绣的花样。这些花样有花鸟、动物、用器、人物等,内容选自民间故事和传说。一些剪纸能手用剪刀随便剪来,便可剪出线条流畅、造型活泼、玲珑剔透的各种花样,[2]她们高超的技艺让其他民族的妇女十分赞赏。中亚回民也非常喜欢音乐和歌舞,每逢婚礼、节日或朋友们聚会都一定要有歌舞相伴。中国传统舞蹈在回民中保留下来的有"扇子舞"。舞者身穿旗袍,手执团扇,动作优雅舒缓,类似我国清代的"宫廷舞"。他们平时多跳交际舞和俄罗斯及其他民族的舞蹈。中亚回民还有丰富多彩的体育活动,如武术、气功、摔跤、太极拳、放风筝、踢毽子等[3]。

---

[1] 林涛:《中亚回族诗歌小说选译》,香港:香港教育出版社,2004年5月版,(前言)第3页。
[2] 郝苏民、高永久译:《中亚东干人的历史与文化》,银川:宁夏人民出版社,1996年,第201—202页。
[3] 郝苏民、高永久译:《中亚东干人的历史与文化》,银川:宁夏人民出版社,1996年,第194—201页。

三、中亚回民的民居、服饰、饮食

　　中亚回民早期的物质文化，诸如民居、服饰和饮食等都不同于其他民族。19世纪末，他们翻越天山，到达纳伦、阿尔德克、托克马克、卡拉库奴孜等地时，住在村外临时搭起的蒙古包、芦苇窝棚或山坡上挖成的窑洞里。后来在当地政府和居民的帮助下，分别在伊塞克湖畔的二道沟、楚河两岸的骚葫芦、米粮川、营盘、新渠、坎特、伊万诺夫卡、江尔帕克一提别，甚至中亚南方的奥什、安集延和塔什干等地定居下来，利用当地丰富的木材盖房，建立起了自己的社区和回民乡庄。

　　中亚回民居住的宅院一般按照我国北方建筑风格，采用正方形设计结构。宅院有外院和里院两部分，外院种植瓜果蔬菜，里院住人。富裕家庭的里院有正房、客房、厅子、伙房、水井、浴室、茅圈（即厕所）和凉棚等。建房时，一般先立木、上梁，然后用土坯或青砖砌墙。屋脊分为两面斜坡的"两埫出水"和一面斜坡的"一埫出水"。①屋内有"通间火炕"。院子大门上的"门楼儿"是富裕家庭特有的一种建筑形式，用木头雕刻而成，装饰彩绘得非常华丽。回民甚至把"门楼儿"编到人们耳熟能详的口歌里，世代传唱。早期比较贫困的农民则居住在叫作"一间房"的小屋里。这种房屋建造比较简单，在宅基地上用双线画好墙体，中间填土，用杵子夯实，两面绑上木椽，再填土，再夯……直到墙体夯筑到2米以上，搭顶梁、铺椽子、铺房笆、上房泥，房屋便建好了。不过这种房屋现在已经消失了，目前农村的回民盖起了高质量的住宅，城市里的回民都住进了楼房。

　　回民刚进入中亚时，穿戴中国清代晚期的"满汉式"服装、帽子、鞋袜及饰品。男人头戴宽大的、向上卷起的满族风格的黑边圆毡呢帽，身着长袍，上半身配以中间开襟的短马褂，下半身穿长裤，脚蹬布鞋，胸前还有吊在脖子上的挂件。妇女则身穿单一色调的宽袖、斜襟长衫，有的在领口、袖边、裤边等处绣花。年纪大的妇女头上大多蒙一块帕子，年轻的妇女头上插有绢花，腿穿长裤，裤腿紧扎在脚腕，裹了的小脚上穿着绣花鞋。天冷的时候，男子一般穿夹衣、长袖子、棉袄儿、皮褂子、棉裤、棉袍子、皮袍子等。妇女穿"花袄儿"和棉裤、花布棉袍，有时棉袍外面还套有"袍罩子"。从20世纪开始，在多民族服饰的影响下，回民的

---

①郝苏民、高永久译：《中亚东干人的历史与文化》，银川：宁夏人民出版社，1996年，第112—115页。

服装发生了很大的改变。男子穿起了鞑靼人的坎肩，吉尔吉斯和哈萨克人的衬衫、皮袄、皮裤，俄罗斯人的皮靴。妇女无论老少都喜欢穿俄罗斯和突厥诸民族的长裙，外面套上"夹夹子"，里面穿一条绸布裤子，裤腿下面绑上"裹腿"。小孩则穿"帕里套"（"小袍子"）。回民妇女的饰品主要有头饰、胸饰、耳环、手镯和戒指等。[①]

中亚回民的饮食习惯和我国西北回民基本一致，他们谨守伊斯兰教教规，不吃猪肉、马肉，忌吃一切动物的血和自死物。在聚餐和宴请时注重文明礼仪，讲究男女分席、大人和小孩分席，餐前要诵经、接都哇（做祈祷）。即便是在家里吃饭，妇女也不上桌子用餐，她们忙前忙后地倒茶、上菜、招呼客人，大家吃完后，女主人才在厨房里用餐。回民对茶情有独钟，每餐必有茶。有客人来，先上茶，并配以点心，他们叫"点心碟碟子"。茶点中有糖果、水果、干果、点心、饼干、油炸馃子等。如有贵客来临，点心碟碟子能多到48种。他们日常生活中喜欢吃蔬菜和素食。饭食品种很多，但不管面食、米饭还是肉食，都离不开蔬菜。回民的菜肴品类非常丰富，有凉菜、炒菜、烧菜、汤菜、宴席等。他们平时的饮食比较简单，早晨主要是茶、面包、煮鸡蛋、牛奶；中午有茶、面包、馕、面条、果酱等；晚餐比较丰盛，有茶、米饭、凉菜、炒菜、汤菜等。招待客人时，最流行的是四盘，即四个菜，有"三下锅""葱爆肉""炖羊肉"、牛肉或鸡肉。主食通常为米饭或馒头、面包、馕等。每逢节日、庆典或婚礼时，都要做宴席。宴席以肉食为主，席面有"九碗""十三花""一百带八将"等名称，其中"十三花"为十三道菜，是纪念回民起义军领袖、十三太爷马化龙的；"一百带八将"有108个菜，具有崇敬《水浒传》中108位英雄好汉的象征性意味[②]。

四、中亚回民的宗教、礼仪、风俗

中亚回民信仰的伊斯兰教，属于逊尼派的哈乃斐克派。我国西北回民进入中亚，当时俄国沙皇政府表示不干涉其宗教生活，但教职人员的任命需经政府的认可。十月革命胜利后，苏联在中亚实行统一的宗教政策，规定公民具有信仰自由，但在"左倾"思想指导下，并未真正落实。1991年前后，中亚的加盟共和国纷纷独立，出现了新的"宗教复兴"，兴建了不少清真寺，宗教活动正规开展。中亚地区

[①] 林涛：《东干语调查研究》，北京：中国社会科学出版社，2012年，第213—216页。
[②] 郝苏民、高永久译：《中亚东干人的历史与文化》，银川：宁夏人民出版社，1996年，第156—158页。

虽然很早以前就伊斯兰化了，各民族都信仰伊斯兰教，但当地的吉尔吉斯、哈萨克人以游牧为主，由于生产环境所限，对教规的执行不是很严格。但进入中亚的回民始终以维护伊斯兰教信仰的纯正为己任，有着很强的宗教意识。中亚回民在日常宗教生活中讲究"三德十行"，恪守"五番拜"，每周主麻日都要集体礼拜。根据伊斯兰教法和圣训，在"莱麦丹月"要执行"封斋"的斋戒。在斋戒的日子里完全把自己的身心用在安拉的意志上，坚持诵读《古兰经》。斋戒的最后几天，回民们准备过开斋节。新月刚出的清早，大家聚集到清真寺做"乃玛子"。回民穆斯林一生中都会尽最大可能去麦加朝圣。不过，中亚回民在"念、礼、斋、课、朝"五项功课中，发生了一定变化。陕西回民的宗教文化色彩表现得更为浓重，其他省籍的回民坚持五番拜的主要是老年人，青年人只参加"聚礼"，尤其是城市的男性只参加开斋节和古尔邦节。

　　中亚回民的礼仪风俗主要有婚礼、葬礼、割礼和诞生礼。其婚礼议程保留了我国古代"六礼"的做法。①"父母之命、媒妁之言"的婚俗是基本原则。男女婚事，首先要有父母的"口唤"。父母同意后，请媒人到女方家提亲。女方家如果同意，用茶点和饭食盛情款待媒人，大家做"都哇"，家长与媒人"攥手"，便是答应婚事。女方给话后，男方请阿訇、媒人及亲戚带上礼物到女方家商量婚事，女方家用"七道茶"招待来宾。订婚时，男方向女方家送小礼、份儿礼和聘礼。回民迎娶新娘的婚俗也保留了中国特色。婚礼的头一天晚上，男方家请儿女双全、有福气的妇女为新人铺床。女子出嫁前要摆嫁妆、坐炕、妆新。妆新时，新娘在自己的房间里请人梳妆、打扮。结发为髻，在发髻上戴假发套，梳成"燕燕头"，上面插满绢花和其他头饰。上衣为斜襟绣花短袄，下衣是红色大腰彩裤。裤腿上打着绑腿带，腿带上系有银铃。外衣穿一身清代绣花旗袍，肩膀上配一方披肩。迎亲的车队来后，女嫔把蒙上盖头的新娘从房中接出，接过"都哇"后，婚车向男方家驶去。婚车到新郎家，亲朋好友及佳宾恭候迎接。新婚典礼由阿訇主持，念"尼卡哈"平安经，征询新郎、新娘的同意之后，宣布为合法夫妻。婚礼完毕，来宾参观新娘的陪嫁，然后男女分席待客。婚宴的席面摆一绺长桌子，上三排菜，规格有9盘、18盘、24盘甚至48盘数量不等。成亲后第二天，娘家给新人送饭，新婚夫妇"回门"，新娘拜街。之后还有会亲家、回娘家等风俗。

----

① 王国杰：《东干族形成发展史》，西安：陕西人民出版社，2010年，第376页。

回民的生命观认为，人有生必有死。死亡是"嘎开布"（肉体）的消失、生命的结束和"罗罕儿"（灵魂、精神）的升华，是人生的复命归真。死亡将带领亡人通向未来。中亚回民的丧葬习俗保持了我国回族的礼仪风俗，实行土葬，主张从速、从简。人死在哪里就葬在哪里，反对将亡人的埋体运回故乡安葬。老人临终前，将儿女亲友叫到炕前，聆听遗嘱，默念清真言，请阿訇念"讨白"，祈求真主饶恕亡人的罪孽。人亡故后，用"卡凡"包裹亡人尸体，派人到清真寺报丧。寺里的苏菲到乡庄的各回民家庭中通知，接到通知的人们赶到亡人家中帮助办理丧事。安葬亡人时，家属、亲友和教众用"塔布匣子"将亡人抬到坟地举行殡礼。洗过大净的送葬人群排列成行，由阿訇主持殡礼仪式。阿訇诵读《古兰经》，祈祷亡人进入天堂。经念完后，将亡人的埋体放入坟坑的坟堂内，头朝北，脚朝南，面向西，将坟堂的洞口封严。亲属和送葬人在坟坑里填好土，将坟头做成长方形或马脊形。阿訇念完《古兰经》，送葬者接过"都哇"之后，丧葬礼仪便告结束。殡礼中回民还有出散"乜贴"的习俗，这是一种赎罪仪式。亡人去世的第七天、二十一天、四十天、百天、周年、三周年等，死者的家属、亲人都要过"乜贴"，对亡人举行纪念活动。[1]

割礼，穆斯林称为"海乃特"，意思是"肯定的圣行"。男孩子5岁到9岁时举行割礼。早期的割礼请阿訇做，现在都是请医生。割礼在中亚回民中是仅次于婚礼的一种隆重礼仪。举行割礼时，给孩子换上全新的衣服，请阿訇念"苏儿"，诵经赞圣。这项活动要举行三四天。割礼习俗除去特有的宗教意义外，客观上起到了讲究卫生、预防疾病的作用，因此受到越来越多的中亚回民的重视。

中亚回民家庭把生育小孩、增添人口当作一件大事来庆祝，这就是"诞生礼"。诞生礼一般有为新生儿"安名""过满月""过百日""过周岁"等一系列礼仪活动。家中婴儿出生，早期按照我国传统，放在炕上与父母同住。后来受中亚风俗影响，把婴儿放入吊床中抚育。从第三天开始，亲戚朋友陆续到家里道喜、送礼。家人请阿訇念"邦克"，从众多伊斯兰教先贤圣人的名字中为新生儿选取一个经名，称作"安名"。父母或长辈也可以给小孩起一个小名或爱称。孩子"过满月""过百日""过周岁"时，亲戚朋友带礼品或礼钱前来道喜、祝贺。经济条件好的家庭会宰羊，一般家庭炸油香、馓子等，[2] 准备饭食或宴席招待客人。回民中的成年人以

---

[1] 丁宏：《东干文化研究》，北京：中央民族大学出版社，1999年，第274页。
[2] 丁宏：《东干文化研究》，北京：中央民族大学出版社，1999年，第267—268页。

前多不过生日，苏联卫国战争后，人们每年都过生日，这种习俗主要是受俄罗斯和其他民族的影响。

五、中亚回民的文化风俗变异及发展走向

中亚回民文化是在伊斯兰文化和中华传统文化基础之上，与中亚多种民族文化互相碰撞、磨合所形成的一种多元文化。

19世纪后半期，我国西北回民迁入中亚，在文化上和当地的突厥人、俄罗斯人的差异十分明显。他们的语言、生产方式、饮食服饰、生活习俗等，完全保持着我国回族的文化传统。如姓名是典型的"中国式"或"回族式"的；民居依照我国西北地区建筑风格；家庭结构延续着四世同堂的大家庭生活方式；饮食以素食为主，餐具只使用碗筷；服饰是长袍、马褂；婚礼保持着我国传统的"六礼"做法；宗教生活恪守着伊斯兰教规和教法，清真寺是大屋顶结构等。

经过140年的历史变迁，中亚回民为了生存和发展，以极大的适应性，学习和掌握了俄语和居住国主体民族的语言，完成了双语和多语化进程。在生产和生活方式上，向突厥民族学会了发展畜牧业，开始骑马和使用乌克兰式四轮马车。回民男子换上了突厥民族的紧身外衣"哈拉特""袷袢"、俄式竖领衬衫和时尚的西装。妇女则普遍穿吉尔吉斯式的长袖连衣裙。饮食习惯了喝酸奶、吃黄油面包，制作突厥人的熏肉和腊肠。餐桌上有乌兹别克人的烤馕、抓饭和烤包子，吉尔吉斯人的"别什巴尔马"和哈萨克人的"那雷"，俄罗斯人的土豆烧牛肉、乌哈鱼汤和马林那果酱，欧洲人的沙拉，波兰人的红菜汤等。餐具既有中式的筷子，也有西式的刀叉。礼仪风俗上，回民的见面礼是互道"色俩目"，但也使用手揩前胸欠身的中亚鞠躬礼。婚礼在传统婚宴结束后，新娘会换上西式婚纱，头戴白色花环，与身着西装、领口打着黑色蝴蝶结的新郎，在来宾的欢呼声中与大家见面。之后，在年轻亲友的簇拥下，到"婚礼宫"完成婚姻登记。新郎、新娘还会和朋友们一起到郊外或公园游玩，举行舞会。这种婚礼场面表现出浓郁的中亚文化色彩。

综上所述，我们可以清楚地看到，目前，中亚回民在保留、坚守伊斯兰文化和汉文化传统的同时，文化特征正在发生着变异，向多元化的方向发展。这种发展轨迹和走向很有可能导致其文化与所在国家主体民族的文化逐渐趋同。因此，

抢救、保护和弘扬中亚华人回民社区的语言、文化和风俗，成为我们刻不容缓的历史责任。

【参考文献】

[1][俄]B·波亚尔科夫. 东干人婚礼——娶媳妇[M]. 威尔内，1907.

[2][俄]A·德拉古诺夫. 东干语[M]. 1937.

[3][吉]Ю·杨善新. 东干语的托克马克方言[M]. 伏龙芝，1968.

[4][吉]M·苏三洛. 吉尔吉斯和哈萨克斯坦东干人的文化发展[M]. 伏龙芝，1959.

[5]胡振华. 苏联的回族及其文化[J]. 中央民族学院学报，1989（1）.

[6]戴庆厦. 跨境语言研究[M]. 北京：中央民族学院出版社，1993.

[7]M·苏三洛. 中亚东干人的历史与文化[M]. 赫苏民，高永久译. 银川：宁夏人民出版社，1996.

[8]王国杰. 东干族形成发展史[M]. 西安：陕西人民出版社，1979.

[9]丁宏. 东干文化研究[M]. 北京：中央民族大学出版社，1999.

[10]拜学英. 回族习俗探源[M]. 北京：民族出版社，2009.

[11]波亚尔科夫. 东干起义的最后一幕[M]. 林涛，丁一成翻译. 北京：中国文化艺术出版社，2009.

[12]常文昌. 东干文学论纲[M]. 北京：中国社会科学出版社，2010.

[13]林涛. 东干语调查研究[M]. 北京：中国社会科学出版社，2012.

国内东干语研究述评[1]

莫 超 李泽琴

(兰州城市学院 甘肃兰州 730070)

【摘 要】 东干语是中亚东干族所使用的语言,学界定其为我国陕甘汉语方言的域外变体,一百多年来一直较好地保留着汉语方言的本质特点。近年来,随着国家"一带一路"倡议的实施,东干语相关问题的研究逐步被提上一个新的高度,成为学界的热点问题。基于已有著述的梳理,本文将东干语的研究分为起步期和拓展深化期两个阶段。前一阶段学界对东干语的关注颇少,后一阶段则呈现出多方位的研究。然而总体研究成果偏少,深度也有所欠缺,因而研究空间较大。

【关键词】 东干语 起步期 拓展深化期 述评

引 言

东干语是生活在今中亚地区东干族所使用的语言。作为清末迁徙定居至中亚地区的陕甘回族移民的共同语,东干语与我国西北尤其是陕甘汉语方言有着极为深厚的渊源。确切地说,"东干语是一种以我国近代汉语西北方言基本词汇和语法结构为主体,吸收和融合了中亚地区多种民族所常用的俄语、突厥语以及波斯语、阿拉伯语的某些成分,在语言要素上发生了一定变异的新的汉语跨境方言。"[1]国内对东干语的研究成果,就专著而言,有这样几本重要著作值得提及:《中亚东干语言研究》(海峰著,新疆大学出版社,2003年)、《东干语论稿》(林涛著,宁夏人民出版社,2007年)、《中亚东干学研究》(胡振华主编,中央民族大学出版社,2009年)、《跨境语言研究系列丛书:东干语调查研究》(林涛、戴庆厦著,中国社会科学出版社,2012年)和《中亚东干话调查研究》(王森、王毅、王晓煜著,2015年)。以论文而言,成果略微多些。可按研究进程分为两个阶段:第一个阶段是起

---

[1] 本文所依据的材料为国内公开发表的论文或著述,并以论文为主。遗漏之处,在所难免,望读者不吝指正。

步期，主要是20世纪50至90年代，以杨占武等为代表；第二个阶段是拓展深化期，从21世纪初至今的十几年，以林涛、刘俐李、海峰等为代表，研究队伍也在不断地壮大。本文以东干语研究的两个发展阶段为纲，对东干语的研究状况作一简要述评。

一、起步期（20世纪50—90年代）

东干语研究伊始，相关论述颇少。国内期刊最初仅见几篇译文，如杜松寿译《东干语词儿书写规则》（拼音，1956年第2期）等。从20世纪80年代开始，就有了东干语的学术研究成果。如杨占武等译《东干语的回教化和苏维埃化》（固原师专学报·社会科学版，1987年第3期）论述了回教化语言和俄语对东干语的词汇文字等方面的影响；杨占武《东干语及东干语研究的语言学意义》（中央民族学院学报，1987年第3期）介绍了东干语词汇特点，并指出东干语研究蕴含着独具特色的语言学价值。丁宏《试论东干人语言使用特点——兼论东干语与东干文化传承》（民族研究，1998年第4期）一文认为东干语顽强的生命力离不开东干人民族文化传承的意愿；丁宏《东干文与东干语》（西北民族研究，1999年第2期）回顾了东干文字的创制过程和东干语研究的进程，并就东干语的词汇特点作了细致归类和描述。在起步期，学者们注意到东干语潜在的研究价值，极富远见地指出"东干语不独为汉语言学，也为普通语言学提供了有价值的新材料"。[2]

二、拓展深化期（21世纪初到至今）

这一时期，东干语研究成果渐趋丰富，研究范围得以扩展，包括东干语本体研究、东干语与周边语言接触研究、东干语与汉语西北方言的比较研究、东干文字的研究等等，都给人耳目一新的感觉。具体铺陈如下：

（一）东干语本体研究

包括语音、词汇和语法三个方面。

1. 语音方面

代表性成果有刘俐李《同源异境三方言的语汇变调和语法变调》（全国汉语

方言学会第十二届年会暨学术研讨会第三届官话方言国际学术研讨会，2003年7月）、《东干语（陕西支）声调共时差异实验研究》（民族语文，2013年第5期）。前者描述了东干语和西安话、焉耆话这三个同源异境的汉语方言的声调及变调特点，后者从实验语音学的角度分析了东干语（陕西支）五个年龄段声调的共时差异。林涛《东干语音系略说》（"第十四次全国回族学学术研讨会"论文汇编，2003年9月）就东干语的音系和声韵调配合关系作了细致的说明。星雨《东干语陕西方言语音研究》（北京语言大学2008年硕士学位论文）基于东干语的陕西方言语音的共时描写，用历史比较法分析了东干语和陕西方言的语音差异，并指出境外东干语陕西方言的研究对西安方言及关中方言研究的意义。该文肯定了东干语对汉语方言本质特点的保留，陈述详细，内容独到。

2. 词汇方面

有讨论东干语中借词现象的，如海峰《试析中亚东干语中的借词》（新疆大学学报，2000年第3期）、杨景《中外东干语外来借词评述》（湖北经济学院学报，2014年第10期）、杨景《东干语借词研究》（中国社科院博士学位论文，2015年4月）。杨景通过田野调查，对东干语借词的数量和类别、变化规律以及其对东干语的影响做了全方位的描述和研究。林涛《东干语中的元明清白话词语》（第二次回族学国际学术研讨会，2006年9月）列举了东干语中的元明清白话词语。海峰《中国西北回族话及中亚东干语部分词汇的历史印记》（新疆师范大学学报，2014年第3期）分析了东干语中阿拉伯波斯语借词与历史典籍中词语的印证及源流问题。此外，何向向《东干语亲属称谓语的文化透视》（剑南文学，2016年第5期）和《东干语亲属称谓语研究》（祖国，2016年第16期）都从文化的角度对东干语中亲属称谓语词汇及其特点进行了探析与总结。

3. 语法方面

学者们关注了东干语中的一些特殊语法现象。林涛《东干语的语法特点》（汉语学报，2005年第2期）就东干语词类划分及特点、构词构形方式、语序特点、特殊句式（给字句、补语和双宾语表示法）等方面，对东干语的语法特点进行了论述。海峰、王景荣《现代东干语把字句》（南开语言学刊，2003年第00期）和焦妍《汉语与东干语"把"字句特点对比分析——以俄罗斯屠格涅夫俄文小说《木木》为语料》（新疆职业大学学报，2014年第5期）均讨论了东干语"把"字句问题，指出东干语语法研究对陕甘地区方言语法研究具有参照价值。还有探究东干语特殊句式的，如海峰《东干语"把N不V"句式分析》(新疆大学学报，2015年第2期)，描述了东干书面语中出现的"把N不V"，指出西北汉语方言及近代汉语中存在类似句型。

虚词的探究成果斐然。王森《东干话的若干语法现象》(语言研究，2000年第4期)，对东干语动态助词"着、了、过"的对等表示法等语法现象做了详尽的描写和分析。王景荣《东干语、汉语乌鲁木齐方言形容词后的助词"下"[Xɑ]》(和田师范专科学校学报·汉文综合版，2004年第4期)谈到了东干语中的形容词后的助词"下"[Xɑ]，王景荣《东干语、汉语乌鲁木齐方言"完成"体貌助词"哩/咧"》(南开语言学刊，2006年第2期)分析了东干语体貌助词"哩/咧"的分布情况；王景荣、马庆株《东干语、汉语乌鲁木齐方言体貌助词研究》(南开语言学刊，2007年第2期)梳理了东干语中的9种体貌助词；王景荣《东干语、汉语乌鲁木齐方言常用语气词及语气词的共现》(南开语言学刊，2011年第1期)描写了东干语和汉语乌鲁木齐方言中的几类语气词。海峰《东干语中一个特殊的ди("的")》(语言与翻译，2013年第1期)关注到了东干语中出现的高频率语素ди"的"现象，并对其作用和来源进行了初步的探讨。

(二)东干语之语言接触及变异研究

这是东干语研究的一个热点环节，成果显著。林涛《东干语在多民族语言接触中的变异现象》(西北第二民族学院学报，2003年第4期)从语音、词汇和语法角度描写了东干语在印欧斯拉夫语族和阿尔泰语系突厥语族诸语言影响下所产生的变异。刘俐李《东干语、焉耆话、关中话同源异境之百年演化》(中国社会语言学，2003年第1期)指出，相比起其源头关中话和其分支焉耆话，关中话另一分支东干语则是处于无汉语的多语言环境中，在东干语形成的过程中，语言环境(如俄语和维吾尔语等的影响)对东干语语音、词汇和语法都产生了影响。刘俐李《论中亚东干语的去汉语化音变》(第八届中国语音学学术会议暨庆贺吴宗济先生百岁华诞语音科学前沿问题国际研讨会，2008年4月)及《论哈萨克斯坦东干语音节的辅音化变异》(语言研究，2015年第2期)认为，中亚东干语音系虽然在音类上保留了其源头方言的特征，但音值上却受俄语的影响而发生了一些去汉语化变异。海峰《论东干语的发展》(新疆大学学报，2005年第3期)认为，东干语作为汉语方言在境外的特殊变体，原本的陕甘方言受到俄语和突厥民族语言的影响，东干语在新的环境下保存和发展很具特殊性。林涛《东干语的融合、变异和演化》(中国回族研究论集,2005年第00期)指出,就语言要素而言,东干语融合和变异并存,东干语与中亚地区多民族语言融合主要发生在词汇层面,而作为跨境汉语方言产生的变异主要发生在语法层面上。融合和变异虽有其自身的价值,但对东干语自身也有不利的影响。张淑均《俄汉语言接触中东干语的变异现象》(首届海峡两岸外语教学与研究学术研讨会暨福建省外国语文学会2011年会)则从东干语文字、语音中的新增音位、借入词语的声调化及音变、口语读音和书面语读音的分歧等角度讨论了俄语对东干语音系的诸多影响。刘俐李《同源异境三方言核心词和特征词比较》(语言研究,2009年第2期)对中亚东干语、新疆焉耆话及其两者源头陕西关中话进行了比较,描述了核心词和特征词在三个方言中的保留情况,指出东干语词汇变化为语言环境影响所致。张攀《东干语词汇特点浅析》(西安文理学院学报,2012年第6期)列举了东干语词汇中存有的俄语、突厥族语言、阿拉伯语及波斯语借词,指出这是语言接触和影响的极好例证。

(三)东干语与汉语西北方言的关系研究

因东干语与汉语西北方言的渊源密切,探讨东干语与汉语方言关系自然也成为学界关注的焦点之一。海峰《中亚东干语是汉语西北方言的域外变体》(语言与翻译,2007年第2期)基于历史渊源、民族学和语言学标准、文字和语言的关系等,得出了中亚东干语实为汉语西北方言的域外变体的结论;《中亚东干书面语言与新疆伊犁回民方言的联系》(回族研究,2014年第4期)指出东干书面语实际上是隶属于陕甘方言的中国新疆伊犁回民方言在境外的变体;另一文《同类型文体东干书面语与普通话书面语差异分析》(新疆大学学报,2011年第5期)通过对同一篇俄文作品的普通话译文和东干语译文的比对,指出了两者在语法形式、词汇及语言面貌和语言风格方面的差异。刘俐李《同源异境三方言声调比较》(语言研究,2003年第2期)通过比较同源异境之中的西安话、焉耆话和东干语声调的异同,揭示了焉耆话和东干语的阴平调由共时的调值变异演变为历时的调类合并的原因、条件和过程,并论证了变异速度和程度与语言环境的密切关系。林涛《东干语与北京话及西北方言的比较》(北方语言论丛第二辑,2012年第00期)认为,东干语和我国现在的北京话、西北方言相比,在语音、词汇和语法等方面都存有关联,有同有异,并以列表的形式细致比较了三者在语音和词汇上的异同。

(四)东干语文字问题研究

东干语的文字问题曾引起过语言学界的激烈讨论,国内相关问题的论述有如胡振华《关于东干语言文字的发展问题》(语言与翻译,2014年第3期),该文讨论了东干语言文字中诸如新词术语、文字标调和标准音等方面的问题。此外,常立霓《东干拼音文字与汉字拉丁化的回顾与思考》(社科纵横,2011年第12期)和林涛《东干文——汉语拼音文字的成功尝试》(西北第二民族学院学报,2005年第4期),彭泽润、曾宝芬《"东干语"音素文字及其词式书写的启发》(北华大学学报,2006年第2期),曾宝芬等《东干文和世界两大文字家族的演变对汉语文字发展的启发》(江西科技师范大学学报,2014年第2期)都提到了东干文是汉语拼音文字的成功实践,并且指出东干拼音文字的经验对汉语拼音化、现代汉语音素文字的创制及词式书写等方面的规范具有极大的参考价值。曾宝芬《东干语词式书写及其正词法研究》(湖南师范大学硕士学位论文,2007年4月)和《东干语和普通话有关名词的正词法研究》(湖南涉外经济学院学报,2008年第4期),曾宝芬、朱丽娜《中亚东干语和汉语普通话有关动词书写的正词法比较》(中南林业科技大学学报,2010年第5期)等,都讨论了东干语词式书写的相关问题。

(五)其他

对"东干"得名之由,学术界也曾有过热烈的讨论。如张成材《"东干"音义考释》(中国语文,2005年第4期)指出"东干"就是"东岸";莫超《从西北方言文献角度考察文化变迁》(中国社会科学报,2016年3月1日)以方言文献为据,指出"东干"就是"东岸","东岸"就是"东边","东干人"就是"东边人"。"东干人"与西迁自陕西、甘肃两地的回民后裔之历史事实相符。胡振华《关于"东干""东干语""东干人的双语"和"东干学"》(语言与翻译·汉文,2004年第1期)及《东干、东干语及东干学研究》(第二次回族学国际学术研讨会,2006年9月)、常立霓《中国"东干学"研究述评》(中央民族大学学报,2008年第4期)等,对"东干学"的地位和研究范围等进行了阐释。

此外,海峰《关于划分东干语方言的几个名称问题》(第二次回族学国际学术研讨会,2006年9月)讨论了东干语作为汉语方言的性质或名称界定问题。胡振华《吉尔吉斯斯坦共和国的东干语及汉语教学研究》(语言与翻译,2000年第4期)、海峰《东干语教学——域外华语社区双语教学的特例》(东干语教学,2009年第4

期)、李鑫《吉尔吉斯斯坦米粮川东干族语言使用问卷分析》(文化学刊,2014年第3期)和《东干族语言使用调查——以吉尔吉斯斯坦米粮川为例》(新疆师范大学硕士学位论文,2015年5月)、司庸之《东干语翻译再推敲》(昌吉学院学报,2002年第4期)等,对作为应用语言学范畴的东干语双语教学以及翻译问题进行了深入的探讨。

此外,还有从社会文化角度讨论东干语言的价值和作用,或探究中亚东干语言的变迁与文化适应之间的关系、东干语语言教育与文化传承的关系等文章,因数量较少,不再赘述。

三、研究不足及未来展望

国内东干语研究发展至今,成果不容小觑。从最初的零星翻译引介和宏观透视,到近十几年来的拓展研究,学界对东干语的研究势头日益强劲。就已有成果而言,可以说总体呈现出这样一个特点:虽起步较晚,但研究群体集中,内容涉及面广。当然也有明显不足,例如对东干语的科学理论、语言体系需要作更深入的研究,语言材料也需要深度挖掘。这应当是东干语研究的日后走向。林涛、惠继东等就此做过细致的探讨,认为东干语研究应强调对科学理论、语言体系和语言材料的重视等等。[3]东干语作为汉语方言的境外变体,具有跨境语言学研究之得天独厚的条件。[4]再加上国家"一带一路"倡议的实施,必将使东干语研究成为学界一道亮丽的学术景观,东干语研究的洪波会一浪更比一浪高!

【参考文献】

[1]林涛.东干语中的元明清白话词语[C]//第二次回族学国际学术研讨会,2006.
[2]杨占武.东干语及东干语研究的语言学意义[J].中央民族学院学报,1987(3).
[3]林涛,惠继东.东干语言文化研究的现状与发展方向[J].西夏研究,2015(3).
[4]戴庆厦.导语:我国跨境语言学研究[J].当代语言学,2016(2).

香港大学生语言使用情况调查报告[①]

游汝杰

(复旦大学中文系 上海 200433)

【摘　要】我们曾用调查问卷在香港调查语言使用情况,调查的内容包括四大部分:各种语言使用频率、语言能力、语言态度和语言期望,以及家庭惯用语言。调查结果表明:粤语(或称广东话)仍然是强势语言。这与当前上海话在上海、闽语在台湾的弱势地位形成鲜明的对照。普通话的地位有所提高,但远非强势语言。对英语的期望值普遍较高。

【关键词】海外汉语　香港粤语　语言使用频率　语言态度　语言期望

我们2014年曾在香港调查大学生的语言使用情况,调查计划和调查问卷是由香港语言使用情况调查小组在上海制订的。小组的成员有游汝杰(复旦大学中文系)、霍四通(复旦大学中文系)、黄祖宇(复旦大学社会学系)和钱志安(香港教育学院)。参加后期统计工作的有复旦大学中文系的朱子璇、徐源、陶嘉尔和高昕同学。调查计划和调查工作由钱志安在香港实施。调查工作是在互联网上进行的。调查的对象是香港教育学院、香港城市大学和香港浸会大学的大学生,文科和理科各约一半。最后收回调查问卷的有效答卷共有172份。调查问卷的内容分为四大部分,即个人、家庭和母语等概况;语言使用频率;语言能力;语言态度和语言期望。共设计了44个问题,除个别题目以外,都是选择题,要求被调查者回答。此外还调查了外来词的使用情况,共调查30组外来词。调查问卷见附录。调查问卷上的福建话,是香港人对福建闽语的称呼,不包括潮州话。就方言学而言,潮州话归属闽语,是闽语的一种。最后用Excel和Spss统计软件对各种数据做了描述性和相关性方差分析(ANOVA)。各项调查统计结果如下。限于篇幅,外来词使用情况调查结果略去,其他各部分也做了紧缩处理。

[①]本文系国家语委科研项目Ⅰ类(编号"WT 125-8")成果之一。

一、各种语言使用频率

表1-1　各种语言的使用频次总计表

	广东话	客家话	福建话	普通话	英语	其他	其他粤语	没说话
频次	1881	73	36	232	86	225	24	279

（根据调查问卷第1—15题以及第20题的结果统计。）

表1-2　各种语言使用频率百分比表

	广东话	客家话	福建话	普通话	英语	其他	其他粤语	没说话
%	66.33	2.57	1.27	8.18	3.03	7.93	0.85	9.84

总的来说，广东话的语言使用频率最高，为1881次，占总语言使用频率的66.33%；其次是普通话，频率为232，比率为8.18%；第三是其他方言或语言，频率为225，比率为7.93%；第四是英语，频率是85，比率是3.03%；第五是客家话，频率是73，比率是2.57%；第六是福建话，频率是36，比率是1.27%；最少的是其他粤语，频率是24，比率是0.85%。

表1-3　全家一起吃饭时各种语言的使用频率百分比

	广东话	客家话	福建话	普通话	英语	其他	潮州话	上海话
%	81	2	1	8	1	4	1	2

测试家庭惯用语言的最典型的场合是全家一起吃饭的时候。全家一起吃饭时，广东话使用最多，为81%，比在各种场合使用广东话多了15%，这说明广东话在家庭环境中使用更多；其次是普通话，占14%；再次是其他方言或语言。

年龄、学龄和性别对语言使用频率无显著影响。

表1-4　母语与语言使用频率

母语	没说话	广东话	客家话	福建话	普通话	英语	其他	其他粤语
广东话	10	1438	57	29	178	62	191	21
福建话	3	23	0	0	0	2	0	0
客家话	0	71	1	0	0	2	2	0
普通话	0	190	2	6	31	12	17	1
英语	0	28	0	1	11	2	3	1
其他	17	125	3	0	12	6	12	1
其他粤语	0	6	10	0	0	0	0	0
总计	30	1881	73	36	232	86	225	24

ANOVA

		平方和	df	均方	F	显著性	
没说话	组间	17.886	6	2.981	1.274	0.272	
	组内	386.038	165	2.340			
	总数	403.924	171				
广东话	组间	91.013	6	15.169	0.672	0.672	
	组内	3723.283	165	22.565			
	总数	3814.297	171				
客家话	组间	94.699	6	15.783	8.939	0	
	组内	291.318	165	1.766			
	总数	386.017	171				
福建话	组间	1.239	6	0.207	0.151	0.989	
	组内	225.226	165	1.365			
	总数	226.465	171				
普通话	组间	35.249	6	5.875	0.464	0.834	
	组内	2087.821	165	12.653			
	总数	2123.070	171				
英语	组间	1.779	6	0.296	0.548	0.771	
	组内	89.221	165	0.541			
	总数	91.000	171				
其他	组间	13.853	6	2.309	0.358	0.905	
	组内	1064.816	165	6.453			
	总数	1078.669	171				
其他粤语	组间	0.450	6	0.075	0.101	0.996	
	组内	122.201	165	0.741			
	总数	122.651	171				

方差分析（ANOVA）结果显示，客家话的显著性值为0，其他均超过0.05。这说明母语对客家话的使用频率有显著影响。（注：显著性值＜0.05说明影响显著，否则说明该因素对于结果的影响不显著，下同。）

在港居住时间和与人争辩时使用的语言对语言使用频率无显著影响。

二、语言能力

我们分阅读、写作、聆听、说话四项调查语言能力,每项满分为5分,共20分。

性别、年龄和学龄对普通话、英语、广东话三种语言的语言能力都无显著影响。(注:显著性值<0.05说明影响显著,否则说明该因素对于结果的影响不显著,下同。)

表2-1　母语与语言能力

母语	普通话	英语	广东话
广东话	15.20	13.80	18.49
客家话	18.6	13	17.2
福建话	20	11	20
普通话	18.24	14.71	11.71
英语	13.33	15.33	17.33
其他语言	18.33	12.92	15.08
总计	15.84	13.80	17.54

ANOVA

		平方和	df	均方	F	显著性
skill(普通话)	组间	322.794	8	40.349	3.920	0
	组内	1677.968	163	10.294		
	总数	2000.762	171			
skill(英语)	组间	67.785	8	8.473	0.930	0.494
	组内	1485.494	163	9.113		
	总数	1553.279	171			
skill(广东话)	组间	852.105	8	106.513	11.710	0
	组内	1482.610	163	9.096		
	总数	2334.715	171			

母语对普通话和广东话这两种语言的语言能力有显著影响,对英语的语言能力则无显著影响。普通话语言能力最强的是母语为福建话者,其次依序是客家话、普通话、广东话、英语;广东话语言能力最强的是母语为福建话者,其次依序是广东话、英语、客家话、普通话。

表2-2 在港居住时间与语言能力

在港居住时间	普通话	英语	广东话
1年或以下	18.57	13.36	10.57
2年	19.25	15.75	14.5
3年	19.75	16.5	16.25
5年	17.5	17	13.5
6年	19.5	15.5	19.5
7年	19	13	18.5
8年	20	13.5	18
9年	20	9	20
10年	18.5	12	18.75
12年	17.67	12.33	19.33
13年	13.17	13.33	16.17
14年	16	10	15
15年	16	14	19
16年	16.33	10.67	18.67
17年	14.25	13	17.5
18年	15.55	14.35	17.95
19年	15.39	13.91	18.17
20年	15.18	14.73	17
21年	14.13	14	18.56
22年	15.15	13.85	18.46
23年	14	12	18
24年	14.2	11.8	19.2
25年	12.6	12.8	19.2
26年或以上	14.94	14.5	19.67
总计	15.84	13.80	17.54

ANOVA

		平方和	df	均方	F	显著性
skill（普通话）	组间	589.798	23	25.643	2.690	0
	组内	1410.963	148	9.534		
	总数	2000.762	171			
skill（英语）	组间	229.631	23	9.984	1.116	0.334
	组内	1323.648	148	8.944		
	总数	1553.279	171			
skill（广东话）	组间	977.931	23	42.519	4.638	0
	组内	1356.785	148	9.167		
	总数	2334.715	171			

在港居住时间对普通话、广东话这两种语言的语言能力有显著影响,对英语的语言能力则无显著影响。随着在港居住时间的延长,普通话语言能力有下降的整体趋势,广东话语言能力则有上升趋势。如图2-1和图2-2所示:

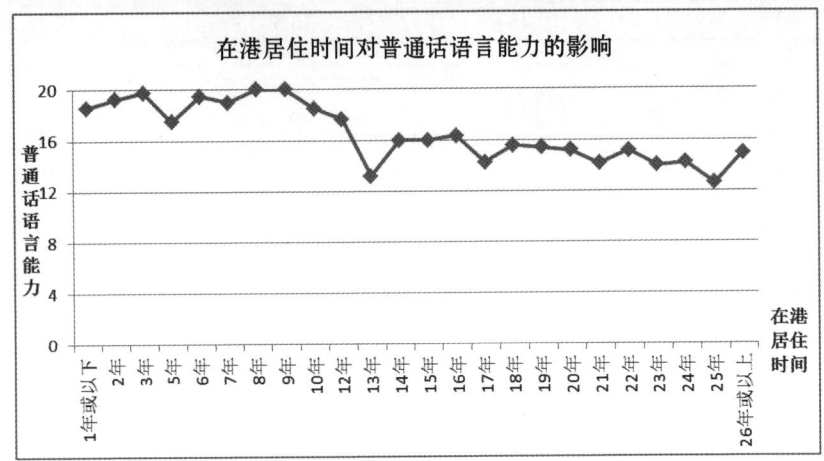

图2-1 居港时间对普通话语言能力的影响

随着在港居住时间的延长,普通话语言能力有下降的整体趋势。

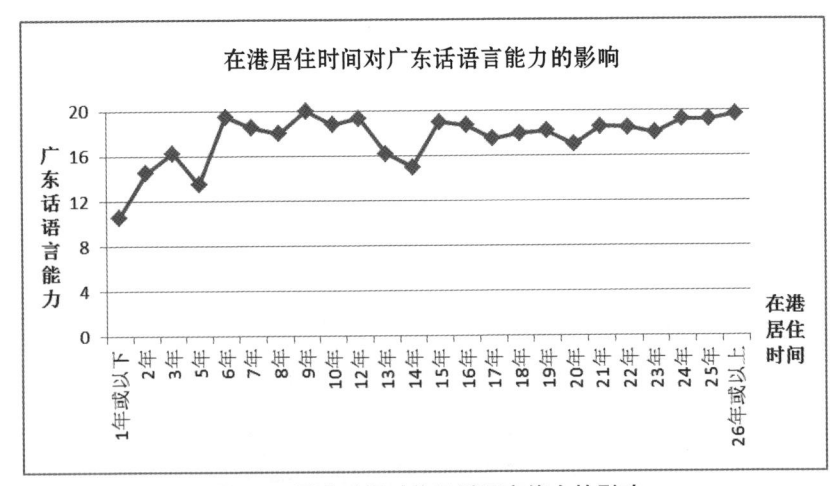

图2-2 居港时间对普通话语言能力的影响

随着在港居住时间的延长,广东话语言能力则有上升趋势。

描述性统计显示,一般来说,争辩时使用什么语言,则该语言的语言能力是最强的,例如:争辩时若使用的是广东话,则广东话的语言能力最强;若使用的是普通话,则普通话的语言能力最强;若使用的是英语,则英语能力最强。而争辩时若使用的是其他语言,则普通话的语言能力最强。

三、语言态度A（对于这种语言的态度）

（1分表示非常亲切，5分表示非常不亲切）

表3-1　性别与语言态度A

性别	普通话	英语	广东话
女	2.43	1.76	2.00
男	2.86	2.06	1.89
总计	2.52	1.82	1.98

ANOVA

		平方和	df	均方	F	显著性
1. 你觉得普通话、英语和广东话好？[普通话]	组间	5.197	1	5.197	4.757	0.031
	组内	185.710	170	1.092		
	总数	190.907	171			
1. 你觉得普通话、英语和广东话好？[英语]	组间	2.531	1	2.531	4.841	0.029
	组内	88.882	170	0.523		
	总数	91.413	171			
1. 你觉得普通话、英语和广东话好？[广东话]	组间	0.351	1	0.351	0.476	0.491
	组内	125.556	170	0.739		
	总数	125.907	171			

调查对象总体对于英语感到最亲切，其次是广东话，最后是普通话。

性别因素对调查对象的普通话态度与英语态度有显著影响，对于广东话态度无显著影响。对于普通话和英语，女性比男性更感到亲切。

年龄因素和学龄因素对调查对象的三种语言态度都没有显著影响。

表3-2　母语与语言态度A

母语	普通话	英语	广东话
广东话	2.70	1.83	1.94
客家话	1.60	1.80	1.40
福建话	2.00	1.50	1.50
普通话	1.65	1.71	2.29

(续上表)

母语	普通话	英语	广东话
英语	3.33	2.33	2.33
其他	2.14	2.00	2.57
潮州话	2.00	1.33	1.33
上海话	3.00	2.00	3.00
台山话	1.00	2.00	1.00
总计	2.52	1.82	1.98

ANOVA

		平方和	df	均方	F	显著性
1. 你觉得普通话、英语和广东话好？[普通话]	组间	28.331	8	3.541	3.551	0.001
	组内	162.576	163	0.997		
	总数	190.907	171			
1. 你觉得普通话、英语和广东话好？[英语]	组间	2.227	8	0.278	0.509	0.848
	组内	89.185	163	0.547		
	总数	91.413	171			
1. 你觉得普通话、英语和广东话好？[广东话]	组间	10.111	8	1.264	1.779	0.085
	组内	115.796	163	0.710		
	总数	125.907	171			

母语因素对调查对象的普通话态度有显著影响（$p=0.001 < 0.05$），对于英语和广东话的态度无显著影响。

对普通话的亲切程度由高到低，母语分别为台山话、客家话、普通话、潮州话/福建话、其他、广东话、上海话、英语。

表3-3　在港居住时间与语言态度A（对于这种语言的态度）

在港居住时间	普通话	英语	广东话
0—5年	2.46	1.71	1.88
6—10年	2.31	1.92	1.54
11—15年	2.20	1.60	1.67
16—20年	2.62	1.82	2.21
21年以上	2.58	1.90	1.95
	2.52	1.82	1.98

ANOVA

		平方和	df	均方	F	显著性
1. 你觉得普通话、英语和广东话好？[普通话]	组间	3.045	4	0.761	0.677	0.609
	组内	187.862	167	1.125		
	总数	190.907	171			
1. 你觉得普通话、英语和广东话好？[英语]	组间	1.525	4	0.381	0.708	0.587
	组内	89.888	167	0.538		
	总数	91.413	171			
1. 你觉得普通话、英语和广东话好？[广东话]	组间	7.641	4	1.910	2.697	0.033
	组内	118.266	167	0.708		
	总数	125.907	171			

在港居住时间因素对调查对象的普通话和英语的态度没有显著影响，但对于广东话的态度有显著影响（p=0.033＜0.05）。总体来说，在港居住6—15年的调查对象对广东话的亲切程度感受相对更高。

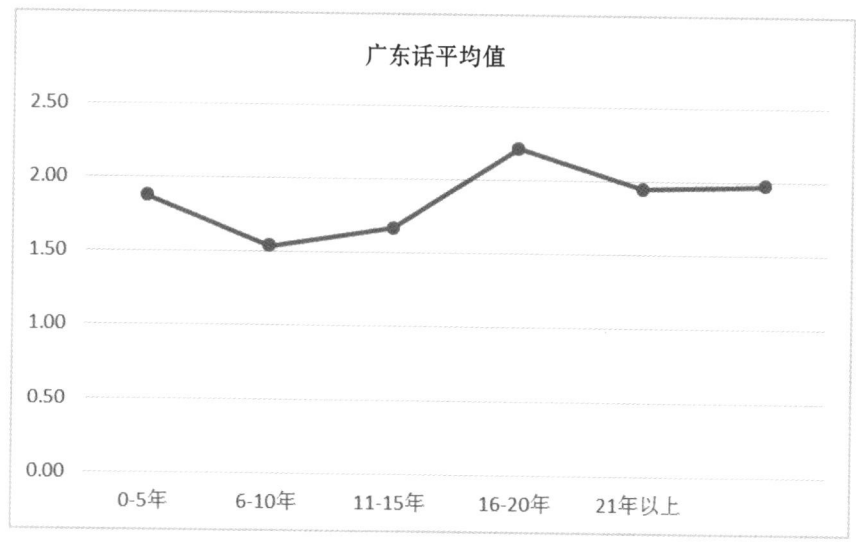

图3-1 居港时间与对广东话的亲切程度

与他人争执时第一反应使用普通话的调查对象对普通话感到亲切程度最高，与人争执时使用广东话的调查对象对普通话的亲切程度最低。

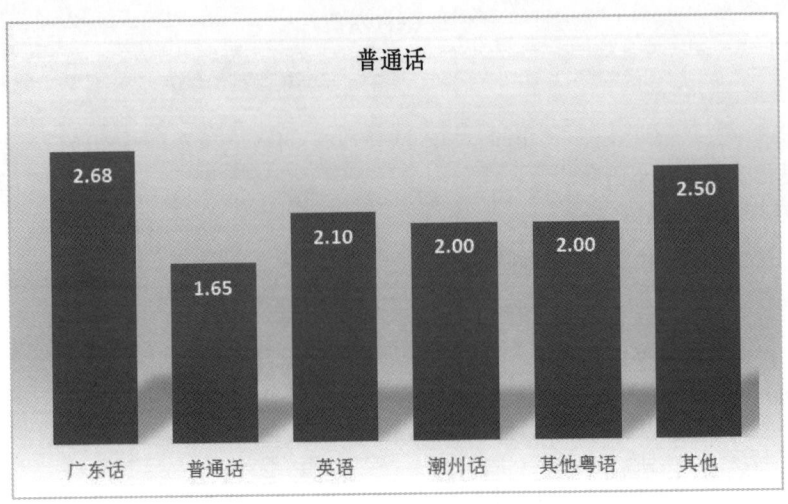

图3-2 与人争辩时使用普通话者对普通话的亲切程度

与他人争执时第一反应使用广东话的调查对象对广东话感到亲切程度最高,与人争执时使用潮州话的调查对象对广东话的亲切程度最低(但是仅有一人选择"潮州话"作为争执时使用的语言,因此此项不具有代表性)。

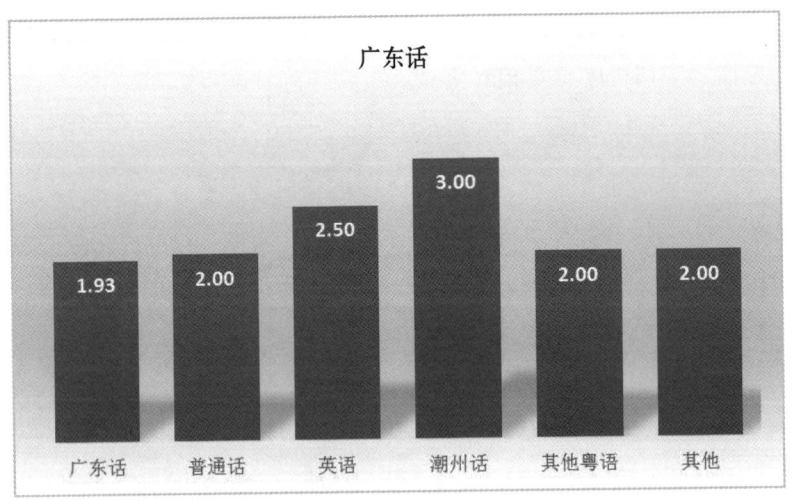

图3-3 与人争辩时使用广东话者对广东话的亲切程度

四、语言态度B(对于他人流利使用这种语言的态度)

(1分表示自己也想这样,2分表示没什么感觉,3分表示反感。选项"其他"不计入统计)

表4-1 性别与语言态度B（对于他人流利使用这种语言的态度）

性别	英语	普通话
女	1.25	1.73
男	1.19	1.81
总计	1.24	1.75

ANOVA

		平方和	df	均方	F	显著性
2. 当看见有人流利地用英语，你会感到：	组间	0.076	1	0.076	0.371	0.543
	组内	34.512	168	0.205		
	总数	34.588	169			
3. 当看见有人流利地用普通话，你会感到：	组间	0.126	1	0.126	0.357	0.551
	组内	59.497	168	0.354		
	总数	59.624	169			

总体来说，调查对象对于看到他人流利使用英语的态度，比看到他人流利使用普通话的态度更趋于"自己也想这样"。

性别因素、年龄因素、学龄因素和母语因素对调查对象对于他人流利使用英语与普通话的态度都没有显著影响。

表4-2 在港居住时间与语言态度B（对于他人流利使用这种语言的态度）

在港居住时间	英语	普通话
0—5年	1.13	1.92
6—10年	1.00	1.69
11—15年	1.27	1.87
16—20年	1.20	1.67
21年以上	1.36	1.75
	1.24	1.75

ANOVA

		平方和	df	均方	F	显著性
2. 当看见有人流利地用英语，你会感到：	组间	1.945	4	0.486	2.458	0.048
	组内	32.643	165	0.198		
	总数	34.588	169			
3. 当看见有人流利地用普通话，你会感到：	组间	1.331	4	0.333	0.939	0.443
	组内	58.856	166	0.355		
	总数	60.187	170			

在港居住时间因素，对调查对象对于他人流利使用普通话的态度无显著影响，但对于他人流利使用英语的态度有显著影响（p=0.048＜0.05）。

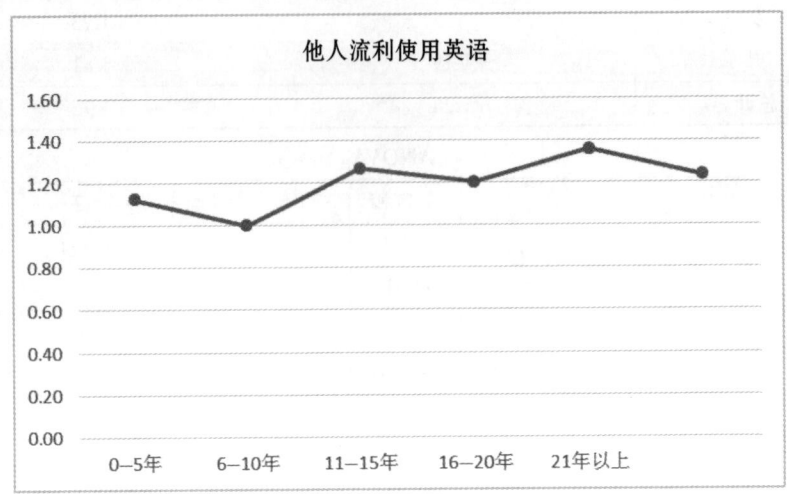

图4-1　居港时间与对于他人流利使用英语之间的态度

五、语言期望

（1分表示非常重要，5分表示毫不重要）

表5-1　性别与语言期望

性别	普通话	英语	广东话
女	1.66	1.27	2.13
男	2.11	1.42	2.14
总计	1.76	1.30	2.13

调查对象总体感到英语最重要，其次是普通话，最后是广东话。

性别因素对调查对象感受到的普通话的重要程度有显著影响，对于英语和广东话态度则无显著影响。

ANOVA

		平方和	df	均方	F	显著性
5. 你认为普通话、广东话、英语对促进香港的商务和旅游是否2？[普通话]	组间	5.747	1	5.747	6.979	0.009
	组内	139.997	170	0.824		
	总数	145.744	171			

（续上表）

5. 你认为普通话、广东话、英语对促进香港的商务和旅游是否2？[广东话]	组间	0.005	1	0.005	0.008	0.930
	组内	119.181	170	0.701		
	总数	119.186	171			
5. 你认为普通话、广东话、英语对促进香港的商务和旅游是否2？[英语]	组间	0.595	1	0.595	1.958	0.164
	组内	51.684	170	0.304		
	总数	52.279	171			

对于普通话，女性比男性感到更重要。

年龄因素对调查对象感受到的普通话的重要程度有显著影响，对于英语和广东话态度无显著影响。

总体来说，年龄较小的调查对象认为普通话更重要（但年龄为十八九岁的两组例外）。

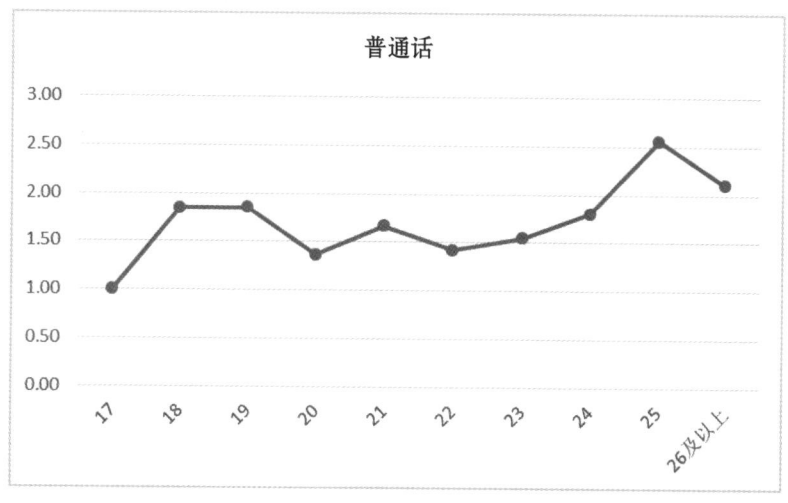

图5-1　年龄与语言期望

六、2011年香港家庭惯用语言

（以下统计根据香港政府人口调查资料。仅涵盖5岁以上华人受访者数据）

表6-1 居港年期、是否香港永久居留及惯用语言表

永久居留地是否为香港	在港居住年期	广州话	普通话	中国其他方言	英语	其他
是	<1	13714	2676	2619	459	129
是	[1, 4)	55273	7617	10285	1434	210
是	[4, 7)	170457	6498	15426	2953	196
是	[7, 10)	244962	7502	18003	2891	194
是	>10	5393158	46663	213762	22732	4466
否	<1	4445	3817	1421	159	3
否	[1, 4)	15776	7222	3532	321	39
否	[4, 7)	20974	4256	4901	362	28
否	[7, 10)	3271	671	696	67	23
否	>10	19613	1276	1428	944	0

表6-2 居港年期、是否香港永久居留及惯用语言百分比表

永久居留地是否为香港	在港居住年期	广州话	普通话	中国其他方言	英语	其他
是	<1	69.98	13.66	13.36	2.34	0.66
是	[1, 4)	73.88	10.18	13.75	1.92	0.28
是	[4, 7)	87.18	3.32	7.89	1.51	0.10
是	[7, 10)	89.55	2.74	6.58	1.06	0.07
是	>10	94.94	0.82	3.76	0.40	0.08
否	<1	45.15	38.77	14.43	1.62	0.03
否	[1, 4)	58.67	26.86	13.13	1.19	0.15
否	[4, 7)	68.72	13.94	16.06	1.19	0.09
否	[7, 10)	69.18	14.19	14.72	1.42	0.49
否	>10	84.32	5.49	6.14	4.06	0.00

分析：

（1）惯用语言是广州话的比例与在港年期有关。在港年期越长，惯用语言是广州话的比例越高。

（2）惯用语言是其他方言或语言的比例与在港年期有关。在港年期越长，惯用语言是其他方言或语言的比例越低。

（3）是否香港永久居留与惯用语言的比例有关。香港永久居留的人以广东话作

为惯用语言的比例高于非香港永久居留居民。这个差异随着在港年期的增加而减小。

表6-3 惯用语言及教育程度表（表中数据是人口数）

惯用语言	未受教育/学前教育	小学	初中	高中/预科	文凭/证书课程	副学位课程	学位课程
广州话	65023	297118	212957	238003	28872	69497	83356
普通话	1236	4107	1963	1485	173	320	4574
中国其他方言	1022	5411	4916	6240	601	1279	1767
英语	2704	10986	4777	3754	92	267	1249
其他	1886	8292	3401	1843	144	231	581

表6-4 惯用语言及教育程度百分比表（保留到小数点后两位）

惯用语言	未受教育/学前教育	小学	初中	高中/预科	文凭/证书课程	副学位课程	学位课程
广州话	90.47	91.16	93.40	94.70	96.62	97.07	91.07
普通话	1.72	1.26	0.86	0.59	0.58	0.45	5.00
中国其他方言	1.42	1.66	2.16	2.48	2.01	1.79	1.93
英语	3.76	3.37	2.10	1.49	0.31	0.37	1.36
其他	2.62	2.54	1.49	0.73	0.48	0.32	0.63

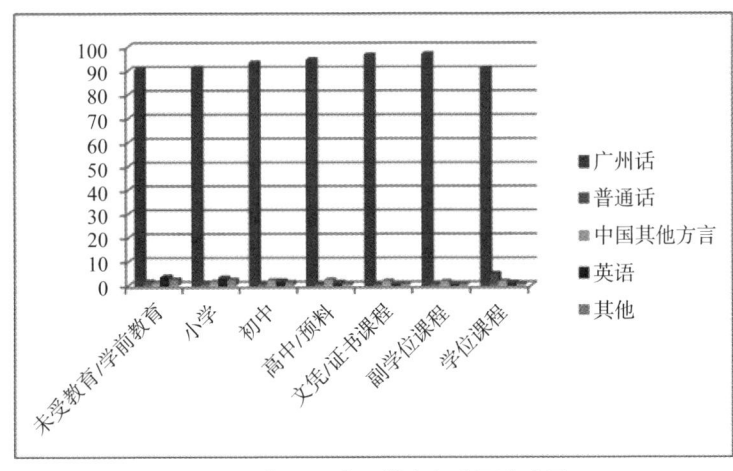

图6-1 惯用语言及教育程度百分比图

分析：

（1）在副学位以下学历中，学历与惯用语言为广州话的比例呈正相关关系，学历越高，惯用语言为广州话的比例越高。

（2）在副学位以下学历中，学历与惯用语言为其他项目的比例呈负相关关系，学历越高，惯用语言为其他项目的比例越低。但是对于"中国其他方言"这一项不明显。

（3）在学位课程阶段，惯用语言为广州话的比例明显降低，为普通话的比例显著提高，为英语的比例也有一定提高。

表6-5　惯用语言及调查年份表（表中数据是人口数）

惯用语言	2001年	2006年	2011年
广州话	5726972	6030960	6095213
普通话	55410	60859	94399
中国其他方言	352562	289027	273745
英语	203598	187281	238288
其他	79197	72217	106788

表6-6　惯用语言及调查年份百分比表（保留到小数点后两位）

惯用语言	2001年	2006年	2011年
广州话	89.24	90.82	89.52
普通话	0.86	0.92	1.39
中国其他方言	5.49	4.35	4.02
英语	3.17	2.82	3.50
其他	1.23	1.09	1.57

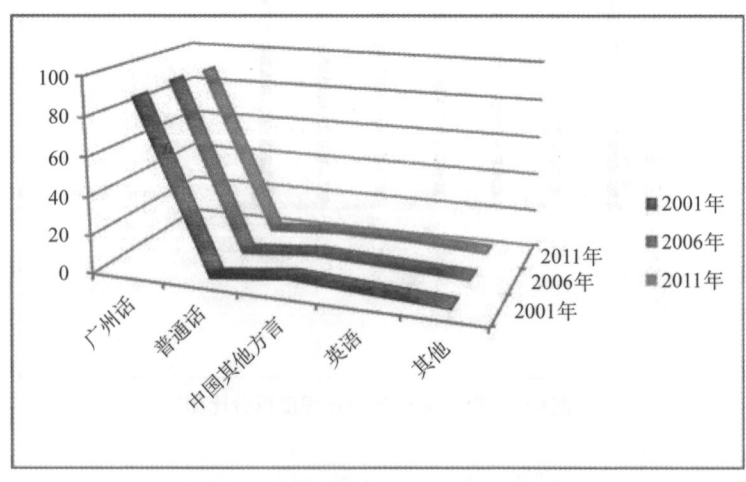

图6-2　惯用语言及调查年份百分比图

分析：

（1）从图表来看，近十年香港居民惯用语言的比例分布没有非常大的变动。

（2）普通话和英语的比例略有增加态势。

（3）中国其他方言的比例在缩小。

（4）与1977年的统计比较，广州话的比例也有所提高。

表6-7 1977年香港家庭惯用语比较表

家庭语言 籍贯	英语	广州话	客家话	福佬话	四邑话	其他方言	其他语言	聋哑
香港	0.2	85.5	12.8	0.8	0.1	0.3	—	0.2
广州澳门一带	0.1	95.7	3.0	0.6	0.1	0.4	—	0.1
四邑	—	92.3	0.3	0.5	6.2	0.6	—	0.1
潮州	—	68.1	1.3	28.6	0.3	3.5	—	0.2
中国其他地区	0.2	78.4	2.0	8.4	0.2	11.7	0.1	0.1
世界其他地区	58.9	15.8	0.5	0.5	0.1	0.9	23.2	0.1
总计	1.0	88.1	2.7	4.2	1.2	2.3	0.4	0.1

结　语

粤语（或称广东话）仍然是强势语言。这与当前上海话在上海、闽语在台湾的弱势地位形成鲜明的对照。普通话的地位有所提高，但远非强势语言。对英语的期望值普遍较高。

附录

香港大学生语言使用情况调查问卷

亲爱的同学们：

  你们好！为了了解香港大学生的语言使用情况，诚恳地希望您能根据实际情况回答问卷。问卷不记名，所选的答案也无所谓正确或错误。调查结果仅供研究之用，保证不会泄露您的个人数据。请在所选答案上打√。

  画横线的题目，请把答案直接写在横线上。非常感谢您的支持与合作！

复旦大学、香港教育学院

《海外汉语使用情况》项目小组

2013年5月

第一部分

您的姓名_____（可不填写）

1. 您是男生或女生？　A. 男　　B. 女

2. 年龄：_____岁

3. 民族：A. 汉族　　B. 其他：_____族

4. 您父亲的学历：A. 大学以上　　B. 中学　　C. 小学以下

5. 您母亲的学历：A. 大学以上　　B. 中学　　C. 小学以下

6. 您所属的学科：_____

7. 所在年级：A. 大一　　B. 大二　　C. 大三　　D. 大四　　E. 研究所

8. 您学过几年英语？

A. 没学过　　B. 1年　　C. 2年　　D. 3年　　E. 4年　　F. 5年

G. 6年　　　H. 7年　　I. 8年　　J. 9年以上

9. 您小时候（上小学前）最先学会的是什么语言或方言？

A. 粤语　　B. 客家话　　C. 福建话　　D. 普通话　　E. 英语

F. 其他：_____

第二部分

1. 您和爷爷最常说哪种语言？

A. 粤语　　B. 客家话　　C. 福建话　　D. 普通话　　E. 英语

F. 其他：_____

2. 您和奶奶最常说哪种语言?

   A. 粤语　　B. 客家话　　C. 福建话　　D. 普通话　　E. 英语

   F. 其他：_____

3. 您和外公最常说哪种语言?

   A. 粤语　　B. 客家话　　C. 福建话　　D. 普通话　　E. 英语

   F. 其他：_____

4. 您和外婆最常说哪种语言?

   A. 粤语　　B. 客家话　　C. 福建话　　D. 普通话　　E. 英语

   F. 其他：_____

5. 您和爸爸(或男性抚养人)最常说哪种语言?

   A. 粤语　　B. 客家话　　C. 福建话　　D. 普通话　　E. 英语

   F. 其他：_____

6. 您和妈妈(或女性抚养人)最常说哪种语言?

   A. 粤语　　B. 客家话　　C. 福建话　　D. 普通话　　E. 英语

   F. 其他：_____

7. 您和兄弟姐妹最常说哪种语言?

   A. 粤语　　B. 客家话　　C. 福建话　　D. 普通话　　E. 英语

   F. 其他：_____　　G. 您是独生子女，没有兄弟姐妹

8. 全家一起吃饭时最常说哪种话?

   A. 粤语　　B. 客家话　　C. 福建话　　D. 普通话　　E. 英语

   F. 其他：_____

9. 在课堂上，您和老师最常说哪种语言?

   A. 粤语　　B. 客家话　　C. 福建话　　D. 普通话　　E. 英语

   F. 其他：_____

10. 下课后在校园，您和老师最常说哪种语言?

    A. 粤语　　B. 客家话　　C. 福建话　　D. 普通话　　E. 英语

    F. 其他：_____

11. 下课后在校园，您和同学最常说哪种语言?

    A. 粤语　　B. 客家话　　C. 福建话　　D. 普通话　　E. 英语

    F. 其他：_____

12. 在学校外面的商店买东西，您最常说哪种语言？

A. 粤语　　B. 客家话　　C. 福建话　　D. 普通话　　E. 英语

F. 其他：_____

13. 您和邻居最常说哪种语言？

A. 粤语　　B. 客家话　　C. 福建话　　D. 普通话　　E. 英语

F. 其他：_____

14. 您和亲戚最常说哪种语言？

A. 粤语　　B. 客家话　　C. 福建话　　D. 普通话　　E. 英语

F. 其他：_____

15. 上互联网时，您常常看什么语言的网页？

A. 汉语　　B. 英语　　C. 日语　　D. 其他：_____

16. 看电影时，您常常看什么语言的电影？

A. 粤语　　B. 普通话　　C. 闽语　　D. 日语　　E. 韩语

F. 其他：_____

17. 听歌时，您常常听什么语言的歌曲？

A. 粤语　　B. 普通话　　C. 闽语　　D. 福建话　　E. 日语

F. 韩语　　G. 其他：_____

18. 您最常用哪种文字来书写？

A. 汉字　　B. 英文　　C. 其他：_____

19. 总的说来，您最常用什么语言？

A. 粤语　　B. 客家话　　C. 福建话　　D. 普通话

E. 其他：_____

第三部分

1. 请给您的粤语听、说、读、写能力评分，最高分为5分，最低分为0分。

听懂	会说	能读	会写

2. 请给您的普通话听、说、读、写四种能力评分，最高分为5分，最低分为0分。

听懂	会说	能读	会写

3. 请给您的英语听、说、读、写能力评分，最高分为5分，最低分为0分。

听懂	会说	能读	会写

4. 请给您的客家话听、说、读、写能力评分，最高分为5分，最低分为0分。

听懂	会说	能读	会写

5. 请给您的福建话听、说、读、写能力评分，最高分为5分，最低分为0分。

听懂	会说	能读	会写

6. 您着急的时候，第一反应会使用哪种语言？

A．粤语　　B．客家话　　C．福建话　　D．普通话　　E．英语

F．其他：_____

7. 您想问题的时候最常用哪种语言？

A．粤语　　B．客家话　　C．福建话　　D．普通话　　E．英语

F．其他：_____

8. 请给下列十个汉字注音，可以用台湾的注音符号或中国大陆的拼音字母。

（1）香　　（2）港　　（3）岛　　（4）是　　（5）很

（6）美　　（7）丽　　（8）的　　（9）地　　（10）方

第四部分（说明：本部分的答案只可以选其中一个。）

1. 您觉得粤语：

A．非常好听　　B．比较好听　　C．一般　　D．不太好听　　E．不好听

2. 您觉得英语：

A．非常亲切　　B．比较亲切　　C．一般　　D．不太亲切　　E．不亲切

3. 您觉得普通话：

A．非常亲切　　B．比较亲切　　C．一般　　D．不太亲切　　E．不亲切

4. 您觉得客家话：

A．非常亲切　　B．比较亲切　　C．一般　　D．不太好听　　E．不好听

5. 您觉得福建话：

A．非常亲切　　B．比较亲切　　C．一般　　D．不太亲切　　E．不亲切

6. 如果有人用普通话流利地说话，您感到：

A. 自己也想一样　　B. 没什么感觉　　C. 不喜欢　　D. 其他：_____

7. 如果有人用英语流利地说话，您感到：

A. 自己也想一样　　B. 没什么感觉　　C. 不喜欢　　D. 其他：_____

8. 您认为哪种语言对您的未来最重要：

A. 英语　　B. 粤语　　C. 闽语　　D. 福建话　　E. 其他：_____

9. 您觉得粤语对促进香港的商务和旅游：

A. 非常重要　　B. 比较重要　　C. 一般　　D. 不太重要　　E. 不重要

10. 您觉得普通话对促进香港的商务和旅游：

A. 非常重要　　B. 比较重要　　C. 一般　　D. 不太重要　　E. 不重要

11. 您觉得英语对促进香港的商务和旅游：

A. 非常重要　　B. 比较重要　　C. 一般　　D. 不太重要　　E. 不重要

附注：感谢朱子璇、徐源、陶嘉尔、高昕同学协助统计及制作图表。

不同地域的开平人对其方言传承态度的调查报告

——以中国开平、香港及美国为例

孙玉卿　邓淑芳

(暨南大学华文学院　广东广州　510610)

【摘　要】 通过对开平当地及香港的抽样问卷调查，比较分析两地被访者对开平话的使用和传承情况，探讨其对开平话喜爱程度和归属心态。另外，通过网络聊天软件对一个移民美国(洛杉矶)的家庭进行了网上访谈，了解不同年龄层的开平人在国外生活和使用开平话的情况。

【关键词】 开平话　传承　归属

一、问题的提出及其他

(一)开平的历史及现状

开平是广东省一个没有临海的县级市，东北面与新会市为邻，东面和南面被台山市包围，西面与恩平市接壤，北端与鹤山市相连，西北角与新兴县相接，面积1611平方千米，人口近68万。开平建县较迟，明崇祯十一年(1638)始设置开平县。1958年至1960年间，曾与恩平县合并为恩开县，后改开平县，1961年初两县又分治，1993年撤县建市，改称开平市。开平话内部分为四个小片：赤坎片、城内片、水月片、龙马片。我们所说的开平话，是指整个区域性的方言，不再细分(文章中的"开平话"和"开平方言"所指相同)。

开平市距离香港较近，移民到香港的开平人比较多。有几次规模比较大：20世纪三四十年代，因为战乱移民；到50至70年代的偷渡，再到八九十年代的合法申请,开平移民到香港的人越来越多。有些开平人移民到香港之后,因为生活所迫,再次远走他乡,有的移民到了美国等欧美国家。据2011年的人口普查,移居国外以及中国港澳台地区的达到75万人,比当地69.9万人还多。这些移民在外的开平人,对开平话的使用频率逐渐减少,对使用开平话的态度也逐渐发生了变化。我们想通过调查现阶段生活在不同地域的开平人,包括开平本地、中国香港、美国,考察他们对传承开平话的态度。

(二)调查问卷的设置

1. 调查对象

我们共调查了60位开平人,其中开平本地及香港开平移民各30位,年龄在15至50岁之间,其中19至24岁的人数较多,主要是想考察年轻一代人群的想法。两地调查问卷的内容相同。

2. 问卷设计

本次调查的关注点主要集中在五个方面:

(1)开平当地被访者和香港被访者使用方言的场合;

(2)被访者的学历程度和经济状况对其方言使用的影响;

(3)两地被访者对方言保留的态度和喜爱程度;

(4)两地被访者对家乡开平的归属感;

(5)两地被访者的自我身份认同。

每一个方面都有对应的几个问题,具体情况如表1所示。

(三)访谈案例

1. 香港宗亲会的访谈案例

为了更好地了解移民到香港的开平人对其方言的传承态度,我们对香港的开平宗亲会所进行了访谈,并选取典型案例进行说明。

2. 移民美国的家庭访谈

由于条件所限,移民到美国的开平人不易联络,只作了一个家庭访谈。具体考察一个家庭中不同年龄层对方言传承的态度。这方面所收集到的资料比较少。

表1 调查关注点与问卷题目对应表

（一）	你的现常居住地是哪里？（限开平）	你是否了解家乡方言所属的方言区域？
	你使用方言的场合是哪里？（多选）	你的现常居住地是哪里？
（二）	你的性别是什么？	你的年龄多大？
	你的职业是什么？	你的经济收入情况是怎样？
（三）	你认为方言有必要保留吗？	你喜欢自己的方言吗？
	你更希望日常沟通交流使用普通话吗？	你更希望日常沟通交流使用粤语吗？
	相比方言，你更喜欢其他语言吗？	你认为方言是否有一天会灭亡？
	你愿意为方言的传承出一份力吗？	你认为有什么途径或方法可以保育方言？（多选）
	你认为方言是一种宝贵的文化吗？	你认为以下哪种/些人更需要重视方言？（多选）
	你对方言传承或保育这个话题有什么意见？（多选）	你认为哪方对方言传承或保育最该出力？
（四）	你看到方言的节目或网络视频的感觉是什么？（多选）	你听到或看到报道家乡的好事、丰功伟绩、名人介绍、宣传片、碉楼列入世界遗产等有什么感觉？（多选）
	你听到或看到报道家乡不好的事，你有什么感觉？（多选）	当你在非方言地区或面对非同一方言的人（广西、湖南等中国内地地区）说方言会有什么感觉？（多选）
	当你在非方言地区或面对非同一方言的人（港、澳）说方言会有什么感觉？（多选）	当你在非方言地区或面对非同一方言的人（国外）说方言会有什么感觉？（多选）
（五）	你觉得自己是什么人？	你什么时候觉得自己是开平人？

二、调查问卷的统计分析

（一）对家乡方言的了解程度及使用的场合

从表2可以看到：两地对家乡方言的了解情况均为80%以上，具体是香港为85%，开平为80%。当进一步提出"你是否了解家乡方言所属的方言区域"时，香港有96%回答了解，开平只有70%，这是我们没有想到的。不过这个现象也说明：在香港的学校教育中，可以接触到有关方言的知识；而在开平地区，人们从来没有思考或者很少去探究，自己说的话属于哪个方言区等。

表2 被访者对方言归属的了解情况

	了解				不了解
	广东方言	粤方言	四邑方言（正确）	官话	
香港	0	1	24	0	5
开平	7	0	16	1	6

表3显示了开平被访者居住地情况，30位被访者里有22人住在开平当地，有8人在广东省内（非开平），其中7人在广州市。22位住在开平的被访者日常生活离不开开平话，其余8位被访者回到开平的时候也会使用开平话和亲戚朋友沟通，但是在有消费行为的情况下有时会使用粤语。因为在开平当地，有越来越多的外来人，这些人普遍使用普通话或粤语。也有少数人在任何场合都使用自己的方言，比如面对非方言人士均用方言沟通，让对方适应自己。

表3 开平当地被访者的居住情况

居住地	本地（开平）	其他		
		广州	江门	天津
人数	21	7	1	1

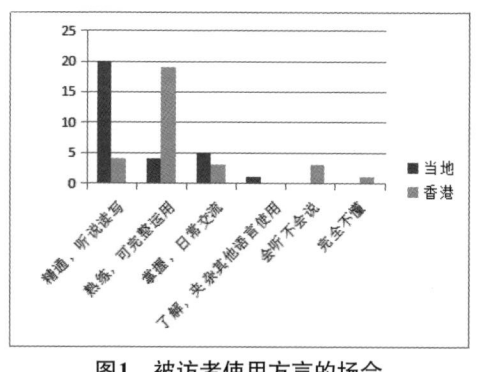

图1 被访者使用方言的场合

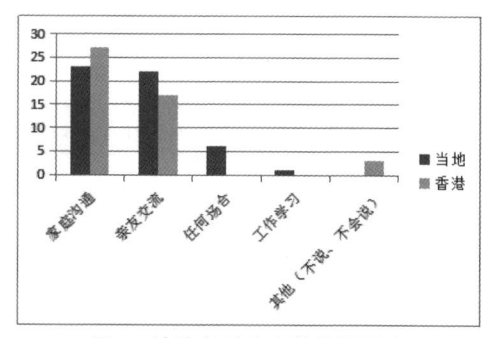

图2 被访者对方言的熟练程度

图1显示了香港被访者中，90%会使用方言作为家庭语言，超过50%也用作与亲友沟通。不过他们使用方言仅限身边熟悉的亲人，100%的被访者均表示不会和朋友使用方言交流，即使知道对方也来自同一方言区，原因是害怕尴尬，怕被其他朋友歧视或被旁人取笑。有3位香港被访者完全不会说方言，他们为第三代移民（年龄为15至18岁），在香港出生和成长，只是表示家中长辈和亲戚会说方言。

图2对于被访者自身对方言掌握程度的评价中，超过一半的开平当地被访者

自评为精通，能听说读写；也有超过一半的香港被访者自评为熟练，可运用自如。其中有4位第三代的香港被访者表示对于方言能听不会说，或完全不会。原因是他们在香港出生，爸爸妈妈并没有教他们说，而且家庭里也不使用方言交流，他们只能听亲戚对话去接触到方言。

总之，从知识层面来说，香港的被访者对开平方言的了解程度比开平本地人高；但是方言的使用场合，香港被访者远远低于开平本地人。值得关注的是，在开平当地使用普通话和粤语的场合也在逐渐增多。

（二）学历程度和经济状况对其方言使用的影响

我们的调查问卷还关注了男女不同性别对方言使用的态度，结果是影响不显著。所以，主要讨论学历程度和经济状况对方言使用的影响。

两地被访者年龄均集中在19至24岁，大多为学生，其他为文员或无业者；其经济情况一般和好的超过一半。90%的香港被访者回到开平消费时，会和服务员说粤语（尽管他们会说开平话）。当地人在开平说开平话，但到广东的其他地方就说粤语。被访者认为个人的经济情况与个人身份象征和社会地位有着直接的关系。说粤语的人，其经济、素质和文化等比说家乡话的人好。为了凸显个人的身份地位，部分被访者选择使用粤语取代开平话。

表4 被访者年龄分布

年龄	14—18岁	19—24岁	25—30岁	30岁以上
香港	1	15	5	9
开平	6	14	5	5

表5 被访者的职业

职业	学生			学生（总）	文员	无业	其他
	大专或本科	高中	初中				
香港	10	3	1	14	6	0	9
开平	6	4	2	12	5	2	11

表6 被访者的经济情况

经济情况	无收入/父母	差	一般	好	很好	非常好
香港	9	0	11	10	0	0
开平	5	3	11	8	2	0

(三)两地被访者对方言保留的态度和喜爱程度

在问到"方言是否应该保留"时,两地被访者的意见表现出了明显的差异性。开平被访者认为必须保留的占93.3%,他们认为不保留的话还能说什么话呢?反映了开平当地被访者对于一直使用的方言的认同程度;有53.3%的香港被访者认为方言必须保留,比开平当地少40%,香港被访者的态度更多是出自于文化教育;也有接近一半的香港被访者认为方言保留与否并没有所谓,他们认为说什么语言并不重要,只要满足交流就行。态度上和开平当地被访者有明显差异。

在问到"是否喜欢方言"时,两地被访者的差异也很大。接近90%的开平被访者表示喜欢,而香港只有不到30%,却有70%表示无意见。其中有一位开平被访者表示不喜欢方言,他在广州4年,平时很少回开平,就是回到开平,消费的时候也会用粤语和店员沟通。他表示粤语比开平话更好听,也更显身份。图5中100%的香港被访者不希望日常生活使用普通话;而开平被访者中接近80%也是不希望日常生活使用普通话。图6中90%香港被访者希望日常生活使用粤语,开平被访者是50%希望,50%不希望。香港被访者希望日常生活使用粤语的比率更高。

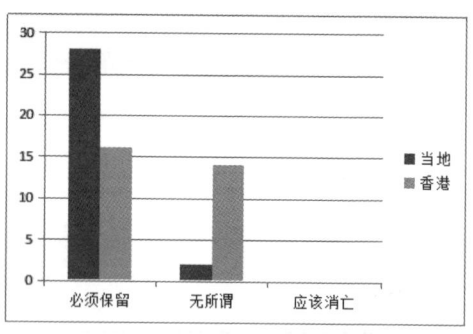

图3 被访者对方言保留的态度

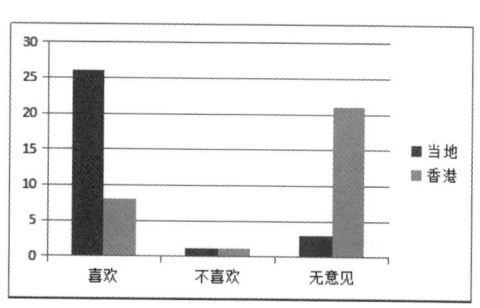

图4 被访者对方言喜爱的情况

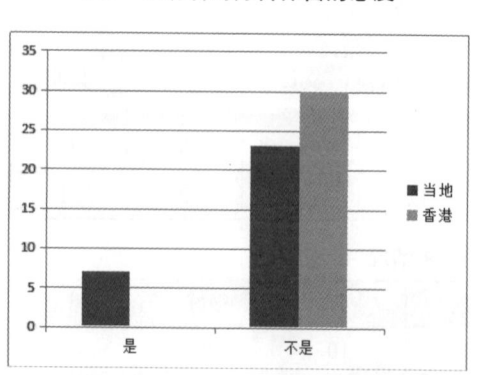

图5 被访者对日常生活使用普通话的意愿

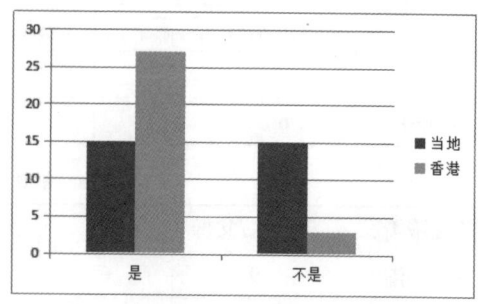

图6 被访者对日常使用粤语的意愿

对于方言是否有一天会消亡的问题，开平当地只有6人认为可能会，其他均认为不会消亡；而香港的被访者认为会消失的有4人，可能会的有17人，不会的只有9人。可见，居住环境和方言使用频率的不同，对方言未来的信心是多么的不同。

表7 被访者对方言存亡的态度

态度/意见	会	可能会	不会
香港	4	17	9
开平	0	6	24

图7显示，90%开平被访者认为方言是一种宝贵的文化，但也有10%持反对意见。香港被访者的比例是3∶1，两地差异较大。图8显示，超过75%开平被访者愿意为方言传承出一份力，但只有不到29%香港被访者愿意。选择没有兴趣和需要考虑的香港被访者接近80%，接近10%表示不愿意；开平被访者没有表示不愿意的。图9显示，更多的香港被访者认为学校应该设置方言课程，以方言教学和政府宣传保护方言就可以了；开平被访者也表示认同，并且认为有关部门的推广也很重要。

图10"小孩、本地人、到外地工作的开平人、移居港澳台和移民国外的人是否需要传承自己的方言"，接近85%的开平被访者认为需要，接近80%香港被访者也是认为需要。对于其他选项，香港被访者选择率都不超过30%。有趣的是，接近30%的香港被访者认为明星名人需要传承方言，因为通过电视荧幕听到明星名人说方言，他们觉得自豪，有归属感和优越感。比如：周润发在电影《我爱扭纹柴》和《澳门风云2》中流利地说着开平话，于是开平人在和朋友聊天的时候会自豪地说自己和周润发一样都是开平人。他们认为，明星名人通过荧幕向大众演绎自己的方言，能有效地引起大众的关注。更多被访者认为文化保护团体和政府最该为方言传承出力。认为个人应该出力的香港被访者只有不到10%，而开平被访者更不到5%。令人遗憾的是，被访者更多地认为"方言传承不是自己的责任"。

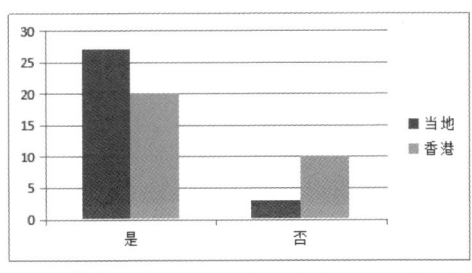

图7 被访者对方言是否有一种宝贵文化的取向

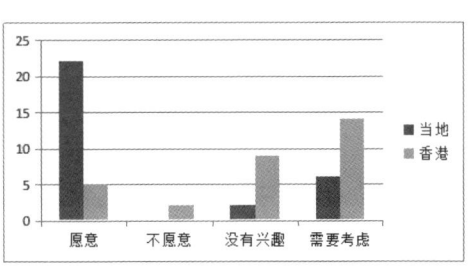

图8 被访者对方言传承的态度

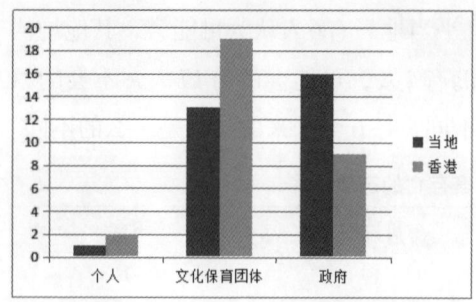

图9 被访者对方言传承和保护承担者的态度

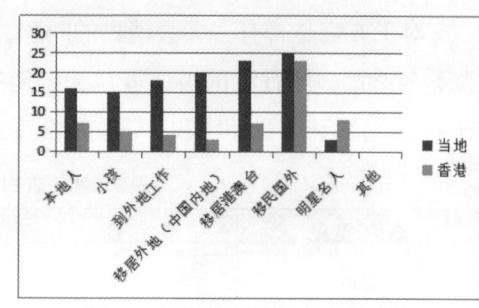

图10 被访者对保护方言的建议

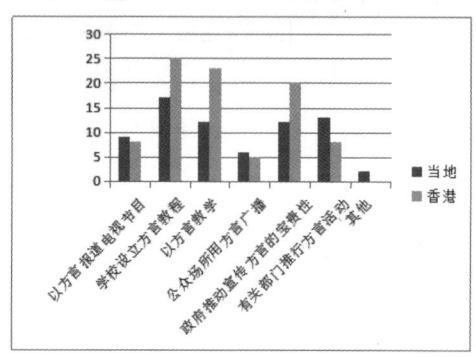

图11 被访者对方言传承会否出力意愿

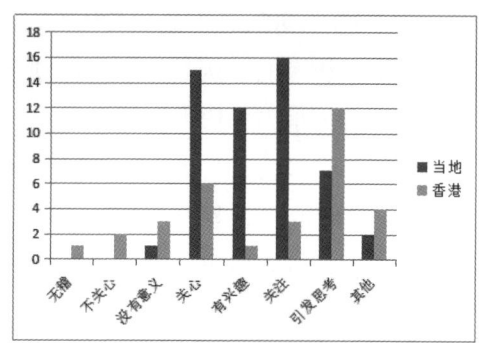

图12 被访者对方言传承和保护的态度

图11、12显示，不到5%开平被访者对方言传承和保护问题不关心，10%香港被访者也是这样；40%开平被访者有兴趣，更有50%开平被访者表示关心和关注。相比之下，会引发香港被访者思考的有40%，也有少数香港被访者认为这个话题没有意义，表示不关心。

（四）两地被访者对家乡开平的归属感

图13显示两地被访者看到方言节目或视频的时候会出现什么感觉，香港不到20%和开平不到5%的被访者表示无感觉，其他被访者均会觉得有趣、滑稽、喜欢，有归属感和熟悉感；更多香港被访者觉得有趣，而更多开平被访者觉得熟悉、有趣，有归属感；也有接近45%香港被访者觉得熟悉；觉得有归属感的不到20%。图14，有20%香港被访者看到报道家乡好的事情感到骄傲或自豪，两地超过一半被访者觉得骄傲和自豪。图15，报道家乡不好的事情，有接近25%香港被访者表示无感觉，有接近45%觉得事不关己；开平被访者也有接近15%表示事不关己，但更多的是反驳（超过30%）和羞耻（40%）；觉得羞耻的香港被访者接近15%。觉得不开心的，两地被访者大致相同。

我们看到，在面对报道家乡好事的时候，两地被访者感觉相差不大；而对于报道家乡不好的事情的时候，香港被访者感觉明显比开平被访者冷淡。

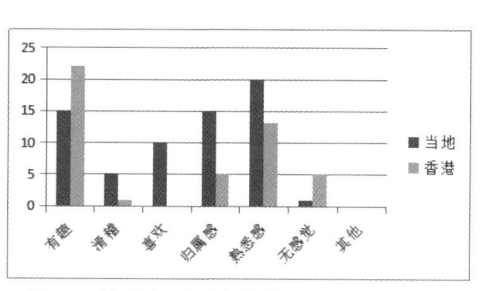

图13 被访者看到方言节目或视频的感觉

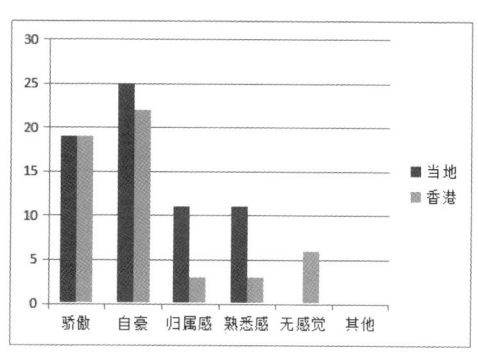

图14 被访者对报道家乡好事的感觉

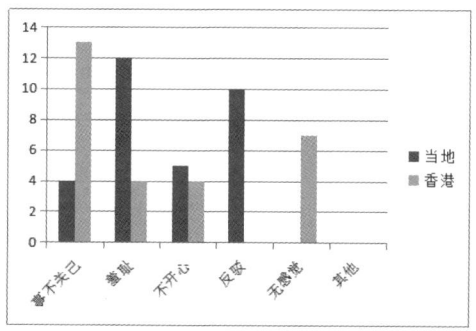

图15 被访者对报道家乡不好的事的感觉

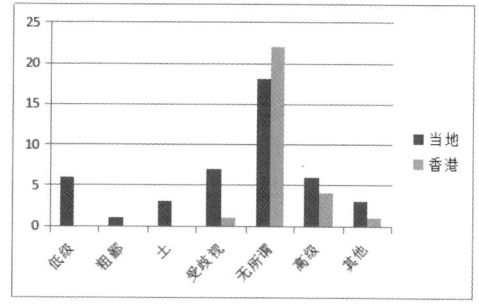

图16 被访者在异地对非开平人的态度

图16，被访者在非母语区或面对非母语人说方言的时候（大陆），两地均有超过一半的被访者认为没所谓；而觉得低级、粗鄙、土和受歧视的是少数开平被访者，香港被访者没有这方面的顾虑。相反地，被访者在非母语区或面对非母语人说方言的时候（港澳），接近65%的香港被访者认为低级，认为土的香港被访者也比开平被访者多；有50%开平被访者认为无所谓，也有30%香港被访者认为无所谓。这些人的年龄均为30岁以上。

图17、18，在问到被访者在非母语区或面对非母语人说方言的时候（国外），认为粗鄙、土和低级的两地被访者均不超过20%。但超过一半的开平被访者觉得没所谓，超过35%觉得被歧视。开平被访者的感觉有较明显的两极化，而香港被访者的感觉较为平均。

两地被访者在不同情况下对说开平话的态度是不同的：在国外和大陆，被访者的感觉比较少或者觉得无所谓。但在港、澳地区，香港被访者对使用方言显得很介意，觉得方言土、粗鄙、低级和受歧视而逃避使用方言。

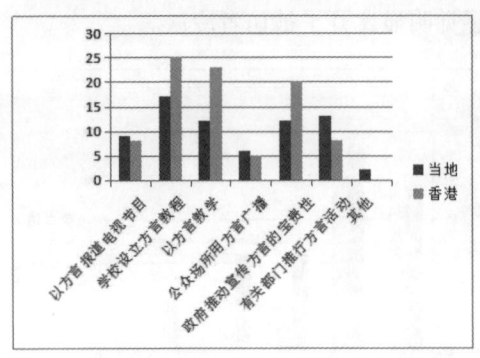

图17　被访者在异地（港澳）对非开平人的态度

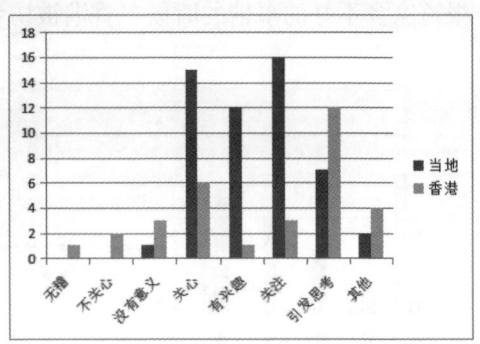

图18　被访者在异地（国外）对非开平人的态度

（五）两地被访者的自我身份认同

图19，接近85%的开平被访者认为自己是开平人，其余均认为自己是中国人；没有香港被访者认为自己是开平人，认为自己是香港人的有超过10%，认为自己是中国香港人的有30%，认为自己是中国人的最多，有接近60%。图20，认为任何时候自己都是开平人的开平被访者有25位，认为自己是开平人的被访者100%认为自己任何时候都是开平人；有明显差异的是，不管任何情况下认为自己是开平人的香港被访者相加都不到40%，说明香港被访者对开平人的自我身份认同很弱。

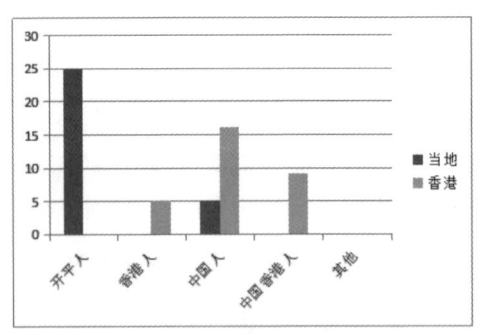

图19　被访者对自我身份的认同

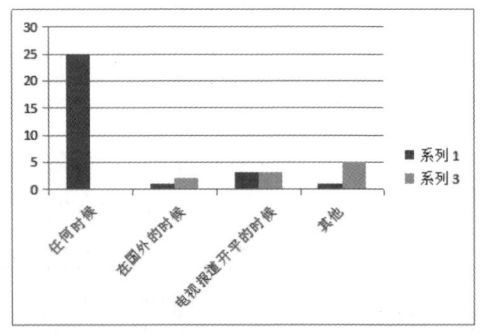

图20　被访者对"开平人"身份的认同

三、香港周濂溪宗亲会访谈和移民美国洛杉矶家庭访谈

（一）香港周濂溪宗亲会访谈

根据江门市外事侨务局2011年12月27日的统计，分布在香港各地区的开平同

乡会及宗亲会有14所，笔者走访了其中的5所，并采访了周濂溪宗亲会现任会长周先生。

1. **访谈内容**

D：研究员　　Z：周濂溪宗亲会现任会长周先生

访谈时间：2016年2月21日

访谈地点：香港开平周濂溪宗亲会有限公司

D：您认为方言有一天会消亡吗？

Z：不会，我们不是还会说方言吗？开平当地的人还在说开平话，而我们在香港也还会说开平话。我去加拿大、美国等地的唐人街和同乡会，我们都是用开平话进行交流，所以不会消亡。

D：您认为在香港，我们在公众地方说开平话会被歧视吗？

Z：没有歧视，不同的人讲不同的语言。

D：可是就我们这些年轻人而言，我们认为在学校或者在其他公众场合说开平话觉得会受歧视，或者被看低，所以我们即使都是开平人，我们都会用粤语交流，您对这个现象怎么看？

Z：正常的，因为你们都来到了香港，在香港交流沟通说粤语是正常的。回去开平就说开平话，这个没有问题。语言的主要功能是用来沟通的，就好像你们在外国说粤语也不会觉得受歧视吧，所以语言的可行性不等于身份的象征，是沟通的问题。

D：在香港有一个现象，移居来港的父母不教他们在香港出生的小孩说开平话，也不用开平话和他们交流，您认为这样继续下去，没有新一代说开平话，开平话会有一天失传吗？

Z：这个问题不用担心，其实语言呢，你不需要特意去教授下一代或者孩子，他们自然会说的。虽然父母没有教，或者和小孩交流不说开平话，但是父母之间或者亲戚之间用开平话交流，小孩听多了就会说。

D：如果不教，他们听到别人说也未必能完全理解和应用吧？

Z：说话是自然的，不需要特意去教。即使在香港听不到，他们回去乡下的时候也会听到，听到就会模仿了。就好像我的孙子们，他们在加拿大出生，有的还是混血儿，我们都没有刻意去教他们说开平话，他们听到我们说他们自己就会说了。

D：所以您认为不需要特意去教年轻一代说开平话是吗？

Z：对，说话是自然的。

D：近年，很多移民到香港的开平人，他们回去开平的时候也用粤语和开平的人交流而不说开平话了，您觉得这个现象的出现是否是开平人自己歧视开平话的意思呢？

Z：其实，说什么语言都是适应环境，语言是为了沟通。在开平说粤语也没有什么不妥，别人也能和他沟通交流就没有问题，我们在什么地方说什么话都是适应环境吧，在香港说粤语就是为了脱离"土气"，这也是他们适应香港这个环境，为了生存吧。就好像在外面，别人问你是什么人，你怎么回答？

D：开平人。

Z：当然不是，是"广府"人，我们是"广府"人。

D：我们不说自己是开平人吗？

Z：广府就包括广州五邑这一带，比开平大，也包含了开平，你这样回答别人就知道你是广东这一带的人，你说开平人别人都不知道呢。

D：那您认为开平方言是宝贵的文化吗？我们需不需要去传承和保护它？

Z：当然是宝贵的，但是我们不需要特意传承或保护什么的，只要有人说就不会失传。

周先生认为：方言不需要特意去传承或者保护，也不担心方言有一天失传，语言是为了沟通和适应生活的环境而改变的。

2. 小结

周会长认为开平话是我们宝贵的文化，但是并不需要特意做什么去传承或保护开平话。他认为语言是一种自然而然的东西。语言的主要功能是沟通，因此我们在什么地方，面对什么人，所使用的语言可能不一样，这是正常不过的情况。不要担心在什么地方说什么语言会出现歧视的情况；也不用刻意去教年轻的一代说哪种语言，因为年轻的一代听到就能模仿并说出来，这样就自然地传承下去了，所以不用担心开平话会消亡。

(二)移民美国洛杉矶家庭访谈

1. 受访家庭简介

受访家庭是移民美国洛杉矶6年的开平人。他们分别是：父亲、母亲、长子、幼子。

表8 受访者家庭简介

姓名	父亲	母亲	长子	幼子
年龄	43	36	12	6
几代移民	1代	1代	2代	2代(美国出生)
职业	建筑装修工人	餐馆服务员	学生(小六)	学生(托儿所)
回中国次数	2	1	0	1
家庭中使用语言	开平话		英语/开平话	
家庭外使用语言	英语/开平话		英语	
同乡聚会情况	经常参加		偶尔参加	

2. 访谈内容

D：研究员　　Y：父亲

访谈借用媒介：微信

D：你们是不是希望小朋友会说开平话，不要忘记开平话怎么说？

Y：当然啦，如果在家里都不讲开平话，他们以后都不会讲了。

D：小朋友喜欢讲开平话吗？

Y：长子不是很喜欢。幼子现在还不知道(他还小，没太表达得出来)，因为我们(父母)对他只讲开平话，所以幼子也只能和我们说开平话。

D：你们会特意教他们说开平话吗？

Y：我们有时候会特意教长子说。幼子没有，幼子说开平话比长子好，因为他上课时间(在外面用英语交际)不长。

D：你们也会教他们说粤语吗？

Y：有时也会。

D：为什么呢？

Y：在这里的唐人区，讲粤语的人也比较多。会(说)多种语言对他们以后的沟通会有帮助。

D：你们会经常参加华人社团活动或聚会吗？

Y：有时间就去，带他们(小孩)去参加朋友或同事的聚会。但有时也会因时间的问题不能去，比如：个人空闲时间和社团活动时间相冲突时。

D：聚会的时候用什么语言交流呢？

Y：(小孩)和其他小朋友讲英文，和我们(大人)讲开平话。

D：你认为开平话是我们的宝贵的文化吗？

Y：是的。

D：开平话对您来说的意义是什么？

Y：我最熟悉的语言，也是这里老一代(开平)华侨最主要(使用)的语言。

D：那您认为我们应该有责任去传承和保护开平话吗？

Y：有。

D：那您有什么建议吗？

Y：(开平)华人自己多举办点聚会。

D：您认为自己是什么人？

Y：中国人。

D：什么时候会认为自己是开平人？

Y：和开平人一起工作的时候就觉得自己是开平人。

3. 小结

被访者的长子已经不喜欢讲开平话了，尽管他是在开平出生，并且在开平生活了6年。被访者还说，长子会说的开平话已经很少了，他忘了很多之前在开平生活的事。这也可以理解，因为他们家庭里，只有长子在移居的6年里没有回过中国，对中国(开平)的直接印象淡忘了很多。被访者的幼子在家庭里和父母只能使用开平话交流，这是父母对他的限制，因为父母不会跟他说英语，他只能说开平话。由于长子已经读小六，有自己的想法，父母也没有办法限制太多。他们两兄弟交流的时候就会使用英语，原因是哥哥不喜欢开平话。另外，他们上学的时候在外面都使用英语，也把这个情景带回家。被访者表示，他们(父母)都不想孩子在家讲太多英语，因为在外面已经说英语了，在家的时候如果还是使用英语交流，那么就没有机会说开平话了。被访者的父母是第一代移民，两个小孩和爷爷奶奶是用开平话交流，但是他们并不是一同居住，所以交流的时间也不太多。另外，透过被访者的回答得知，他说开平话是这里老一代(开平)华侨所使用的最主要的语言。除了因为他们经常和同乡交流或者英语能力不太好，最重要的原因是他们对家乡的怀念和记挂，正所谓"饮水思源"，老一辈离乡别井，漂洋过海，更加不希望自己的家乡文化被"断送"。

四、结语

　　开平当地被访者使用方言更随心和自由，香港被访者则有较多顾虑；被访者学历越高，他们掌握的语言就越丰富，使用的语言多了，使用方言就相对减少。虽然香港被访者在知识层面上比开平被访者更了解方言文化，但他们没有关注到方言传承的重要性；而在经济层面，两地被访者情况一致，经济情况越好的被访者越趋向于使用粤语。开平被访者对方言的喜爱程度远高于香港被访者。虽然两地被访者都一致认为方言不应该消亡，但是开平被访者对于方言必须保留的态度比香港被访者强。因此，开平被访者更愿意对方言传承出一份力，而香港被访者几乎都需要考虑或者不愿意。两地被访者均认为对方言传承这个责任属于政府或者文化保护团体。开平被访者对家乡的归属感远远高于香港被访者。更多开平被访者认为自己任何时候都是开平人；相反地，香港被访者趋向于认为自己是中国人或者中国香港人，只在一些如回到开平或者有人问及祖籍的时候才认为自己是开平人。香港被访者对家乡的身份认同相当低，这个问题值得关注。

　　通过探访，宗亲会会长认为方言不需要特意去传承和保护，他的理由是语言是会适应生存环境而自由变换的。但是移民到美国的开平人，年轻的一代对开平话的喜爱程度低，这令人非常惋惜。移居海外的开平人应该对开平话的传承和保护更加注重和更多投入，才会使开平话在海外开平人群里一代代传承下去。

　　不同年龄层语言情况是不一样的，越是年轻越偏向于多语。最底层是开平方言，然后是普通话、粤语、英语或者其他国家语言。他们可使用的语言多了，使用开平话的几率就小了。通过本次的问卷调查，有关开平话保护和传承的话题，引起了香港和开平被访者的兴趣和关注。只要广泛宣传，相信能引起更多人的关注，方言传承及保护才能取到显著的效果，特别是针对海内外的年轻一代。

　　由于受到地域条件的限制，本次的调查体量比较小，得出的结论也有一定的限制。但是，对这方面的研究是一个很有意义的工作，希望有机会可以进一步深化我们的研究。

【参考文献】

[1]陈弘毅. 点赞方言传承[J]. 新湘评论. 2014（8）.

[2]崔宁宁. 浅谈方言在社会生活中的地位与作用[J]. 北方文学刊，2015（7）.

[3]陈颖，蔡炜浩. 美国纽约华人社会的语言生活和语言认同[J]. 海外华文教育，2016（2）.

[4]甘于恩. 四邑话：一种粤化的混合方言[J]. 中国社会语言学报，2003（1）.

[5]甘于恩. 广东四邑方言语法研究[M]. 广州：暨南大学出版社，2010.

[6]金哲坤，马永俊. 方言保护与传承的意义浅析[J]. 黑龙江教育学院学报，2011（5）.

[7]阙政. 方言让电影"接地气"[J]. 新闻周刊，2012-11-04.

[8]汤漳平，许晶. 关于闽南方言的保护与传承的思考[C]//闽南文化新探——第六届海峡两岸闽南文化研讨会论文集，2010.

[9]汤志祥，黄彬彬. 深圳大鹏地区居民的语言变迁与语言认同[J]. 粤语研究，2015（17）.

[10]郭利霞：九十年代以来汉语方言语法研究述评，汉语学习，2007（6）.

[11]金哲坤，马永俊. 方言保护与传承的意义浅析[J]. 黑龙江教育学院学报，2011（5）.

[12]留住方言就是护住根脉[EB/OL]. 宝鸡网，2015-04-22，http://www.cn0917.com/2015/0422/436291.shtml.

[13]王鼎强．邓均：一辈子和语言打交道的人[EB/OL]. 2003-04-11，http://www.360doc.com/content/13/0411/21/6772399_277672396.shtml.

[14]王克明. 方言在现代中国的存在意义：有差异才有文化的认知[EB/OL]. 2015-03-15，http://hlj.ifeng.com/culture/detail_2015_03/14/3658398_0.shtml.

[15]开平统计信息网. 开平市流动人口情况简析[EB/OL]. http://kptj.kaiping.gov.cn/news/28/201272114151.html.

[16]开平华侨史话[EB/OL]. 中国侨网，2006-04-11，http://www.chinaqw.com/news/2006/0411/68/23875.shtml.

粤语在海外汉语方言的发展与演变浅析

张蔚虹

（广东海洋大学文学与新闻传播学院　广东湛江　524088）

【摘　要】 在现代汉语方言中，粤方言是目前在海外流行最久，社会语用领域最广，影响力最大的方言之一。随着中国国际地位的提升，"一带一路"倡议的规划，海外方言文化的传承与发展显得至关重要，其中粤语在海外汉语方言发展中处于最强劲的势头。本文主要探讨粤语在海外汉语方言的发展与演变，分析其原因，探究其未来的发展趋势，对海洋方言以及"一带一路"倡议的语言规划研究具有参考价值。

【关键词】 粤语　海外汉语方言　发展与演变

一

汉语方言自古存在，并且方言分歧很大。当今时代，随着国家的语言规划政策的实施，方言保护日益受到重视，汉语方言也成为语言与文化传播的重要研究课题。而在当前国际、国内发展的大背景下，在国家提出"一带一路"倡议的政策引导下，强大国家"软实力"，传播好中国声音，实现伟大的"中国梦"，那么语言的传播就显得特别重要，尤其是方言在海外传播的地位日益凸显。海外汉语方言的研究也进而成为语言研究的热点问题，国家也极其重视，如暨南大学的陈晓锦教授获批有关海外方言研究的重大课题，目前已经结项出版了其研究成果。近些年来，参与海外汉语方言研究的人员也在不断增多，研究成果丰硕。中国穗港澳台等地的学者在海外方言研究中做出的成果最为显著，如厦门大学的李如龙教授，暨南大学的陈晓锦教授、甘于恩教授等。最为突出的是陈晓锦教授的《马来西亚的三个汉语方言》

(2003)、《泰国的三个汉语方言》(2010)、《东南亚华人社区汉语方言概要》(2014)。这三部专著已经先后出版,备受汉语方言学界瞩目,这三部书都对粤方言在海外的流变进行了论述。暨南大学甘于恩教授的《印尼"先达国语"调查报告》(2016)和肖自辉博士的《泰国的西南官话》(2016)也是海外汉语方言研究的重要成果。此外,还有大量有关海外方言的论文已经公开发表,这里不再赘述。

二

在现代汉语的七大方言中,粤方言是目前在海外流行最久、社会语用领域最广、影响力最大的方言。这还要追溯历史,早在一千年之前我国就有到海外移居的华人,尤其是到东南亚国家的华人最多,据史料记载大约有2000万以上。移居海外的这些华人原先主要居住在中国的东南沿海,他们所使用的语言是流行在福建、广东、广西、海南等地的粤方言、闽方言和客家方言。最初这些华人主要分布在东南亚的十几个国家,为海外的政治、经济、文化建设洒下许多辛勤的汗水。同时他们也把自己的母语带到了海外,但为了应付日常生活交际的需要,不得不学点当地语言,在这种情况下,由于语言的接触和互相融合,最初的母语必然会受当地语言的影响。随着时间的推移,由于方言使用人数有限和生活所迫,有的华人不得不放弃自己的母语,而改说大家通用的方言或者当地的语言。这就是我们所说的在海外汉语方言中有的处于萎缩甚至濒危的语言吧。而粤方言却是海外使用频率最高的强势汉语方言,尤其在北美洲的美国、加拿大,大洋洲的澳大利亚、新西兰,亚洲越南的胡志明市、马来西亚的吉隆坡等地方的华人社区,都畅通无阻。(陈晓锦,2009)粤语成为大家都会说又能听得懂的方言,于是就成为他们的通用语了。邹嘉彦、游汝杰认为"在许多海外华人社区,粤语就是共同语"。(邹嘉彦、游汝杰,2003)粤语之所以能够在海外华人社区成为活跃型方言,主要还是跟使用的人口数量、经济状况、地域文化、历史习俗等有密切的关系。李如龙先生认为,汉语方言,从语用功能来讲,有活跃型和萎缩型的不同。活跃型方言在社会生活中具有全方位的作用,萎缩型方言则逐渐缩小其使用范围。(李如龙,2001)粤语能够成为海外活跃型方言,跟早期移居海外的移民多数是中国东南沿海一带的有很大关系,特别是中国两广一带和中国香港、澳门的华人移居海外的较多。主要原因是这些地方的华人居处于临海的地理优势,尤其是在中国早期经济不景气、交通不发达的历史条件下，人们靠海运的条件漂洋过海远渡他国谋生，有的甚至是偷渡他国，寻求淘金梦。于是一波又一波的人离开祖籍地到国外逐渐定居下来，随之，祖籍地的方言也被传播到了海外，成为他们在海外交流的语言。

例如在美国，人们普遍只知道中国有两种语言：官话和粤语。在一些海外华人社区，粤语就是社区共同语；在马来西亚、印度尼西亚等国，设有专门的会所，会所成员集体活动时多数说方言。结合大量材料调查，我们发现粤语在海外活跃持久地发展有以下几个方面的原因：

一是跟早期的移民有关。说起移民不得不谈及中国的历史，在19世纪末至20世纪初的几百年间，由于大清王朝的昏庸腐败，闭关锁国的政策加速了中国的日趋没落。国家衰败，经济颓废，民不聊生。与此相反，西方列强日益强盛，帝国主义不断对外实行殖民扩张。大量的中国人被迫移居海外，有的强忍妻离子散的痛苦，远走他乡，寻求生计。据邹嘉彦、游汝杰统计资料显示，华人出国谋生在近代有四次高潮：（1）19世纪后半叶鸦片战争后；（2）清末西方殖民地扩张时期；（3）20世纪二三十年代军阀混战时期；（4）20世纪四五十年代前后。(邹嘉彦、游汝杰，2003) 早期移居海外的华人，主要集中在东南亚地区，后来移居的则远至南北美洲、欧洲、大洋洲、非洲等地区。现在华人遍及全世界的各个角落。而移居海外的华人主要是中国沿海等地的粤、闽、客方言区的人群，粤方言区的移民数量最多。我们从张振兴先生（2009）整理统计的两组数据看能说明这个问题，一是海外华侨、华人的人数截至目前估计有3000万；二是海外汉语方言主要集中在东南亚地区，其中使用粤语的人数大约有1000多万。可见，移民队伍之庞大，操粤语人数之众多。

由于中国人自古就有群居生活的习惯，通俗地讲就是喜欢扎堆。尤其在异国他乡，总想和自己的熟人、朋友、老乡等居住在一起。而且一旦有人在国外站稳脚跟，就会携父老乡亲，由先到者把乡亲一个带一个地引到国外，前往异国他乡拼打天下。于是，移居国外的亲朋好友越聚越多，移民队伍不断壮大，语言就成为联系海外社会工作生活的主要纽带。再加上共同的民族生活习惯和根深蒂固的文化背景，使得华人之间的聚会交友总不会忘记自己的祖籍方言，故世界各地华人社区中的流行语主要是粤语、闽语和客家话。其中说粤语的也最多。

二是方言文化载体的继承与发展。语言是载体，既是传递信息的载体，又是文化传播的载体。方言同样是语言交际与文化传播的主要工具，也是记录历史的教科书。海外汉语方言承载了海外华人的风俗文化，承载了华人的移民史和创业史，同时还继承了部分古代汉语词汇和祖籍地方言的俗语或惯用语，甚至是一些祖籍地方言已经不用或不常用的词语。我们回顾历史，原来相当多的华人离开故国，为应付生活的迫切需要，最初学点当地语言，大多还保留自己的汉语方言母语。但经历了几代人的历史变迁，在当地人口比例上也不是占多数，而却能使祖传的方言母语一代传一代，使海外汉语方言具有经久不衰的生命力，形成了庞大的华人社区，流行最通行的汉语方言。难道不是跟一个国家的强大、经济的繁荣、共同的民族风俗习惯、家族血缘的传承、宗教信仰、文化背景等都有着千丝万缕的联系吗？在现代多元化的文化背景下，作为汉语方言能够在海外有自己的一席之地，并且像粤方言能够在海外具有强劲的冲击力，无不和上面的各种因素有密切关系，才使得粤方言在海外不断传播。我们知道，传播语言的同时也把文化传播了出去，于是粤方言的一些民间歌谣、俗语、风俗习惯等在海外不断传播。据陈晓锦教授（2009）调查："在广东的粤方言区，有些传唱多年、男女老少都耳熟能详的歌谣，如《月光光》《落雨大》《排排坐》《虫儿飞》等在东南亚的粤籍华人中广泛流传，其中，《月光光》最为流行，不单在广东各地有多个版本，在东南亚各国也有多个不同版本。"再如，在广东粤方言区使用的"晏昼"，意为"下午、下午饭"，"吃午饭"就是"食晏昼"，曼谷广府话也是这样表达。还有在广东粤方言区一直保留使用的古汉语单音节词，在海外方言中也在使用。如"目"（眼睛）、"颔"（脖子）、"走"（跑）、"食"（吃）等等。这些粤方言古老的民俗文化的流播无疑对海外汉语方言的发展起着重要的影响作用。

  三是粤语在海外华人社区的地位具有强大的影响力。汉语在国际上的地位日益提高是大家有目共睹的。随着中国经济的迅速发展和国际影响力的提升，学汉语的热潮也在世界各国不断高涨，来华留学的人数日益攀升，世界各地开办的孔子学院举不胜数，从事对外汉语教学的老师也成为热门的职业等等，都直接影响着海外汉语的发展。尤其是近年来国家汉办和国务院侨办都分别在招募汉语教师和志愿者，支持海外汉语的教学工作，有时候还特别强调会说粤语的教师优先考虑派往海外。由此可见，粤语作为汉语方言中最具有强劲势力、影响最大的方言，不仅对国内南北方言产生很大影响，而且对国外的影响也遍及世界各个角落，尤其是对香港和澳门的影响最大。这不能不说改革开放和经济的快速发展给语言也带来了催化剂，像粤语已成为南方方言中的强势方言。一些港澳台电影、电视剧多数是粤语、闽语版，其中以粤语电影、歌曲最多，而中国大陆也深受影响，现在很多年轻人喜欢看港台片、唱粤语歌等。在香港，粤语长期以来是英语之外的官方语言；又是学校老师的教学语言，学生从小说的就是粤语；在社会生活的服务领域多使用除了汉语之外的粤语，有的航空公司只用粤语播音。近年来香港中文大学在中国内地的招生规模日益扩大，很多中国内地知名人士到香港从事各种不同的职业，语言彼此互相影响，粤语几乎成为中国内地和香港通用的官方语言。因此，粤语在海外的至高地位是与粤语在香港、澳门的地位分不开的，是与改革开放和经济的飞跃发展分不开的。

三

最后我们发现，粤语在海外汉语方言长期的发展过程中，也在不断地演变，这是语言发展的基本规律。正如甘于恩先生（2016）所言："海外汉语方言无法具备中国大陆方言所拥有的相对宽松的人文环境以及坚实的文化底蕴，因此，海外汉语方言毫无例外地发生某种程度的变异与萎缩，这是客观存在的事实。"虽然粤语曾是华人的母语，但由于长期旅居海外，必然会受各种因素的影响，这种影响是综合发挥作用的，不是单一的一个方面就能左右语言的变化，因为语言是社会的产物。又由于不同语言之间的相互接触、相碰撞、彼此消融，旧的语言或方言的消融，以及方言变体的出现，都将意味着新的语言或方言产生的可能。不同民族、不同文化背景的人们生活在同一个社会内部，彼此的互相通婚、杂居，日常进行频繁的交际都会影响语言的变化。不同语言群体在政治、经济、文化、人口、数量等方面所处的地位不同，占优势的语言是强势语言，不占优势的语言是弱势语言，一般来说强势语言往往受弱势语言的影响较小。（胡明扬，2007）强势语言会逐渐成为多数人交流使用的通用语。像粤语、闽南语和客家话在海内外汉语方言中的强弱变化也不例外，尤其是粤语在海外汉语方言中具有较强的发展势头。但在同一个国家不同的华人社区却不说粤语，而说闽南话或潮州话，甚至有的方言处于濒危状态。据陈晓锦教授（2009）调查：在越南胡志明市的客家会馆和福建会馆，客籍华人和闽籍华人使用得最多的方言和语言是强势方言粤语广府话，但同样是越南南方，朔庄的华人主要说潮州话，河内的华人却有不少讲北方官话，越南胡志明市的客家话、福建话也很少人说了。海外华人社区很多，社区的通用方言也并非只是粤语，也有的社区是闽方言或客家方言。如印尼棉兰华人、菲律宾华人的福建闽南话，泰国和柬埔寨华人的潮州话都是华人社区的主要方言，这与华人来自不同祖籍地的人数、地域、文化背景等有密切关系。同时我们还发现，海外汉语方言对大陆的语言文化也有很大的冲击力。尤其是粤语对穗、港、澳乃至北方地区的语言文化产生了深刻影响，不只是流行的粤语电影、电视剧和歌曲，也出现了很多表示新鲜事物的借词。就像张骞出使西域就带回来"葡萄"和"苜蓿"等中国原没有的新鲜事物一样，同时也引进了有关的借词。有人用"凸显"理论来加以解释，因为操不同语言的人互相接触的时候，相同的事物使用不同的词语最为凸显，所以出现借词。（胡明扬，2007）粤语里也有相当多英语的借词，如：的士（taxi）、巴士（bus）、士多店（store）、威士忌（whisky）等，而且这些借词在其他方言中也在广泛使用。同时海外当地语也借用了大量粤语，如印尼语有很多词语和粤语十分相近，如：印尼语"萝卜"是"lobak"，读音同"萝卜"；"面"是"mie"，读音同"面"；说"刀子"是"pisau"，读音同"匕首"等，这说明了粤语受海内外方言各种因素的影响也在不断发生变化，从而也对海外当地的语言产生了影响，这就是语言发展与演变的结果。

【参考文献】

[1] 陈晓锦. 马来西亚的三个汉语方言[M]. 北京：中国社会科学出版社，2003.

[2] 陈晓锦. 泰国的三个汉语方言[M]. 广州：暨南大学出版社，2010.

[3] 陈晓锦. 东南亚华人社区汉语方言概要[M]. 广州：世界图书出版公司，2014.

[4] 甘于恩，陈李茂，等. 印尼"先达国语"调查报告[M]. 广州：世界图书出版公司，2016.

[5] 肖自辉. 泰国的西南官话[M]. 广州：广东人民出版社，2016.

[6] 陈晓锦，郑蕾. 海外汉语濒危方言[J]. 学术研究，2009(11)：155-158.

[7] 邹嘉彦，游汝杰. 汉语与华人社会[M]. 香港：香港城市大学出版社；上海：复旦大学出版社，2003.

[8] 李如龙. 汉语方言学[M]. 北京：高等教育出版社，2001：46.

[9] 张振兴. 海外华人与海外汉语方言[C]//首届海外汉语方言国际研讨会论文集. 广州：暨南大学出版社，2009.

[10] 胡明扬. 语言接触和语言之间的互相影响[C]//语言接触与语言比较. 北京：学林出版社，2007：3.

由语言共存原理看标准语与地方话的社会角力

——兼谈汉语方言的消逝轨迹

李文肇

（美国旧金山州立大学）

【摘　要】 在过去百年中，汉语社会中官方标准语与地方语言的共存机制出现了重大的改变，从一种"文言分立、两不相扰"的长期局面，转为一种标准普通话与汉语方言同在书面与口语领域相互竞争的不稳定局势。本文将以双言（diglossia）理论分析此发展，并说明在标准语推广的冲击下，地方话将有可能趋于消失。本文分析了中国广州、上海、台湾与新加坡、马来西亚等国家和地区标准语推挤方言的现象，并说明除非方言的经济地位能有所提升，否则将在标准语的侵蚀下逐步消逝。而在消逝的同时，被取代的方言将在标准语的语音、语法与词汇中留下痕迹，使各式地方普通话成为方言区的主要语言。

【关键词】 双言　语言规划　语言演变　方言消失　标准语推广

一、引言

汉语社会一直以来都是双言社会，然而双言分布的类型在近年出现了巨大的改变。双言理论创始人 Charles Ferguson（1959：337-338）曾将汉语社会形容为"有记录以来最大规模的双言社会"（diglossia on the largest scale of any attested instance），指的是中国历史上长期以文言文书写、以地方话交谈的传统。而贝罗贝（1991）与邹嘉彦（1980）则用"双言"一词更为广义地形容近代标准语与地方话在口语层面的共存关系。由此可见过去百年间，汉语社会的双言模式已出现重大转变。

本文将对此两种双言模式间的转变过程进行说明，分析标准书面语由文言转为高阶白话时的社会机制。从中亦可看出，早期的"文言分立、两不相扰"，无论是缘起、维护与崩解方式，都属于古典双言现象（classical diglossia）的极致典型。而新兴的标准语、地方话在口语层面的共存关系，则属于非典型的双言现象，其中标准语与地方话使用领域的重叠将加速两者之间的竞争，使得高阶语最终取代低阶语，特别是在教育普及、识字率高的都会地区，方言的消亡将在二三世代间可以预见。

以下先分析早期"文言分立"的双言属性，说明其破局条件，再细看中国广州、上海、台湾与新加坡、马来西亚等国家和地区标准语与地方话的社会角力，找出共同趋势。

二、文言与口语

如前所言，社会语言学家Ferguson（1959：337-338）曾把中国社会长期以来的"文言分立"形容为有史以来最大规模的双言现象。而此描述并无不妥：民国以前文言与口语分工缜密，并且具备了典型双言社会的所有条件，也因而得以长久维持。

在典型的双言社会中，共处的两种语言功能不得重叠。Ferguson（1959：328）对此曾做以下描述：

在某些情境中，只允许高阶语（H language）的使用，而某些情境中，只允许低阶语（L language）的使用，两者重叠的程度非常小。

而民国以前的书面语与口语使用领域互补，与此描述不谋而合。明、清时期由欧洲来华的传教士，在翻译基督教圣经时对此即有所认知：英国传教士麦都思（Walter Medhurst）、施敦力（Alexander Stronach）与米怜（William Milne）在1851年致函伦敦传道会（London Missionary Society）时即力推将经文译为文理（文言文），原因在于"任何希望被视为高尚纯洁、合乎体统、规范正确的作品"（all works making the least claim to correctness, propriety and chasteness）皆须以文理书写，并且"唯有以文理书写的作品才能广为流传、引人仿效"（no person would deem his productions fit for the public gaze, and worthy of imitation, who did not write in this style）。

此外，双言理论中的高阶语（H language）往往是一种经由教育管道传授、无法经由交谈自然习得的绝种语言，也就是说，高阶语不是任何族群或任何地方人士所能够活用的母语。（Coulmas，1987：117）中国历朝用作书面语的文言文也具备此一属性，唐斯诺（2010：160）即写道："文言文不是任何人的母语——中国史上从未见过有人以文言文进行口语交谈。"

双言现象中的高阶语，往往起源于一种"被冻结的古语"（Bright，1976：66），而缘起于仿效春秋战国语文形式的文言文也正是如此，一如罗杰瑞（1988：83）所说，"春秋战国以降，文人继续仿效古文的语言形式，使得各地汉语口语不断进化的同时，书面语却原地踏步，使两者的隔阂加深。"

另外，高阶语的尊贵性以及双言局面的维持，也须仰赖社会高低阶层的严格区分。Hudson（2002：5-6）写道："在典型双言社会中，多半只有识字且有特殊背景的人士才有机会参与使用高阶语的活动与场合。"Walters（1996：161-162）亦强调，高阶语存活的条件是"在人口多数文盲的社会中有少数人识字并得以延续一种精英式的文学传统，传统中所使用的语言形式与大众口语相隔甚远"。此即古代中国文人社会的写照。一如唐斯诺（2010：161）所说，"普通老百姓教育程度不足以参加科举考试，使得社会精英得以延续其特权。而由于文言文难以自学，达官贵族也没有意愿将之普及到平民身上，使得出身低贱的广大人口始终无法向上爬升"。

典型的双言局面虽可维持百年甚至千年（Ferguson，1959：332），然而其崩解亦有轨迹可循。Neustupny（1974：40）曾说，典型的双言局面往往在国家走向现代化的初期趋于崩解。他进而解释，当社会进入现代化、都市化、商业化、工业化时，需要大量的识字人口从事劳动。Hudson（2002：32）也补充，伴随着劳动需求提高，教育与知识也相对普及，使得社会阶层意识被打破，贵族精英的特权慢慢流失。

而典型双言局面崩解有固定的方向，亦即低阶语（L language）取代高阶语（H language）。对此 Pulgram（1950：461-462）清楚说明："新的社会历史结构，将依据当时流行的口语创造出一种新的书面语。"

此类转变我们从西方来华传教士译经的语言选择中可见一斑。十八九世纪的圣经翻译多半选择译入文理（文言文），然而19世纪中叶以后，《新约全书》的《南京官话译本》（1857）与《北京官话译本》（1878）相继问世，至20世纪《官话和合译本》（1919）出版时，白话译本已完全取代了文理本的作用。《圣经》汉译弃文理转白化的时间点,也恰好与中国知识界的"白话文运动"与"五四运动"紧紧吻合。而社会由文言走向白话的条件,也在双言理论的预料当中。一如 Hudson(2002:34)所言,典型双言社会中,"高阶语的衰亡往往伴随着旧社会的急剧推翻,且是经由代价惨重的政治手段达成"。而其结果则是"少数统治阶层丧权、社会阶级制度瓦解、高低阶层间流动性增加,以及教育、识字和知识的普及"。(Hudson 2002:34)

Hudson 的描述可说是清末民初中国的完整写照:1872年首批中国官派留学生赴美,1905年科举考试废除,继而引进西式教育。十年后胡适、陈独秀等学界人士推"我手写我口"揭开"白话文运动"序幕,两年后包含面更广的"五四运动"应运而生。

虽说当前中国社会已完全舍弃文言而以白话书写,然而诸如 Wexler(1971:345–346)等社会语言学家注意到,当典型双言局面消亡转为单言、低阶语取代高阶语时,两者往往会有某种程度的"合流"现象,也就是说,被淘汰的高阶语,其部分"高阶文化词汇"(Kahane and Kahane,1979:194)将被保留,成为新兴白话书面语的一部分。究其原因,主要是书面语与口语在词汇与语法结构上本应有区隔,举世皆如此(Hudson,2002:24),使得"我手写我口"的理想在多数社会中无法自然实现。朱德熙(1988:132)即写道:"书面语句式除了跟口语相同的那一部分之外,有的是从文言来的,后来渐渐融化在书面语里,成为书面语句式的一部分",具体形式则如 DeFrancis(1984:244)所言,"有大量的文言成分融入其中,例如成语、缩略语,甚至有文言句式融入了白话作品当中"。

三、标准语与地方话

以上所讨论的早期中国典型双言社会,与当前中国的非典型双言局面有着显著的差别。过去的双言是书面语(高阶语)与口语(低阶语)的严格分立,两者互不侵犯;高阶语的使用仅限于少数社会精英,并且不是以母语形式出现;而其余人口绝大多数是文盲并且只谙地方口语。

当前中国的语言局面则是高阶语(普通话)使用范围不局限于书面沟通,也涉及口语,因而与各地方言发生使用领域的重叠,出现竞争的现象。目前的局面约略可以分为三类:

（1）单言地区：此地区的地方话与标准语（普通话）十分接近，甚至可视为同一语言的社会变体。北京以及北京近郊的冀鲁官话区与北京官话区即属于此类。

（2）双言地区：具备非官话主流方言的大城市，如上海、广州。当地居民谙地方话，但在学校也必须学习普通话，使两者出现竞争。

（3）三言地区：操非官话非主流方言的乡下地方，如台山、开平、中山等广州附近乡镇。居民有自己的方言，但在家乡以外须以当地主流方言（如广州话）与他乡人士沟通，而在学校又必须学普通话与外省人士沟通。

此类双言现象，Ferguson（1959：336）称之为"正俗并存"（standard-with-dialects），认为与典型的双言社会有极大的不同。在"正俗并存"的情况下，社会中存在以高阶语为母语的人口，使得高阶语容易通过教育、媒体等途径大量推广。而由于高阶语的使用范围涉及口语，与低阶语的使用领域相重叠，使得两者相互竞争，终将分出胜负。对此Fishman（1967：36）写道：

高阶语与低阶语若在形式上不能互补或在功能上无法区隔，则两者将互相竞争，而最终最能合乎社会需求的一方将取代另一方。

在高阶语与低阶语领域重叠、相互竞争的情况下，一般认为双言局面无法长久维持。Hudson（1991：14）即预测：

高阶语与低阶语在沟通功能上若无法各司其职、互不侵犯，则共存局面无法超过三个世代。

而与典型双言破局不同的是，在"正俗并存"竞争的情况下，胜者往往是高阶语。Hudson（2002：30）曾说明："破局的过程往往是高阶语入侵到家中，在家中取代低阶语成为亲人沟通的语言媒介，变成下一代的母语。"

当前中国普通话与方言正处于"正俗并存"的竞争关系中，而依理论预测，方言在各领域被标准语取代将发生在可见的未来。以下引用数据观察中国广州、上海、台湾与新加坡、马来西亚等国家和地区方言与标准语的消长，藉以印证社会语言学双言理论的运作机制。

（一）台湾地区

台湾从20世纪40年代开始推行普通话，用以取代当地闽南方言以及日治时期所推行的日语。1946年成立"普通话推行委员会"，规划"普通话政策"，禁止日语使用，并鼓励民众多说汉语方言。两年后，当日语禁令见效，政府则开始对方言开锄,1956年宣布学校不得使用方言授课,1975年颁布"广播电视法",严格限制方言在广电媒体中的使用。

台湾的标准语推广早于中国大陆,而以当前的角度回顾,可说是成效卓越:台湾说普通话的人口,从1956年的5%,增加到了1991年的90%(李振清2009:136-137;何万顺2009:385-386),而如今台湾人在所有主要领域中皆以普通话为主流语言(陈淑娇2010:86)。

然而成功推广普通话的代价,则是所在地方言的严重消退。1980年代末期,台湾当局取消戒严,社会走向民主之时,民众即意识到执行40年的"普通话政策"对当地汉语方言与台湾少数民族语言所造成的伤害。有民众于1988年发起"还我母语运动",呼吁撤销"广播电视法",解除方言使用在广电媒体中的禁令。台湾当局于1993年取消了"广播电视法";2001年颁布"语言平等法草案",保护岛上所有地方与少数民族语言。2007年"国家语言发展法草案"通过,确立了台、澎、金、马地区所有语言的平等地位。

然而在相关文件颁布、非主流语言得到保障的同时,伤害却已经造成,方言的消退也已经开始。谢国平(2000:156)观察台湾汉语方言的使用时即写道:

闽南与客家家庭中,常见家长抱怨子女只懂普通话,而祖父母只谙方言,两代无法沟通。

Beaser(2006:16)的评估则更为悲观,认为"闽南方言已开始衰退并逐步走向消亡"。她并补充道:"闽南语前景堪虑,未来有可能像打字机一样被社会摒弃。"

台湾方言的消退程度,可从以下客家话的使用数据得见一斑。客家话是台湾地区第二大方言,使用人口约400万。然而黄河、陈信木2002年的调查显示,客家话使用人口正在急速下滑。

由表1可见,客家话"听说流利"比例最高的是60岁以上的年龄群,比例高达93.5%,而之后年龄每降十岁比例约减少10%,到了30岁以下族群则下降速度加剧,20—29岁剩下不到一半的人口自认为"听说流利",而19岁以下则已降至19.2%。与之相对,"无法听与说"客家话的比例,30岁以上一直徘徊于个位数范围,然而20—29岁则升至13.2%,而19岁以下则又增加一倍,达到28.9%,客家话40年间在台湾的迅速没落由数据中显露无遗。

表1　台湾客家方言的消失轨迹（黄河、陈信木2002：57）

	听说流利	无法听与说
19岁以下	19.2%	28.9%
20—29岁	44.1%	13.2%
30—39岁	69.7%	5.2%
40—49岁	79.2%	4.7%
50—59岁	89.4%	1.4%
60岁以上	93.5%	1.4%

千禧年后，台湾推广方言、恢复方言的声浪不断，台湾行政主管部门也在学校开设课程、印制课本，以官方力量予以协助。然而学生家长对于子女学习方言却兴趣不大，宁可让孩子学习普通话或英语，认为"普通话是当今的标准语，而英语是有助于孩子前途的明日之语"。（Beaser，2006：11）因而台湾师范大学台湾文化及语言文学研究所所长姚荣松提出："母语的学习要愈早愈好……小学生就应学，否则孩子长大后主观意识产生，若觉得学母语没有用就不想学，母语也就可能消失。"（江昭青、何琦瑜，2008：99）基于此等种种因素，学校里方言的授课时数始终远不及普通话与英语，加上方言书写系统未统一、合格方言教师难聘，使得方言课程的推广一直进行不利。

在媒体方面，虽然自1993年起已准许使用方言广播，然而具备方言广播能力的人才欠缺，使得推广遇到阻碍。此外，由于民众眼中方言是老年人与文盲者的沟通工具，其使用族群相对欠缺教育与经济能力，因而方言节目较难吸引广告赞助，让经营更加困难。（陈清河、林佩君，2004：4）

台湾方言的式微，与民众（特别是年轻一代）的语言观感有莫大的关系。廖思玮（2008：402）即注意到，"普通话口音越标准，给人的印象是教育程度高、家庭背景好、高知识、高收入"。而黄建铭（2009：9）则调查发现，在年轻人眼中，说"普通话"代表白领位阶，受过专业教育，具有一定的身份地位；然而说本土语言，则代表蓝领位阶，未受过良好教育，属于经济实力较为弱势，或者身份低下者。

黄建铭（2009：8）则进一步分析，在推行普通话的过程中，相关部门"透过大众传媒将其他本土语言加以低俗化"，其结果是"将本土语言不如'普通话'的意象植入人心，建立起语言地位的差异"，是产生目前以普通话为高阶语，而方言为低阶语的双言局面的推手。

(二)上海地区

上海是中国第一大都会区,上海话也是汉语分支中的重要方言,然而上海籍语言学家钱乃荣却说,在当今的上海,"中小学生大多不会说上海话"(Yin 2011:17)。

此一观察在孙晓先、蒋冰冰、王颐嘉、乔丽华(2007)的大型调查中得到了证实:孙等针对8661名上海地区小学生、初中生、高中生及大学生进行语言使用习惯调查,发现八年间受访者的语言偏好已有重大改变。

如表2所示,被问及家中所使用语言时,使用上海话的比率似乎随年龄而下降:大学生中有71%用上海话与家人交谈,到了高中生降到了58%;初中生则是45%,而小学生仅剩23%在家中说上海话,比起大学生足足减少了48个百分点。

表2 上海学生家庭用语表(孙晓先、蒋冰冰、王颐嘉、乔丽华,2007:3)

	大一	高一	初一	小五
上海话	71%	58%	45%	23%
上海话与普通话	22%	29%	33%	36%
普通话	7%	11%	20%	23%
其他情况	0%	2%	2%	3%

而问及与同学交谈使用何种语言时,趋势十分类似:如表3所示,年龄越大的族群选择上海话的比率越高,而年龄越小则使用普通话的比例越高——小学生使用普通话的比例是大学生的两倍多。

表3 上海学生同侪用语表(孙晓先、蒋冰冰、王颐嘉、乔丽华,2007:5)

	大一	高一	初一	小五
上海话	44%	43%	22%	20%
上海话与普通话	29%	32%	37%	33%
普通话	27%	25%	39%	44%
其他情况	0%	0%	2%	3%

孙等在文章中以成长阶段角度解释以上数据,认为"学生说上海话的能力和习惯是随着年龄的增长而变化的……年龄相对大一些的学生,面对使用不同语言的对象,灵活转换语码的能力相对高一些"。(孙晓先、蒋冰冰、王颐嘉、乔丽华,2007:9)而本文则反对此种解读方式,认为成长不同阶段现象必须以追踪式调查确认,而此类横切面数据所反映的则是语言随时间的消长,不是个人在不同年龄的不同喜好。也就是说,上海的年轻一代使用普通话的比例迅速升高,而伴随着

的是使用上海话比例的骤降。

以上表2和表3中上海话消退的速度与方式，与前段台湾客家话的消逝数据十分类似：两者皆反映了短时间内的巨大比例变化；两者也都显示了衰退比例与年龄世代的关系。若以线性回归估计，我们可以预测20年后普通话将成为上海人沟通的主要语言，亦即验证了Hudson（1991：7；2002：14）"正俗并存"不会长过三个世代（约等于75年）的说法。

在邻近上海的苏州地区也有同样的方言消逝现象。汪平（2003：35）撰文表示，"50年前，苏州话在苏州享有崇高的威望"，而如今"苏州方言退缩到日常生活的狭小范围，成为一种缺少文化含量的低层次符号系统"。汪平（2003：33-34）调查苏州地区百位8至18岁的年轻人发现，有70%认为自己普通话说得比苏州话流利，并有60%对普通话的喜好程度高过苏州话。除了受到普通话的侵蚀外，黄贤君（2011: A6）也发现苏州小学生甚至连英语都说得比苏州话好。汪平（2003，31）曾注意到，苏州小学生常常听不懂祖父母辈所说的苏州话；Yin（2011: 17）则预测，苏州话的消亡，在一两世代内可以预见。

（三）星马地区

在以上两个方言点，迫使方言消失的力量主要是汉语标准语（普通话）的推广。以下所要看的新加坡，在汉语标准语（华语）之上还多了一个殖民时期遗留下来的国家标准语——英语。英语、华语、方言三者之间的互动值得借鉴。

表4　1980—1990新加坡家中使用语言（Kwan-Terry，2000: 97）

	方言	华语	英语
1980	59.5%	10.2%	11.6%
1990	38.2%	23.7%	20.8%

如上表4显示，在家中使用汉语方言的家庭从1980年的59.5%骤降到了1990年的38.2%，在十年间跌落了20%，而其所伴随的是华语与英语的使用家庭十余百分点的增加。

我们如果把焦点放在华人家庭（亦即不包含印度裔、马来裔与其他非华人家庭），则下降比例更为显著：方言的使用率从76.2%下降到48.2%，减少了近三成。而其所伴随的是华语使用率增加一成七，英语使用率增加一成。

表5　1980—1990新加坡华人家庭家中使用语言（Kwan-Terry，2000：97）

	方言	华语	英语
1980	76.2%	13.1%	10.2%
1990	48.2%	30.0%	21.4%

在政府向来强势主导社会政策的新加坡，此种演变并不令人意外。早在1978年，新加坡总理李光耀即鼓励国民学习英语以振兴经济：本国经济发展现状使得想要进入专业或管理阶层者必须充分掌握英语口语与书面语，且越早学习掌握得越彻底。（Kwan-Terry，2010：99）

英语之外，新加坡在1979年发起"讲华语运动"，配套措施与台湾20世纪六七十年代的普通话运动类似：广电媒体禁用方言，鼓励华人家庭在家中只说标准语，不说方言。在学校里，中文课程也慢慢变成只传授标准语，不使用方言，使得年轻人逐渐将方言与未受教育的社会低层人士连结在一起（Kwan-Terry，2000：102）。

在邻近新加坡的马来西亚华人社会，虽然没有政府主导的"普通话运动"或"讲华语运动"，但汉语方言依然逐步被普通话取代，取代机制与上述其他地区相似。马来西亚的华人学校不再以方言授课，而改用普通话，使得学生慢慢觉得方言"土气""不合潮流"，因而更不愿学习与使用。（Ng，2010：28）而随着中国崛起，年轻一代也认知到普通话的经济价值大于方言，以至年轻人即使是以方言交谈，也往往穿插着英语、马来语与普通话词汇，特别是谈到现代社会与新科技时，根本不知道这些观念要如何用方言表达。（Ng，2010：28）

有趣的是，马来西亚汉语方言的消失不是一步到位，而是按语种循序渐进的。首批消失的是来自乡间的小方言，而目前依然屹立不摇的主要有粤语和闽南语：粤语靠的是香港娱乐事业对年轻人的吸引，而闽南语则是因为台湾的影视文化影响力大。

（四）粤语地区

虽然粤语在马来西亚仍具活力，其在中国内地多处却已趋于消失。陈小朗（2010：B4）记录了广西南宁粤语消失的过程：

（粤语与官话分庭抗礼的）格局维持上百年后，于20世纪90年代中期开始打破，当地为了推普，白话首先退出广播电视；继而退出公共服务，例如公交车上取消双语广播；最后退出私人生活领域，例如一般家庭中两口子对话或与孩子说话用普通话，与老人说话用白话。

从粤语在南宁的式微中，我们也可以看到非典型双言撑不过三代，孙辈与祖父母辈无法沟通的关键转捩点。据非正式统计，南宁市目前不到三成人说白话，主要是老人，下一代中70后还能听会说，80后只能听但不会说或说得不灵光。这个城市已形成说普通话新潮、说白话老土的社会风气。

在许多其他的粤语区，民众对于普通话取代本土语言采取抵抗的态度。2010年广州亚运期间，广州广播电视台为更好服务外来人口，曾计划将黄金时段节目由粤语改成普通话，引起了极大的反对：调查发现有90%的观众反对此举动（何慧峰，2010：7）。同一月份，当地《羊城晚报》报道广州执信南路小学推普过力，学生无法以粤语与祖父母沟通，引起关注，更加深了对粤语传承发展的忧患意识。而亚运期间诸多被视为迁就普通话、压制广东话的政府作为，引发了"撑粤语"游行。

四、由双言走向单言

以上资料显示，在大中华语言圈内，语言演变的总趋势似乎如余咏恩（2010：1）所言，正在"向标准语靠拢"，而各地方言则因而逐步濒危：无论是中国的沪、广、台还是星、马等国家和地区，演变机制基本相同，标准语对地方话蚕食鲸吞，而教育与媒体在过程中扮演了重要角色。在教育方面，中小学教育媒介由方言转为标准语，使得标准语人口迅速增加，同时也改变了人们对方言的观感：方言因而被视为土气、老旧、属于未受教育的老年人所说的语言，社会地位大大降低。而在媒体方面，中国台湾、广州与新加坡都曾试图禁止或减少方言广播，以标准语广播取而代之，也是地方话式微的原因之一。

由双言理论观之，以上几项区域性调查特别凸显的是，我们能够精确找出"正俗并存"状态趋于解体，亦即高阶语取代低阶语的关键转捩点。Hudson（1991：14）与Fishman（1985：45）都曾预测"正俗并存"最多不会超过三个世代。从以上资料中我们发现了中间的原因，也就是当第二代学会了标准语之后，普遍认为标准语的经济价值高过地方话，因此在教育第三代时偏重标准语，使得第三代的孙辈无法与第一代的祖父母辈沟通，方言因而失传。中国台湾、苏州、广州方言消失记录中都见到了此关键转变。

关于第二代父母所扮演的角色，Beaser（2006：12-13）以台湾方言消失为例做了以下说明：当年轻一辈自行成家、孕育下一代时，他们在家中会使用什么语言呢？根据我们的推算，他们必然使用普通话，因为这是他们运用得最自在的语言。

余咏恩（2010：1）访问粤语区时也发现，有越来越多的家长放弃粤语而宁可教导子女普通话，认为如此一来在教育以及就业方面才不至于吃亏。她访问闽语区时也听到类似说法，亦即"闽方言一无用处，必须教导子女普通话"。

Ng（2010：28）进一步提到，当来自不同方言区的男女通婚后，彼此之间唯一的共同语言就是标准语，其子女所接触到的自然也是标准语，而无缘学习父母各自的家乡方言。

长期来看，处于高阶地位的标准语（普通话）必将排挤地方语言，终究使其消逝。然而双言理论也预测，当标准语取代地方话时，当地的标准语类型（地方普通话）将融入方言的底层影响。这一点可以从台湾普通话的诸多研究中得到映证：成功推广标准语之后，众所周知台湾的普通话融入了大量南方方言的词汇（魏岫明，1984：88；汤廷池，1989：141；何万顺，2010）与语法（魏岫明，1984：88-89；郑良伟，1985；顾百里，1985）。一如Beaser（Beaser，2006：16）所言，"虽然闽南语以及台湾其他汉语方言必将走向绝迹，然而这些方言也会在标准语中留下痕迹，使台湾的普通话变成一种更合乎当地民情与文化的标准语"。陈小朗（2010：B4）对粤语地区也有同样的展望，认为"普通话未必能摆脱方言化存在的宿命，将来也许会出现岭南官话或广州官话，其实它们仍与方言无异，只是不叫'方言'罢了"。届时标准普通话与地方普通话的角力，势必将掀起另一波社会地位与经济价值的思考。

【参考文献】

[1] Beaser Deborah. The Outlook for Taiwanese Language Preservation[J]. *Sino-Platonic Papers*, 2006, 172: 1-18.

[2] Bright William. Phonological Rules in Literary and Colloquial Kannada[M]// Anwar S. Dil. Stanford. In *Variation and Change in Language: Essays by William Bright*. Stanford University Press, 1976: 65-73.

[3]陈清河，林佩君. 语言传播政策与弱势传播接近权的省思[M]//文建会.《族群与文化发展会议》论文. 台北：行政院文建会，2004.

[4]Chen Su-chiao（陈淑娇）. Multilingualism in Taiwan[J]. *International Journal of the Sociology of Language,* 2010（205）: 79–104.

[5]陈小朗. 推普的《南宁现象》[N]. 羊城晚报，2010-07-13，B4版.

[6]Cheng Robert L（郑良伟）. A comparison of Taiwanese, Taiwan Mandarin, and Peking Mandarin[J]. *Language,* 1985，61（2）: 352–377.

[7]江昭青，何琦瑜. 九年一贯课程，问题在哪里[J]. 亲子天下，2008，6: 96–101.

[8]Coulmas Florian. What Writing Can Do to Language: Some Preliminary Remarks[M]// S. Battestini. *In Developments in Linguistics and Semiotics, Language Teaching and Learning, Communication Across Cultures*（Georgetown University Round Table on Language and Linguistics 1986）. Washington D.C.: Georgetown University Press, 1987: 107–129.

[9]DeFrancis John. *The Chinese Language: Fact and Fantasy*[M]. Honolulu: University of Hawaii Press, 1984.

[10]Ferguson Charles. Diglossia[J]. *Southwest Journal of Linguistics,* 1959, 10（1）: 214–234.

[11]Fishman Joshua A. Bilingualism With and Without Diglossia; Diglossia With and Without Bilingualism[J]. *Journal of Social Issues,* 1967, 13（2）: 29–38.

[12]Fishman Joshua A. Bilingualism and Biculturism as Individual and as Societal Phenomena[M]// Joshua A. Fishman, Michael H. Gertner, Esther G. Lowy, and William G. Milan. In *The Rise and Fall of Ethnic Revival,* edited by Berlin: Mouton, 1985: 39–56.

[13]广州万人上街撑广州话：防暴警戒备；便衣警偷拍；80后顶硬上[N]. 香港苹果日报，2010-07-26.

[14]He Huifeng（何慧峰）. Cantonese Faces Fresh Threat in Its Birthplace[N]. *South China Morning Post*（Hong Kong），2010-07.

[15]Her One-soon（何万顺）. Language and Group Identity: On Taiwan Mainlanders' Mother Tongues and Taiwan Mandarin[J]. *Language and Linguistics,* 2009, 10（2）: 375–419.

[16] Her Onesoon（何万顺）. On the Indigenization of Taiwan Mandarin[J]. *Journal of the Macau Linguistics Association,* 2010, 35（1）: 19–29.

[17] 胡军，资勇庭. 同声同气祖孙俩竟变"鸡同鸭讲"[N]. 羊城晚报，2010-07-09.

[18] 黄河，陈信木. 全国客家认同与客家人口之抽样调查研究[M]. 台北：行政院客家委员会，2002.

[19] 黄建铭. 正视母语消逝的危机：本土语言政策的回顾与前瞻[M]//《2009台湾政治学会年会暨学术研讨会》论文. 2009.

[20] 黄贤君. 普通话、英语、方言大比拼：苏州闲话难倒苏州小囡[N]. 城市商报，2011-08-09.

[21] Hudson Alan.Toward the Systematic Study of Diglossia[J]. *Southwest Journal of Linguistics,* 1991, 10（1）: 1–22.

[22] Hudson Alan. Outline of a Theory of Diglossia[J]. *International Journal of the Sociology of Language,* 2002, 157: 1–48.

[23] Kahane Henry and Renée Kahane. Decline and Survival of Western Prestige Languages[J]. *Language,* 1979, 55: 183–198.

[24] Kubler Cornelius C（顾百里）. *The Development of Mandarin in TaiwanA Case Study of Language Contact*[M]. Taipei: Student Book Co, 1985.

[25] Kwan Terry Anna. Language Shift，Mother Tongue，and Identity in Singapore[J]. *International Journal of the Sociology of Language,* 2000, 143: 85–106.

[26] Lai Chloe（黎颖诗）. TV Switch to Putonghua Rekindles Fight Over a Voice for South[N]. *South China Morning Post*（Hong Kong），2010-07.

[27] Li Chenching（李振清）. Multilingualism in Action：Language Education Policy in the Rapidly Changing Society of Taiwan[M]// Maria Torres-Guzmán and Joel Gómez, Joel. In *Global Perspectives on Multilingualism: Unity in Diversity.* New York: Columbia University Teachers College Press, 2009: 134–143.

[28] Liao Silvie（廖思玮）. A Perceptual Dialect Study of Taiwan Mandarin: Language Attitudes in the Era of Political Battle[M]//Marjorie K. M. Chan and Hana Kang. In *Proceedings of the 20th North American Conference on Chinese Linguistics.* Ohio: The Ohio State University, 2008,（NACCL-20）1: 391–408.

[29] Neustupny Jiri Vaclav.The Modernization of the Japanese System of Communication[J]. *Language in Society,* 1974（3）: 33–50.

[30] Ng Si Hooi. Keeping the Dialects Alive[J]. *The Star* (Malaysia), 2010-03-21.

[31] Norman Jerry(罗杰瑞). *Chinese*[M]. Cambridge: Cambridge University Press, 1988.

[32] Peyraube Alain(贝罗贝). Some Diachronic Aspects of Diglossia/Triglossia in Chinese[J]. *Southwest Journal of Linguistics,* 1991, 10(1): 105-124.

[33] Pulgram, Ernst. Spoken and Written Latin[J]. *Language,* 1950(26): 458-466.

[34] Snow Don(唐斯诺). Hong Kong and Modern Diglossia[J]. *International Journal of the Sociology of Language,* 2010(206): 155-179.

[35] 孙晓先,蒋冰冰,王颐嘉,乔丽华. 上海市学生普通话和上海话使用情况调查[J]. 长江学术,2007(15): 1-10.

[36] 汤廷池. 新词创造与汉语词法[J]. 大陆杂志,1989,78(4): 5-91、78.5: 27-34。

[37] Tse John Kwock ping(谢国平). Language and a Rising New Identity in Taiwan[J]. *International Journal of the Sociology of Language,* 2000, 143: 151-164.

[38] T'sou Benjamin Ka Yin(邹嘉彦). Critical Sociolinguistic Realignment in Multilingual Societies[M]// E. Afendras, E. In *Patterns of Bilingualism*. Singapore: Southeast Asian Ministers of Education Organization(SEAMO). 1980: 261-286.

[39] Walters Keith. Diglossia, Linguistic Variation, and Language Change in Arabic[M]// M. Eid M. In *Perspectives on Arabic Linguistics VIII: Papers from the Eighth Annual Symposium on Arabic Linguistics*. Amsterdam: John Benjamins, 1996: 157-197.

[40] 汪平. 当今苏州话和普通话在苏州的消长研究[J]. 语言教学与研究,2003,99: 29-36。

[41] 魏岫明. 普通话演变之研究[M]. 台北:台湾大学文学院,1984.

[42] Wexler Paul. Diglossia, Language Standardization, and Purism: Parameters for a Typology of Literary Languages[J]. *Lingua,* 1971(27): 330-354.

[43] Yin Yeping. Diminishing Dialects: Sixty Years of Putonghua and English Drown Out Local Tongues[J]. *Global Times,* 2011, 3(598): 16-17.

[44] Yu Verna(余咏恩). Cultural Heritage of China at Risk with Decline of Dialects[N]. *South China Morning Post*(Hong Kong), 2010-07-24.

[45] 朱德熙. 中国大百科全书(语言、文字篇)[M]. 北京:中国大百科全书出版社,1988: 128-133.

美国新泽西州的台湾移民闽南语语音的调查研究
——一个台中移民家庭的调查分析

陈淑娟[1]　史皓元[2]

（1. 新竹教育大学中国语文学系　台湾新竹；
2. 罗格斯大学亚洲语言与文化学系　美国新泽西州）

【摘　要】本文关于美国之台湾移民闽南语语音的调查研究，主要调查一个移民到美国的台中漳腔闽南语家庭成员。研究问题为：（1）三代闽南语语音的比较分析：我们将从声、韵、调来比较该家庭不同世代的发音人在各个音类的表现；（2）闽南语元音系统的变异：台湾闽南语通行腔的元音系统有从/i, e, a, u, o, ɔ/的不对称六元音系统，进一步发展为/i, e, a, u, ɔ/五元音或南部对称六元音/i, e, a, u, ə, ɔ/的趋势，本文也将探讨这个美国的台湾移民家庭，三代闽南语元音系统是否不同；（3）阳入原调的变异：陈淑娟（2010）的调查发现，台湾闽南语的阳入原调，如果是[-p]、[-t]、[-k]尾，有读同[32]、喉塞尾的阳入原调则有舒声化的趋势。本文将观察美国这个台湾移民家庭，三代的闽南语阳入原调是否有类似音变。为了回答上述问题，我们设计词汇表进行调查。我们看到这个家庭〈入入〉类除了"韧类"外，并没有如台湾闽南语通行腔一样呈现[dz]→[l]的趋势。同时我们也发现台湾闽南语〈居居〉类文白分工形成的时间，应该早于〈青更〉类的漳泉混合。由于语言接触的环境大不相同，此家庭的元音系统，仍维持不对称六元音系统。至于阳入原调的变异，则呈现台中方言的特色，各个韵尾的阳入原调主要是趋向中降短调[32]。

【关键词】台湾闽南语　漳州腔　通行腔　元音系统　漳泉滥　阳入原调

一、前言

台湾闽南语在早期移民语言的基础上,经过长期的接触融合,形成"漳泉滥"的特色,而在长期的接触下,所谓的"台湾闽南语通行腔"隐然成形,[①]而从台湾移居海外的闽南人,移民之后处于跟台湾极为不同的语言环境下,这些飘洋过海的闽南语有怎样的发展演变?与现今漳、泉变体接触互动极为密切的台湾闽南语比较起来,海外移民的语言有怎样的发展演变?过去关于台湾闽南语的研究,鲜少关注从台湾再次迁移到海外的闽南语,海外闽南语的变迁可以提供另一种对照,让我们看到离开台湾的语言环境后,台湾闽南语在海外的另外一个时空,会有怎样的变异与变化?

台湾移民闽南语漳、泉变体的竞争结果,"台湾闽南语通行腔"大多数音类是漳音变体胜出,本文关于美国之台湾移民闽南语语音的调查研究,是调查来自台中的漳腔闽南语。研究问题为:(1)三代闽南语语音的比较分析:我们将比较该家庭中三个世代三位发音人各个音类的表现有何差异;(2)闽南语元音系统的变异:台湾闽南语通行腔的元音系统有从 /i, e, a, u, o, ɔ/ 的不对称六元音系统,进一步发展为 /i, e, a, u, ɔ/ 对称五元音或南部不对称六元音 /i, e, a, u, ə, ɔ/ 的趋势,本文也将探讨这个美国的台湾移民家庭,三代闽南语元音系统是否不同;(3)阳入原调的变异:陈淑娟(2010)的调查发现,台湾闽南语的阳入原调,如果是[-p]、[-t]、[-k]尾,有读同[32]的变异,与阴入调值混同;喉塞尾的阳入原调则有舒声化后变成中长调33、高降调53或高平调44的变异。美国这个台湾移民家庭,三代的闽南语阳入原调是否有类似的变异。

为了回答上述问题,我们设计词汇表进行调查,音类包括〈青更〉类、〈杯稽〉类及〈箴箴〉类、〈毛裤〉类、〈居居〉类、〈刀高〉类、〈高沽〉类、阳入原调等,发音人是通过第二作者任教的学校——新泽西州立大学罗格斯亚洲语言文化学系学生的介绍,调查一个来自台湾省台中市的移民家庭,分别为该家庭中的91岁发音人、61岁发音人及22岁发音人。我们采用词汇表调查,每份问卷都请发音人看词汇表

[①] 台湾各地最通行的台湾闽南语,有台湾闽南语优势音、优势腔、通行腔、通用腔、普通腔、共同腔……等不同的称呼,本研究称为"台湾闽南语通行腔",简称为"通行腔"。这种闽南语是以漳音变体为主,混入部分泉音变体,在大众媒体广泛被使用。

说词汇，每个词汇说两次。

后续将说明本文的调查过程与研究方法、研究结果及讨论，最后总结本文的研究成果。

二、调查过程与研究方法

本文设定的研究对象是移民到美国的闽南籍家庭成员，调查分析其闽南语语音，选择发音人的主要条件有二：（1）由台湾漳腔地区移民到美国的台湾闽南籍移民；（2）该家庭在美国出生、长大的孩子必须会说闽南语，可以用闽南语作日常沟通。我们将比较移民第一代的父亲、移民第一代以及在美国出生长大的这一代，分析这三个世代的语音差异。

本研究采用词汇表调查，根据能呈现漳、泉方音差异及台湾闽南语新兴音变的音类设计若干词汇，词汇表同时呈现中、英文。词汇表设计好之后，找美国出生的台湾移民做前测，针对台湾常用、美国社会少用或不用的词汇，稍做修改，例如原本词汇表有"菜刀"，前测后将该词汇改为"刀仔"；"肖兔"改为"兔仔"。每个音类再斟酌增补其他常用词汇，之后正式进行调查。问卷内容由第一作者及第二作者共同讨论修订完成。

发音人是通过第二作者任教的学校——新泽西州立大学罗格斯亚洲语言文化学系学生的介绍，调查一个来自台湾台中市的移民家庭。2014年6月第一作者先调查在美国出生、长大的第三代——现今22岁的发音人，他自幼在美国出生、成长，可以用台湾闽南语进行日常对话，他是61岁发音人的儿子；2014年7月再调查移民第一代——61岁的发音人；2014年9月初第一作者回台湾后，再调查移民第一代的父亲——91岁的发音人。发音人住在Rutgers附近一个小镇Homdel，该家庭移民的第一代是61岁的发音人，其出生成长地是台中市，22岁赴美求学后，即在美国工作定居，达39年之久；22岁的发音人是移民的第二代，该发音人在美国出生、长大，闽南语是其家庭语言之一；移民第一代61岁发音人的父亲是91岁的发音人，也在台中市出生长大，曾有十几年的时间在美国及台中两地往返，目前仍住在台中市。本研究即调查此家庭的三代，比较分析其闽南语语音。

我们在后续论及闽南语的不同音类时，沿用了洪惟仁所采取的方式，其对于闽南语的音类，前字取自泉州韵书《汇音妙悟》，后字取自漳州韵书《十五音》。例如"好"属于〈刀高〉类,即为《汇音妙悟》的刀类,《十五音》的高类。这种方式比逐一说明每个音类的中古来源简要,因此本文也采用这个方式来指称台湾闽南语的各个音类。本论文调查可以呈现漳泉差异音类,包括〈入入〉类、〈香姜〉类、〈箱姜〉类、〈居居〉类、〈青更〉类、〈科稽〉类、〈鸡稽〉类、〈香恭〉类、〈毛裤〉类、〈杯稽〉类等,并调查涉及台湾闽南语新兴音变的〈刀高〉类、〈高沽〉类及阳入调。

三、调查结果

以下依声母、韵母及声调分别叙述这个移民漳腔家庭三代的语音差异。对于在美国出生长大的22岁发音人来说,闽南语仅是在家庭才使用的语言,家庭以外没有说闽南语的机会和环境,因此若是在家庭中没有使用的词汇,该发音人就不会说。尽管跟其同侪相较起来,其闽南语能力已经算是很好了,但是因为闽南语的使用场域退缩到家庭,因此他有很多词汇不会说,不会说的词汇则以符号"?"表示。

(一)声母

关于〈入入〉类的讨论,洪惟仁(2003)依据音韵条件的不同,分为"日类""忍类""热类"及"韧类",以下讨论时也将依这四类来比较分析。〈入入〉类调查的结果如表1:

表1 〈入入〉类的变体分布

	日头	写字	二十	当然	闹热	忍耐	认真	热	润饼	肉真韧
91岁	dz	dz	dz	dz	dz	l	dz	dz	l	l
61岁	g	g	g	g	g	g	g	dz	l	l
22岁	g	g	g	?	l	g	g	dz	?	?

洪惟仁(2003)调查发现台湾闽南语[dz]变成[l]的结构扩散顺位,"韧类"(合口阳声韵)是最早接近完成的,台中发音人的调查也呈现这样的结果,91岁及61岁发音人的"韧类"都是[l]。[1] 除了"韧类"之外,我们看出三代发音人〈入入〉类有很大的差异,91岁的发音人"日类""忍类""热类"的主要变体是[dz],仅有"忍

---

[1] 22岁的发音人"韧类"词汇都不会说,因此这里仅有两位发音人的资料。

类"的"忍耐"是变体[l]。然而移民到美国的第一代——61岁的发音人,仅剩"热类"的"热"这个词有[dz]变体,其他"日类""忍类"的变体是[g],91岁及61岁发音人"日类""忍类"的变体完全不同。22岁的发音人大体上与61岁发音人的语音变体相同,仅有闹"热"这个词汇说[l]变体不说[dz]变体。

洪惟仁(2003)论及台湾闽南语的〈入入〉类有[dz]变成[l]的趋势,这个移民家庭离开台湾四十年,并未呈现这个音变趋势。我们仅看到一个词汇——闹"热"呈现类似的音变趋势,91岁发音人说[dz],61岁发音人说[g],22岁发音人说[l],但是三代是三种变体的表现,由[dz]→[g]→[l]。不过,整体而言,"日类""忍类""热类"并没有趋向[l]。

(二)韵母

1.〈香姜〉类

〈香姜〉类漳音变体是[iaŋ],泉音变体是[ŋ],目前台湾通行腔变体是泉音变体[iŋ](洪惟仁2009:248)。这个音类三代发音人的变体分布如表2。

表2 〈香姜〉类的变体分布

	思想	奖金	着伤	相片	影响	欣赏	相信	上班	将来
91岁	iaŋ	iaŋ	iaŋ	iaŋ	iaŋ	iaŋ	iaŋ	iaŋ	iaŋ
61岁	iŋ	iŋ	iŋ	iŋ	iaŋ/iŋ	iŋ	iŋ	iŋ	iŋ
22岁	?	?	iŋ	iŋ	?	iŋ	iŋ	iŋ	?

三位发音人〈香姜〉类的变体也不同,91岁发音人〈香姜〉类全都读漳音变体[iaŋ],而61岁的发音人除了"影响"有iŋ/iaŋ两读外,其余都说泉音变体[iŋ],22岁的发音人会说的几个词汇也都是说[iŋ]。91岁发音人〈香姜〉类全都读漳音变体[iaŋ],但是61岁发音人却极少出现此变体,22岁发音人则无此变体。

2.〈居居〉类

许多研究显示台湾闽南语〈居居〉类有文白分工的现象,较文言的词汇与较白话的词汇选择的变体不同,较白话的词汇读漳音变体[i],较文言的词汇读泉音变体[u](郑良伟、谢淑娟,1978;洪惟仁,2003;陈淑娟、杜佳伦,2011)。因此我们也分别探讨这两类。我们调查的这个移民家庭〈居居〉类较文言词汇的变体分布如表3,较白话的词汇如表4。

表3 〈居居〉类较文言词汇的变体分布

	女中	拒绝	旅社	考虑	女士
91岁	i	i	i	i	i
61岁	u	u	u	u	u
22岁	?	?	?	?	?

表4 〈居居〉类较白话词汇的变体分布

	煮菜	举箸	规矩	猪肉	老鼠
91岁	i	i	i	i	i
61岁	u	i	i	i	i
22岁	u	i	?	?	i

由表3及表4我们看到91岁的发音人〈居居〉类并没有文白分工的现象，他的〈居居〉类一律都说漳音变体[i]；61岁的发音人〈居居〉类就有文白分工的趋势，文言的词汇使用泉音变体[i]，白话词汇除了"煮菜"之外，其余都说漳音变体[i]。61岁的发音人〈居居〉类也有文白分工的趋势。

3. 〈青更〉类的变体分布

洪惟仁（2009：248）认为〈青更〉类是漳泉最重要的区别性变项，因为这个音类词汇很多，漳泉内部的差异小。这个音类的泉音变体是[ĩ]，漳音变体是[ẽ]。根据陈淑娟（2009）于台南的调查显示，台湾闽南语通行腔的〈青更〉类正朝着漳泉滥的趋势融合，通行腔大约是漳音变体[ẽ]占七成，泉音变体[ĩ]占三成。我们也调查了这个移民家庭〈青更〉类的表现。

表5 〈青更〉类的变体分布

	生囝	三更	半暝	破病	困醒	古井	青菜	姓	婴仔	星
91岁	ẽ	ẽ	ẽ	ẽ	ẽ	ẽ	ẽ	ẽ	ẽ	ẽ
61岁	ẽ	ẽ	ẽ/ĩ	ẽ	ẽ	ẽ	ẽ	ẽ	ẽ	ẽ
22岁	ẽ	ẽ	?	ẽ	ẽ	ẽ	?	?	?	?

由表5看出三位发音人〈青更〉类的变体分布都是漳音变体，仅有61岁发音人一个词汇"三更半'暝'"有[ẽ]/[ĩ]两读，整体而言，他们的〈青更〉类并没有漳泉混的趋势。

4. 〈杯稽〉类

〈杯稽〉类的泉音变体是[ue]，漳音变体是[e]，表6是三位发音人的调查结果：

表6 〈杯稽〉类的变体分布

	八十	袂晓	买菜	卖布	写批
91岁	e	e	e	e	e
61岁	e	e	e	e	ue
22岁	e	e	e	e	e

由表6看出〈杯稽〉类的变体分布主要是漳音变体,除了61岁发音人"写'批'"这个词汇说泉音变体[ue]之外,其他两位发音人〈杯稽〉类的五个词汇都是漳音变体[e]。

5.〈香恭〉类

台湾闽南语通行腔〈香恭〉类的变体是[iɔŋ/iɔk],南投集集、名间〈香恭〉类读[iŋ/ik],宜兰溪北〈香恭〉类则有[iŋ/ik]、[iɔŋ/iɔk]等三种变体分布。我们调查的三位发音人,22岁的发音人会说的几个词汇都是说通行腔变体[iɔŋ/iɔk],91岁的发音人仅有两个词汇不说通行腔变体[iɔŋ/iɔk],"中央"说[tiɔŋ^{33} iŋ^{44}],"连续剧"说[lian^{33} siɔk^{21} kik^{32}];61岁的发音人"中央"说[tiɔŋ^{33} iaŋ^{44}]。

表7 〈香恭〉类的变体分布

	台中	中央	中央	恭喜	乌龙茶	诵经	死忠
91岁	iɔŋ	iɔŋ	iŋ	iɔŋ	iɔŋ	iɔŋ	iɔŋ
61岁	iɔŋ	iɔŋ	iaŋ	iɔŋ	iɔŋ	iɔŋ	iɔŋ
22岁	iɔŋ	?	?	iɔŋ	?	?	?

	恐怖	真勇	无路用	连续剧	满足	大陆	教育
91岁	iɔŋ	iɔŋ	iɔŋ	ik	iɔk	iɔk	iɔk
61岁	iɔŋ	iɔŋ	iɔŋ	iɔk	iɔk	iɔk	iɔk
22岁	iɔŋ	iɔŋ	iɔŋ	?	?	iɔk	?

除了上述音类之外,其他音类三代并无变异,〈箱姜〉类的变体都是泉音变体[iũ](例如"姜"[kiũ^{44}]),〈科梯〉类都是漳音变体[ue](例如"会'飞'"[e^{21} pue^{44}])、〈鸡稽〉类也都是漳音变体[e](例如"土'地'"[tʰɔ^{44} te^{33}]),〈毛裤〉类都是泉音变体[ŋ](例如"饭"[pŋ^{33}]),〈箴箴〉类都是漳音变体[ɔm](例如"蔘'仔"[sɔm^{33} a^{53}])、〈毛扛〉类都是漳音变体[mɔ̃](例如"头'毛'"[tʰau^{33} mɔ̃^{44}])、〈关官〉类都是漳音变体[uãĩ](例如"横'的'"[huãĩ^{13} e^{33}])、〈熊经〉类都是漳音变体[iŋ](例如"'还'钱"[hiŋ^{33} tsĩ^{21}])等。

(三)声调

台湾闽南语通行腔有变异的声调是阳入原调,因此我们调查三位发音人阳入

美国新泽西州的台湾移民闽南语语音的调查研究

原调的变体分布。因为不同韵尾的阳入原调，其声调变体不同，因此我们依据不同韵尾的阳入调逐一讨论。

表8　[-p]尾阳入原调的变体分布

	迭	事业	真捷	适合	九十	复杂	练习	联合	礼盒
91岁	32	33	33	33	33	33	33	33	32
61岁	32	32	32	32	32	32	32	32	32
22岁	?	?	?	?	32	32	?	?	32

表9　[-t]尾阳入调的变体分布

	白贼	滑滑	老实	处罚	拒绝	特别	价值	手术	直直	活佛
91岁	33	33	33	32	33	33	33	33	32	33
61岁	32	32	32	32	32	32	32	32	32	32
22岁	32	32	?	?	?	32	32	?	32	?

表10　[-k]尾阳入调的变体分布

	面熟	邮局	缚	中毒	制服	曝	大学	真俗	家属	家族
91岁	33	33	33	32	33	33	33	33	32	33
61岁	32	32	32	32	32	32	32	32	32	32
22岁	?	?	32	?	?	32	32	32	?	?

从[-p]、[-t]、[-k]尾阳入原调的变体分布，可以看出61岁跟22岁发音人的阳入原调都是中降短调[32]，他们的阴入阳入原调调值已经混同。但是91岁的发音人阳入原调大多数仍保留中平短调[33]，仅有少数词汇读中降短调[32]。

表11　[-ʔ]尾阳入调的变体分布

	踏	中药	喙舌	一迭	乞食	一页	黑白	好额	生活	不对
91岁	32	33	33	33	33	32	33	33	33	33
61岁	33	32	33	33	32	32	32	32	32	32
22岁	32	?	33	?	?	32	33	33	33	32

至于喉塞尾的阳入调，三位发音人都有中降短调[32]及中平长调[33]两种变体，然而91岁的发音人喉塞尾阳入原调的主要变体是中平长调[33]，十个词汇中有八个词汇都是说中平长调[33]，仅有两个词汇是中降短调[32]；61岁发音人则相反，其喉塞尾的阳入调主要变体是中降短调[32]，十个词汇中有七个词汇都是说中降短调[32]，仅有三个词汇说中平长调[33]。至于22岁发音人，调查十个词汇他只会说七个，四个说中降短调[32]，三个说中平长调[33]。

四、讨论

我们从美国移民家庭调查的闽南语来看,台湾闽南语到了另一个时空,其漳泉变体的竞争融合与台湾闽南语通行腔有何不同?而台湾闽南语通行腔的新兴音变,到了海外是否也有类似的音变?最后我们将讨论移民语言使用场域退缩到家庭之后,呈现的语言流失现象。

(一)从美国移民家庭调查的闽南语看台湾闽南语的漳泉竞争

关于台湾闽南语的漳泉变体竞争与融合,洪惟仁(1992、1997a、1997b、2003)、董忠司(2001)、张屏生(2000)、李仲民(2009)、陈淑娟(2010)以及曹逢甫(2013)等对于台湾闽南语的通行腔都有所讨论。依据洪惟仁(2003)的调查研究,台湾闽南语的漳泉变体竞争,大多是漳音胜出,试举〈青更〉类做说明。洪惟仁(2009:248)认为〈青更〉类是漳泉最重要的区别性变项,因为这个音类词汇很多,漳泉内部的差异小。这个音类的泉音变体是[ĩ],漳音变体是[ẽ]。洪惟仁(2003,2009:248)列出〈青更〉类的通行腔变体是[ẽ]。陈淑娟调查(2009)台南市各区,设计十个〈青更〉类的词汇,调查发现不管是泉腔的安平区或漳腔的其他台南市区,青年的〈青更〉类都是趋向漳、泉变体混合,也就是部分词汇说漳音变体,部分词汇说泉音变体,并非这个音类的每一个词汇都说漳音变体。陈淑娟(2009)调查台南市各区,发现〈青更〉类的通行腔变体是漳泉滥,约是七成漳音变体[ẽ],三成泉音变体[ĩ]。台南市各区〈青更〉类的调查如表12。

表12 台南市区及安平区〈青更〉类的变体分布(陈淑娟,2009)

	老年		中年		青年		全部		F	Sheffe-test
	平均数%	标准差%	平均数%	标准差%	平均数%	标准差%	平均数%	标准差%		
漳音ẽ										
市区	88.82	18.67	87.50	16.53	68.67	18.46	82.08	19.78	6.14**	老=中>青
安平	25.83	22.75	38.89	24.21	65.45	21.62	43.13	27.99	8.89**	青>中=老
泉音ĩ										
市区	8.82	16.91	9.38	16.11	28.00	20.07	15.00	19.46	5.88**	青>老=中
安平	69.17	19.75	57.78	25.87	31.82	23.16	53.13	27.41	8.00**	老>青=中

陈淑娟（2014）对于宜兰龟山岛方言的调查，也发现漳音变体[ẽ]随着年龄层递减比例越低，老年漳音变体的百分比平均数是95.63%（SD=8.14%），中年降为84.71%（SD=20.04%），青年为71.58%（SD=19.22%）。龟山岛方言青年的〈青更〉类也是约七成漳音变体[ẽ]。表13是龟山岛方言〈青更〉类的调查结果。

表13　龟山岛方言〈青更〉类的变体分布

方音	老年		中年		青年		全部		F	Sheffe-test
	平均数%	标准差%	平均数%	标准差%	平均数%	标准差%	平均数%	标准差%		
ĩ	3.13	7.93	14.71	20.04	23.68	19.21	14.42	18.62	6.42**	青>老
ẽ	95.63	8.14	84.71	20.04	71.58	19.22	83.27	19.37	8.84***	老>青

依据洪惟仁的台湾语言地图，台南市属于混合腔。陈淑娟（2009）的调查发现，台南市〈青更〉类的通行腔变体是约七成漳音变体[ẽ]，三成泉音变体[ĩ]。龟山岛方言位于宜兰，宜兰被视为台湾最纯粹的漳腔分布区，陈淑娟（2014）的调查也显示：这里的青年〈青更〉类也不是漳音变体全面胜出，反倒是部分词汇用漳音变体、部分词汇用泉音变体才是普遍的状态。因此我们推论台湾闽南语通行腔的〈青更〉类，其融合趋势是七成漳音变体融合三成泉音变体。

台湾闽南语通行腔〈青更〉类呈现漳泉滥的融合，那么美国的台湾闽南籍移民他们〈青更〉类的漳泉变体分布如何？在我们调查的移民家庭中并未发现〈青更〉类有漳泉滥的趋势。表5〈青更〉类的变体分布中，我们看到三代发音人〈青更〉类都是漳音变体，仅有61岁发音人"三更半瞑"的"瞑"是漳、泉变体并列。曹逢甫在（2013）讨论台湾闽南语共同腔的浮现时，曾推测台湾闽南语通行腔漳泉大量融合是在交通便利的近四十年逐步形成的。我们调查的移民家庭第一代（61岁发音人）移民美国的时间将近四十年，其闽南语以及今22岁在美国出生长大的发音人，〈青更〉类都没有漳泉滥的趋势。这呼应了曹逢甫（2013：476）提出的"漳泉滥的大量发生应该是近四十年台湾交通更加发达、广播电视可以传抵任何角落以后的事"这个观点。我们的研究显示台湾闽南语在不同的时空，有不一样的发展演变。

许多研究显示台湾闽南语〈居居〉类有文白分工的现象，较文言的词汇与较白话的词汇选择的变体不同（郑良伟、谢淑娟，1978；洪惟仁，2003；陈淑娟、杜佳伦，2011）。这个音类，台湾闽南语通行腔较文言的词汇选择的变体是泉音变体[u]，例如"'女'中"说[lu⁴⁴ tioŋ⁴⁴]，而不说[li⁴⁴ tioŋ⁴⁴]；但是较白话的词汇多选择漳音变体[i]，例如"猪肉"说[ti³³ baʔ³²]，不说[tu³³ baʔ³²]。郑良伟、谢淑娟(1978)在书中已经提到〈居居〉类有文白分工的现象，比对我们在美国的调查资料，我们认为这个文白分工的现象可能比〈青更〉类的漳泉滥要更早成形。何以做如此判断？因为61岁的发音人虽已经赴美近四十年，然而其闽南语〈居居〉类的文白分工已经十分明显，但是其〈青更〉类却没有漳泉滥的现象。至于91岁的发音人，〈居居〉类不论较文言或较白话，都读[i]，完全没有文白分工的现象，〈青更〉类也都读漳音变体，没有漳泉滥的趋势。

由上述的讨论，我们认为台湾闽南语通行腔〈居居〉类的文白分工形成的时间，可能早于〈青更〉类的部分词汇为漳音、部分词汇为泉音的漳泉混状态。

(二)从美国移民家庭的闽南语探讨台湾闽南语新兴的音变

陈淑娟(2010)调查北、中、南三个都市，发现台湾闽南语有两个无关乎漳泉变体竞争的新兴音变，其中一个是元音系统的变异与重整，台湾闽南语由原本的 /i、e、a、u、o、ɔ/ 不对称六元音系统，变成南部 /i、e、a、ə、u、ɔ/ 的对称六元音系统，或者是 /i、e、a、u、ɔ/ 对称五元音系统。另一个是阳入原调的变异，[-p]、[-t]、[-k] 的阳入原调由原本的高短调[5]或中平短调[33]变成中降短调[32]，而与阴入原调混同；喉塞尾的阳入原调则有舒声化，变成中长调[33]、高降调[53]或高平调[44]的趋势。

我们在问卷中调查了28个〈刀高〉类的词汇，22岁的发音人除了有5个词汇不会说之外，其余的都是说[o]；91岁及61岁发音人则全都说[o]，例如"'讨'钱"[tʰo⁴⁴ tsĩ¹³]；我们也设计一组〈高沽〉类的词汇做对比，这组词他们都说[ɔ]，例如"'兔'仔"[tʰɔ⁵³ a⁵³]。我们还设计三组最小对比词，测试他们〈刀高〉类及〈高沽〉类是否有差异，这三组词分别是"桃、土""报、布""课、裤"。这三位发音人 /o/、/ɔ/ 都有区别，没有两个音位混同的现象，也没有 /o/ 展唇化为[ə]的现象。由此可见，这个移民家庭的元音系统，并没有如现今的台湾闽南语，有由不对称六元音变成对称五元音或变南部有展唇[ə]六元音系统的趋势。

在我们调查的这个移民家庭中，有三位发音人的元音系统仍维持不对称的六元音系统，并没有变成南部的 /i、e、a、ə、u、ɔ/ 的对称六元音系统，或者是对称的 /i、e、a、u、ɔ/ 五元音系统。这再度显示台湾闽南语在不同的时空中，可能有不一样的发展演变。台湾闽南语到了海外，由于退缩为家庭语言，与其他闽南语鲜少接触，因此有不同的发展演变。

这个移民家庭的两位年长发音人均在台中市出生成长，他们阳入原调的变异也跟陈淑娟（2010）调查的略有不同。这个家庭[-p]、[-t]、[-k]的阳入原调（参见表8、9、10），91岁的发音人多是中平短调[33]，仅有少数词汇是中降短调[32]，然而61岁及22岁的发音人[-p]、[-t]、[-k]的阳入原调没有中平短调[33]，都是中降短调[32]。而喉塞尾的阳入调，91岁的发音人多是中长调[33]，例如"中'药'"[tioŋ^{33} io^{33}]；少数是中降短调[32]，如"踏"[ta?^{32}]。但是61岁的发音人却相反，他的喉塞尾的阳入调以中降短调[32]为主，例如"中'药'"[tioŋ^{33} io^{32}]；仅有少数词汇说中长调[33]，例如"踏"[ta^{33}]。

由元音系统及阳入原调的变异来看，从台湾移居美国近四十年后，61岁发音人的不对称六元音很稳定，而在美国出生长大的22岁发音人，不对称六元音也仍然很稳定，没有 /o/、/ɔ/ 混同或者 /o/ 展唇化的趋势。这与台湾闽南语的新兴音变不同，台湾闽南语通行腔的元音系统或者朝南部有展唇[ə]的六元音，或者朝对称五元音系统演变。

而阳入原调，61岁及22岁发音人则表现台中闽南语的特色，不管是[-p]、[-t]、[-k]或喉塞尾的阳入原调，主要读[32]，与阴入原调混同。台湾闽南语通行腔[-p]、[-t]、[-k]尾的阳入原调，主要读[32]，与阴入原调混同，这个移民家庭[-p]、[-t]、[-k]阳入原调的演变趋势跟台湾闽南语通行腔一致。但是喉塞尾的阳入原调，这个移民家庭仍然主要是读[32]，一样是与阴入原调混同的趋势；但是台湾闽南语通行腔喉塞尾的阳入原调，主要是朝舒声化的方向演变，尤其中长调[33]是强势变体。

（三）移民后台湾闽南语退缩为家庭语言

我们在这个移民家庭语言的调查研究中，发现移民家庭的台湾闽南语，使用场域退缩到家庭，因为仅在家庭使用，所以在美国土生土长的22岁发音人，其词汇使用极为有限，若是家庭中不会使用的词汇，他就不会说。例如该家庭茹素，因此问到荤食有关的词，22岁发音人就不会说，例如"蚵仔""排骨"；因为家中没有妹妹，因此他也不会说"小妹"；因为外出不说台湾闽南语，没有机会用台湾闽南语称呼在外面遇到的老年女性，所以也不会说"阿婆"。另外因为台湾闽南语仅是家庭语言，所以22岁发音人只会说较口语的词汇，比较文一点的词就不会说了。例如他只会说"开刀"[kʰui^{33} to^{44}]，不会说"手术"[tsʰiu^{44} sut^{33}]；他不会说"拒绝" [ki²¹ tsuat³³]，只会说 "无爱" [bo³³ ai²¹]。问卷中许多较为文言的词汇，22岁发音人都无法说出该词汇。例如我们设计5个〈居居〉类的文言词汇："女中""拒绝""旅社""考虑""女士"，这5个词22岁发音人全部不会说，其他像"联合""家属""家族""威胁""制服""抢劫"等词汇，这位年轻发音人也不会说。

有部分的词汇在家里已经被其他强势语言取代，不用台湾闽南语表达了。例如22岁发音人不会用台湾闽南语说"身份证"，只会说ID。部分词汇该发音人用华语说，不用台湾闽南语说，例如"太阳"，他不会说"日头" [dzit²¹ tʰau¹³]，只会说"太阳" [tʰai⁵³ iaŋ³⁵]。

由于使用场域局限在家庭，22岁发音人表示有些台湾闽南语的词汇他听得懂，但是自己不会用到，所以不说，例如"老实" [lau⁴⁴ sit³³]、"面熟" [bin²¹ sik³³]、"青盲" [tsʰẽ³³ mẽ¹³]等。

五、结论

对美国的台湾移民闽南语之调查，提供了海外闽南语调查研究的第一手资料，让我们得以窥见移民语言到了不同的时空，台湾闽南语不同的发展演变，尤其调查资料呈现的漳、泉变体竞争，元音系统及阳入原调的演变，都是可供对照分析的珍贵资料。通过对一个美国移民家庭语言的调查研究，我们看到这个家庭〈入入〉类除了"韧类"外，并没有如台湾闽南语通行腔一样呈现[dz]→[l]的趋势。而关于漳泉变体的竞争，也呼应了曹逢甫（2013）的推测：台湾闽南语通行腔的漳泉融合是在交通便利的近四十年形成的。本文关于美国移民家庭〈青更〉类的调查结果，与台湾闽南语通行腔不同，移民家庭的闽南语〈青更〉类并没有如台湾闽南语通行腔一般，呈现漳、泉混合的趋势，这个漳腔闽南语家庭〈青更〉类仍选择漳腔变体，没有混入泉音变体的现象。我们从这个移民家庭的语音调查结果，进一步推断台湾闽南语〈居居〉类文白分工形成的时间应早于〈青更〉类的漳泉混合。此外，台湾闽南语有两个新兴音变，由于语言接触的环境大不相同，移民家庭的闽南语这两个音类的表现有所不同。例如台湾闽南语的元音系统有变成五元音系统，或者变成有展唇音[ə]的南部六元音系统两大趋势，然而美国的这个移民家庭，其闽南语仍稳定维持不对称六元音的系统；至于阳入原调的变异，则呈现台中方言的特色，各个韵尾的阳入原调主要是趋向中降短调[32]，台湾闽南语通行腔喉塞尾的阳入原调并非呈现这样的趋势,多读为中平长调[33]。透过移民后台湾闽南语在美国的发展演变,与台湾闽南语通行腔的演变做对照,我们看到台湾闽南语到了海外,由于退缩为家庭语言,与其他闽南语鲜少接触,因此有不同的发展演变。这些调查分析,将使我们对于台湾闽南语的接触、融合有更全面的了解。

【参考文献】

[1]李仲民. 从语言地理学论台湾闽南语语言地图的编制观念与方法——以台湾东北部闽南语为样本[D]. 中国文化大学中国文学研究所博士学位论文,2009.

[2]洪惟仁. 台湾方言之旅[M]. 台北:前卫出版社,1992.

[3]台湾东部闽南语方言调查研究报告:东部及屏东、澎湖部分. 国科会报告,1997.

[4]高雄县闽南语方言. 高雄:高雄县政府,1997.

[5]音变的动机与方向:漳泉竞争与台湾普通腔的形成[D]. 台湾清华大学语言学研究所博士学位论文,2003.

[6]陈淑娟. 台南市方言的语音变异与变化[J]. 声韵论丛,2009(16):137-176.

[7]台湾闽南语新兴的语音变异——台北市、彰化市及台南市元音系统与阳入原调的调查分析[J]. 语言暨语言学,2010,11(2):425-468.

[8]龟山岛方言的语音变异与变化[J]. 政大中文学报,2014(21):213-244.

[9]陈淑娟,杜佳伦. 台北市泉腔闽南语央元音的变异与变化[J]. 台大中文学报,2011(35):329-370.

[10]曹逢甫. 台湾闽南语共同腔的浮现:语言学与社会语言学的探讨[J]. 语言暨语言学,2013,14(2):454-484.

[11]张屏生. 台湾闽南话部分次方言的语音和词汇差异[M]. 屏东市:屏东师范学院,2000.

[12]台湾地区汉语方言的语音和词汇:论述篇[J]. 开朗杂志,2007.

[13]董忠司. 福尔摩沙的烙印:台湾闽南语概要[M]. 台北:文化建设主管部门,2001.

[14]郑良伟,谢淑娟. 台湾福建话的语音结构及标音法[M]. 台北:台湾学生书局,1978.

印度尼西亚廖内省峇眼话的方言系属[①]

侯兴泉　曾娣佳

（暨南大学汉语方言研究中心　广东广州　510632）

【摘　要】印度尼西亚廖内省峇眼市是一个以华人为主体的城市。通过分析当地华语的语音及词汇特征，并结合当地的民俗以及有关峇眼华人来源地的传说，文章认为峇眼话是源自福建泉州、厦门和漳州一带的闽南话。

【关键词】印度尼西亚　峇眼　闽南话

一、前言

峇眼亚比（Bagan Siapi-api）位于印尼的苏门答腊岛的廖内省，是一个比较偏僻的渔港城市。据当地2013年的人口数据，峇眼亚比（简称"峇眼"）的人口有73360人，其中华人占了90%，是一个典型的由华人占主导的渔港城市。峇眼人的职业以渔业和贸易为主。由于靠海，他们的生活离不开捕鱼，也离不开造船业和织网业。其他职业多是开个卖普通生活用品的小店或者饭店。还有的家庭专门从事燕窝生产。

峇眼的主要语言是马来话与华人的语言。由于地方比较偏僻，峇眼市内很难收到印尼电台的信号，所以华人在日常生活中经常收看台湾的电视节目。峇眼市内的教育最高只到高中，当地的很多年轻华人喜欢到比较发达的城市（如Pekan

---

[①] 本研究得到国家社科基金青年项目"汉语方言分区语音特征的层级和主次研究——以粤桂毗连地区汉语方言区片划分为例"（12CYY008）和国家社科基金重大招标项目"环南海国家语言生态研究及语言资源库建设"（16ZDA211）的支持，特此致谢。

Baru、雅加达、爪洼岛、巴厘岛等）去念书或发展。到城外发展的华人，有些就和当地讲粤语或客家话的华人结婚生子，他们的后代逐渐地就失去了像峇眼那样纯粹的语言环境。再加上印尼国内的政治问题（印尼曾在20世纪60年代和1998年的时候发生"排华"事件），这直接让会说方言的华人感到恐惧，平时不敢在公众场合说方言，特别是在大城市里面，他们只能说印尼语。因此，现在绝大多数的峇眼年轻人都是双语者。

到目前为止，尚未看到专门报道峇眼话的研究成果。关于印尼其他地区汉语方言及华语的研究倒不少，这些成果主要集中在两方面：第一类是面上介绍印尼境内华人语言使用状况的论文，如迪得·吴托摩、杨启光（1995）的《印尼华人的多元语言和种族特性》，黄玉琬和许振伟（2009）的《印尼华人的语言状况》，甘于恩、李明（2012）的《印尼汉语方言的分布、使用、特点及影响》等，陈晓锦（2014）的《东南亚华人社区汉语方言概要》在概论部分也较为详细地介绍了印尼境内的汉语方言的种类和分布情况。这些成果对于我们了解印尼及周边国家或地区的华人及华语的基本面貌是很有帮助的。第二类是关于印尼华人语言本体研究的成果，其中又以客家话和闽南话的研究成果最为丰富。印尼客家话方面的研究如哈马宛（1994）的《印度尼西亚西爪哇岛的客家话》、黄惠珍（2008）的《印尼山口羊客家话研究》、李如龙（2000）的《印尼苏门答腊北部客家话记略》、李秀珍（2010）的《印尼客家方言研究》、黄素珍（2013）的《印尼坤甸客家话研究》、吴忠伟（2014）的《印尼棉兰美达村客家话词汇比较研究》等。闽南话方面的研究如李如龙（1992）的《闽南方言和印尼语的相互借词》、高然（2000）的《印尼苏门答腊北部的闽南方言》、王建设（2012）的《传承与变异——印度尼西亚第二代晋江人的语音特点》等。印尼华语方面的研究成果如刘文辉和宗世海（2006）的《印度尼西亚华语区域词初探》，单册（2013）的《印尼"先达国语"词汇研究》，甘于恩、陈李茂和单册（2016）的《印尼"先达国语"调查报告》等。综合性的研究如陈佩英（2012）的《印尼丹格朗市土生华人语言研究》和陈晓锦（2014）的《东南亚华人社区汉语方言概要》，后者无疑是目前为止对东南亚地区海外汉语方言及研究状况最为全面的总结。

本文主要通过描写峇眼话的语音及词汇的基本状况及移民信息来讨论这种海外汉语方言的系属问题。

二、一个关于峇眼华人来源的传说

据峇眼当地的一些老华人们介绍,他们的祖先来自中国厦门的同安区(同安旧属泉州府),但他们的祖先并不是一次性就到达峇眼的。峇眼华人的祖先原本是在泰国的Songklah居住的,由于华人长得比当地人俊帅,吸引了许多当地的女孩,当地因此发生了"排华"事件。这些华人(其中有17名姓洪)被迫坐船离开了泰国。他们的船在海上漂了很久,粮食快没有了。有一天晚上,他们看到有一束光,当时他们以为是灯塔,就往那束光的方向漂去,靠近时才发现是萤火虫(萤火虫的马来话叫api-api)。着陆时,他们看到那个地方是一片荒地。于是,他们决定留下来,居住在这个有很多萤火虫的地方。所以把他们登陆的这个地方叫做峇眼亚比(Bagan Siapi-api)。他们相信,是船里面的那些神像救了他们,所以,每逢农历五月十六日,他们就会举行隆重的燃烧驳船仪式,目的就是为了纪念他们能安全抵达陆地。

关于峇眼华人来源的这个传说透露出几点重要的移民信息:一、峇眼华人的祖先来自厦门同安一带,峇眼市现在仍流传的烧船仪式跟厦门同安一带渔村流行的送王船习俗(也有烧船仪式)非常相似,也可印证该传说的可靠性;二、峇眼华人不是一次性到达峇眼的,还经过了泰国等国家或地区;三、峇眼这座城市是由华人发现、命名、建立并发展起来的,华人是这个城市的主体。

由该传说判断,峇眼市华人所说的方言,很可能就是源于福建厦门泉州一带的闽南话。前面介绍了峇眼当地华人日常喜欢看台湾电视的节目(有很多就是用闽南话讲的),说明他们听闽南话没有障碍并有亲切感,由此也可推测他们所说的话很可能就是闽南话。

三、从语音和词汇特征看峇眼话的闽南系属

为了从语音和词汇上论证峇眼话为福建厦、泉、漳一带的闽南话,我们把调查的结果跟周长楫著的《闽南话概说》(2010)以及周长楫主编的《闽南方言大词典》(修订版,2015)中提及的厦门、泉州以及漳州的闽南话的语音及词汇作比较,以确定其方言归属。

（一）从核心词看峇眼话的闽南系属

从施瓦迪士核心词的情况来看，峇眼话95%以上的核心词的词根及其构成方式跟厦门、泉州以及漳州一带的闽南话都是一致的。以一致性最高的前100词为例（详见附录1），完全相同的单音节词如下：我、你、我们、只这、许那、谁、无不、多、一、二、大、长、细小、人、鱼、鸟、狗、树、角、箬叶、根、皮、肉、血、油、尾、毛、头、耳、鼻、喙嘴、舌、骹脚、手、奶乳房、心、肝、饮、食、齿交咬、听、知、黄、睏睡、死、刐杀、飞、行、来、躺、坐、倚站、互给、讲、星、水、雨、沙、地、云、烟、火、灰、烧、路、山、红、绿、白、乌黑、滇满、新、好、热、冷、圆、焦干、名。完全一致的双音节词有"甚物什么""拢总全部""查某女人""丈夫""树皮""骨头""鸡卵""虱母虱子""头毛头发""目珠眼睛""腹肚肚子""颔胿脖子""日头太阳""月娘月亮""石头""暗暝晚上"。完全一致的三音节词有"骹头趺膝盖"。

最为关键的是，峇眼话的许多常用词（大多都是核心词）都属于闽南话的特征词，如"箬叶""喙嘴""骹脚""囝儿子""卵蛋""暗暝晚上""倚站""探短""涂上""塍田""粿年糕""伏孵""瘦瘦""悬高"等。由此可见，从核心词汇的表现来看，峇眼话属于闽南话无疑。

（二）从语音表现看峇眼话的混合音系特征

1. 声母比较

峇眼话有18个声母，分别为 p、pʰ、ᵐb、m、t、tʰ、ⁿd、n、l、ts、tsʰ、s、k、kʰ、ᵑg、ŋ、h、ø。从声母的情况来看，基本可以判定这是福建闽南泉州、厦门和漳州等方言声母的混合。峇眼话的 ⁿd 声母和漳州的 dz 声母部分对应（主要来自中古来母的细音字，如"你绿润"），其余17个声母和泉州、厦门、漳州基本是一一对应的。

表1 峇眼话和厦门、泉州、漳州闽南话的声母比较表

峇眼	p	pʰ	ᵐb	m	t	tʰ	ⁿd	n	l	ts	tsʰ	s	k	kʰ	ᵑg	ŋ	h	ø
厦门	p	pʰ	b	m	t	tʰ		n	l	ts	tsʰ	s	k	kʰ	g	ŋ	h	ø
泉州	p	pʰ	b	m	t	tʰ		n	l	ts	tsʰ	s	k	kʰ	g	ŋ	h	ø
漳州	p	pʰ	b	m	t	tʰ	dz	n	l	ts	tsʰ	s	k	kʰ	g	ŋ	h	ø

2. 单元音韵母比较

从单元音韵母的情况来看，峇眼话除了有其他福建闽南话都共有的 a、e、o、ɔ、i、u 这6个单元音韵母之外，还有 ə、ɯ 这2个典型的泉腔单元音韵母。可见峇

眼话的韵母系统更接近泉州闽南话。

表2 峇眼华语和厦门、泉州、漳州闽南话的单元音韵母比较表

峇眼	a	e	o	ɔ	ɛ	ə	ɯ	i	u
厦门	a	e	o	ɔ				i	u
泉州	a	e	o	ɔ		ə	ɯ	i	u
漳州	a	e	o	ɔ	ɛ			i	u

3. 声调比较

峇眼闽语有8个声调，分别为阴平55、阳平24、阴上53、阳上44、阴去21、阳去33、阴入21、阳入54。从声调的情况来看，峇眼话的声调还较好地保留了早期福建闽南话的八调系统。现在的福建闽南话一般只剩下7个调（厦门和漳州的闽南话上声不分阴阳只有一个调类，泉州的去声不分阴阳只有一个调类），合在一起便不难发现早期福建的闽南话其实是有8个调类的。从调值的情况来看，峇眼话的调值更接近厦门一带的闽南话，详见表3。

表3 峇眼华语和厦门、泉州、漳州闽南话的单字调比较表

	阴平	阳平	阴上	阳上	阴去	阳去	阴入	阳入
峇眼	55	24	53	44	21	33	21	54
厦门	44	24	53		21	22	32	44
泉州	33	24	554	22	41		55	24
漳州	44	13	53		21	22	32	121

（三）结论

综合词汇和语音的整体表现，峇眼话属于闽南话无疑。从语音的表现来看，峇眼话基本上可以确定为一种跟福建闽南话有着密切关系的方言：其声母更接近漳州话，韵母接近泉州话，声调的调值更接近厦门话。也就是说从词汇和语音的表现上看，其祖先来自福建厦门同安一带的传说还是比较靠谱的，只不过峇眼闽人的来源地不仅仅局限于同安，还应包括现在的厦门、泉州和漳州等地区。因此，峇眼话属于广义上的福建闽南话。

【参考文献】

[1]陈佩英.印尼丹格朗市土生华人语言研究[D].北京语言大学博士学位论文,2012.
[2]陈晓锦.东南亚华人社区汉语方言概要[M].广州：世界图书出版公司,2014.

[3]迪得·吴托摩,杨启光.印尼华人的多元语言和种族特性[J].八桂侨刊,1995(1).
[4]甘于恩,陈李茂,单珊.印尼"先达国语"调查报告[M].广州:世界图书出版公司,2016.
[5]甘于恩,李明.印尼汉语方言的分布、使用、特点及影响[M].南方语言学,广州:暨南大学出版社,2012(4).
[6]高然.印尼苏门答腊北部的闽南方言[M]//东南亚华人语言研究.北京:北京语言文化大学出版社,2000.
[7]哈马宛.印度尼西亚西爪哇岛的客家话[M].北京:中国社会科学出版社,1994.
[8]黄惠珍.印尼山口羊客家话研究[D].中央大学客家语文研究所硕士学位论文,2008.
[9]李秀珍.印尼客家方言研究[D].华侨大学硕士学位论文,2010.
[10]黄素珍.印尼坤甸客家话研究[D].中央大学硕士学位论文,2013.
[11]黄玉琬,许振伟.印尼华人的语言状况[M]//首届海外汉语方言国际研讨会论文集.广州:暨南大学出版社,2009.
[12]李如龙.闽南方言和印尼语的相互借词[J].中国语文研究,1992(5).
[13]李如龙.印尼苏门答腊北部客家话记略[M]//东南亚华人语言研究.北京:北京语言文化大学出版社,2000.
[14]刘文辉,宗世海.印度尼西亚华语区域词初探[J].暨南大学华文学院学报,2006(1).
[15]王建设.传承与变异——印度尼西亚第二代晋江人的语音特点[M]//第二界海外汉语方言论文集.昆明:云南大学出版社,2012
[16]吴忠伟.印尼棉兰美达村客家话词汇比较研究[D].暨南大学硕士学位论文,2014.
[17]周长楫.闽南话概说[M].福州:福建人民出版社,2010.
[18]周长楫编.闽南方言大词典(修订版)[M].福州:福建人民出版社,2015.

附录1：峇眼话跟厦泉漳闽南话的100核心词（白读）对照

序号	前100词	峇眼	厦门话	泉州	漳州
1	I（我）	我 ⁿgua⁵³，ua⁵³	我 gua⁵³	我 gua⁵⁵⁴	我 gua⁵³
2	you（你）	你 ⁿdə⁵³	你 li⁵³	你 luɯ⁵⁵⁴	你 li⁵³
3	we（我们）	我们 gun²¹	我们 gun（guan）⁵³	我们 gun（guan）⁵⁵⁴	我们 gun（guan）⁵³
4	this（这）	即 tsiʔ²¹	即 tsit³²	即 tsit⁵⁵	即 tsit³²
5	that（那）	许 hi⁵³	许 hi⁵³	许 huɯ⁵⁵⁴	许 hi⁵³
6	who（谁）	俉 saŋ²⁴	俉 siaŋ²⁴	俉 saŋ²⁴	俉 siaŋ¹³
7	what（什么）	甚物 sia²⁴⁻³³mi⁵³，ha²⁴⁻³³mi⁵³	甚物 sim⁵³⁻⁴⁴miʔ⁴⁴	甚物 siam⁵⁵⁴⁻²⁴ miʔ⁵⁵	甚物 sim⁵³⁻⁴⁴miʔ¹²¹/mi⁴⁴
8	not（不）	无 ᵐbo²⁴	无 bo²⁴	无 bo²⁴	无 bo¹³
9	all（全部）	拢总 lɔŋ⁵³⁻²⁴tsɔŋ⁵³⁻²¹	拢总 lɔŋ⁵³⁻⁴⁴tsɔŋ⁵³	拢总 lɔŋ⁵⁵⁴⁻²⁴tsɔŋ⁵⁵⁴	拢总 lɔŋ⁵³⁻⁴⁴tsɔŋ⁵³
10	many（多）	多 tsue⁵⁵	多 tsue²²	多 tsue⁴¹	多 tse²²
11	one（一）	一 tsit⁵⁴，ʔit⁵⁴	一 tsit⁴⁴	一 tsit²⁴	一 tsit¹²¹
12	two（二）	二 ⁿdi³³	二 li²²	二 li⁴¹	二 dzi²²
13	big（大）	大 tua³³	大 tua²²	大 tua⁴¹	大 tua²²
14	long（长）	长 tɯŋ²⁴	长 tŋ²⁴	长 tŋ²⁴	长 tŋ¹³
15	small（小）	细 sue²¹	细 sue²¹	细 sue⁴¹	细 se²¹
16	woman（女人）	查某 tsa³³ᵐbɔ²¹	查某 tsa⁴⁴⁻²²bɔ⁵³	查某 tsa³³bɔ⁵⁵⁴	查某 tsa⁴⁴⁻²²bɔ⁵³
17	man（男人）	丈夫 ⁿda³³pɔ⁵⁵	丈夫 ta²²pɔ⁴⁴	丈夫 ta³³pɔ³³	丈夫 tsa²²pɔ⁴⁴
18	persosn（人）	人 laŋ²⁴	人 laŋ²⁴	人 laŋ²⁴	人 laŋ¹³
19	fish（鱼）	鱼 huɯ²⁴	鱼 gu²⁴，hi²⁴	鱼 gu²⁴，huɯ²⁴	鱼 gi¹³，hi¹³
20	bird（鸟）	鸟 tsiau⁵³	鸟 tsiau⁵³	鸟 tsiau⁵⁵⁴	鸟 tsiau⁵³
21	dog（狗）	狗 kau⁵³	狗 kau⁵³	狗 kau⁵⁵⁴	狗 kau⁵³
22	louse（虱子）	虱母 sa⁵⁵ᵐbu⁵³	虱母 sat³²⁻⁴⁴bu⁵³	虱母 sat⁵⁵⁻²⁴bu⁵⁵⁴	虱母 sat³²⁻⁴⁴bo⁵³，siap³²⁻⁴⁴bo⁵³
23	tree（树）	树 tsʰiu³³	树 tsʰiu²²	树 tsʰiu⁴¹	树 tsʰiu²²
24	horn（角）	角 kak⁵⁴	角 kak³²	角 kak⁵⁵	角 kak³²
24	seed（种子）	种子 biji（借词）	种 tsiɔŋ⁵³/tsiŋ⁵³	种 tsiɔŋ⁵⁵⁴/tsiŋ⁵⁵⁴	种 tsiɔŋ⁵³/tsiŋ⁵³

（续上表）

序号	前100词	峇眼	厦门话	泉州	漳州
25	leave（叶子）	箬 hioʔ^{54}	箬 hioʔ^{54}	箬 hioʔ^{24}	箬 hioʔ^{121}
26	root（根）	根 kun^{55}	根 kun^{44}	根 kun^{33}	根 kin^{44}
27	bark（树皮）	树皮 tsʰiu$^{33-21}$pʰə^{24}	树皮 tsʰiu$^{22-21}$pʰe^{24}	树皮 tsʰiu$^{41-22}$pʰə^{24}	树皮 tsʰiu$^{22-21}$pʰue^{13}
28	skin（皮肤）	皮 pʰə^{24}	pʰe^{24}	皮 pʰə^{24}	pʰue^{13}
29	flesh（肉）	肉 ᵐbak^{21}	肉 baʔ^{21}	肉 maʔ^{55}，hiak^{55}	肉 baʔ^{32}
30	blood（血）	血 huiʔ^{21}	血 hiat^{32}/huiʔ^{32}	血 hiat^{55}/huiʔ^{55}	血 hiat^{32}/hueʔ^{32}
31	bone（骨头）	骨头 kut^{54}tʰau^{24}	骨头 kut$^{21-54}$tʰau^{24}	骨头 kut$^{55-24}$tʰau^{24}	骨头 kut$^{32-44}$tʰau^{13}
32	grease（脂肪）	油 iu^{24}	油 iu^{24}	油 iu^{24}	油 iu^{13}
33	egg（鸡蛋）	鸡卵 kue^{55}nuŋ$^{-55}$	鸡卵 kue$^{44-22}$nŋ^{22}	鸡卵 kue^{33}nŋ^{22}	鸡卵 kue$^{44-22}$nui^{22}
35	tail（尾巴）	尾 ᵐbə^{21}	尾 be^{53}	尾 bə^{554}	尾 bue^{53}
36	feather（羽毛）	毛 muŋ^{24}	毛 mŋ^{24}	毛 muŋ^{24}	毛 mɔ^{13}
37	hair（头发）	头毛 tʰau$^{24-21}$muŋ^{24}	头毛 tʰau^{24}mŋ^{24}	头毛 tʰau^{24}mŋ^{24}	头毛 tʰau^{13}mɔ^{13}
38	head（头）	头 tʰau^{24}	头 tʰau^{24}	头 tʰau^{24}	头 tʰau^{13}
39	ear（耳朵）	耳 hi^{44}	耳 hi^{22}	耳 hi^{22}	耳 hi^{22}
40	eye（眼睛）	目珠 ᵐbak^{21}tsiu^{55}	目珠 bak$^{44-21}$tsiu^{44}	目珠 bak$^{24-22}$tsiu^{33}	目珠 bak$^{121-21}$tsiu^{44}
41	nose（鼻子）	鼻 pʰi^{21}，pʰĩ^{54}	鼻 pit^{44}，phĩ^{22}	鼻 pʰi^{41}	鼻 pit^{121}，pʰĩ^{22}
42	mouth（嘴）	喙 tsʰui^{21}	喙 tsʰui^{21}	喙 tsʰui^{41}	喙 tsʰui^{21}
43	tooth（牙齿）	齿 kʰi^{53}	齿 kʰi^{53}	齿 kʰi^{554}	齿 kʰi^{53}
44	touge（舌头）	舌 tsiʔ^{54}	舌 tsiʔ^{44}	舌 tsiʔ^{24}	舌 tsiʔ^{121}
45	claw（爪子）	骹爪 kʰa^{55}ndiau^{53}	骹爪 kʰa$^{44-22}$niau^{53}	骹爪 kʰa^{33}liau^{554}	骹爪 kʰa$^{44-22}$dziau^{53}
46	leg（脚）	骹 kʰa^{55}	骹 kʰa^{44}	骹 kʰa^{33}	骹 kʰa^{44}
47	knee（膝）	骹头趺 kʰa$^{55-33}$tʰau^{24}hu^{55}	骹头趺 kʰa$^{44-22}$tʰau$^{24-22}$(h)u^{44}	骹头趺 kʰa^{33}tʰau$^{24-22}$hu^{33}	骹头趺 kʰa$^{44-22}$tʰau$^{13-22}$(h)u^{44}
48	hand（手）	手 tsʰiu^{53}	手 tsʰiu^{53}	手 tsʰiu^{554}	手 tsʰiu^{53}

（续上表）

序号	前100词	峇眼	厦门话	泉州	漳州
49	belly（肚子）	腹肚 pat⁵⁴tɔ⁴⁴⁻³¹	腹肚 pak²¹⁻⁴⁴tɔ⁵³	腹肚 pak⁵⁵⁻²⁴tɔ⁵⁵⁴	腹肚 pak³²⁻¹²¹tɔ⁵³
50	neck（脖子）	颔胿 am³³kun⁵³	颔胿 am²²⁻²⁴¹kui⁴⁴	颔胿 am⁴kui³³	颔胿 am²²⁻²¹kui⁴⁴
51	breasts（乳房）	奶 ⁿd/lin⁵⁵	奶 ni⁵³	奶 lin³³	奶 liŋ⁴⁴，nɛ⁴⁴
52	heart（心脏）	心 sim⁵⁵	心 sim⁴⁴	心 sim³³	心 sim⁴⁴
53	liver（肝）	肝 kuã⁵⁵	肝 kuã⁴⁴	肝 kuã³³	肝 kuã⁴⁴
54	drink（喝）	饮 ⁿdim⁵⁵	饮 lim⁴⁴	饮 lim³³	饮 lim⁴⁴
55	eat（吃）	食 tsiɐk⁵⁴	食 tsiaʔ⁴⁴	食 tsiaʔ²⁴	食 tsiaʔ¹²¹
56	bite（咬）	[齿交]ka⁴⁴	[齿交]ka²²	[齿交]ka²²	[齿交]ka²²
57	see（看见）	看着 kʰuã²⁴tioʔ²¹	看见 kʰuã²⁴¹kĩ²¹	看见 kʰuã⁴¹kĩ⁴¹	看见 kʰuã²¹kĩ²¹
58	hear（听见）	听 tʰia⁵⁵	听 tʰia⁴⁴	听 tʰia³³	听 tʰia⁴⁴
59	know（知道）	知 tsai⁵⁵	知 ti¹，tsai¹（俗）	知 ti³³，tsai³³（俗）	知 ti⁴⁴，tsai⁴⁴（俗）
59	yellow（黄）	黄 ŋ²⁴	黄 ŋ²⁴	黄 ŋ²⁴	黄 uĩ¹³
60	sleep（睡）	睏 kʰun²¹	睏 kʰun²¹	睏 kʰun⁴¹	睏 kʰun²¹
61	die（死）	死 si⁵³	死 si⁵³	死 si⁵⁵⁴	死 si⁵³
62	kill（杀）	刣 tʰai²⁴	刣 tʰai²⁴	刣 tʰai²⁴	刣 tʰai¹³
63	swim（游水）	游泳 siu²¹ik⁵⁴	游泳 iu²⁴iŋ⁵³，泅水 siu²⁴⁻²²tsui⁵³	游泳 iu²⁴iŋ⁵⁵⁴，泅水 siu²⁴⁻²⁴tsui⁵⁵⁴	游泳 iu¹³iŋ⁵³，泅水 siu¹³⁻²²tsui⁵³
64	fly（飞）	飞 pə⁵⁵	飞 pe⁴⁴	飞 pə³³	飞 pue⁴⁴
65	walk（走）	行 kiaŋ²⁴	行 kiã²⁴	行 kiã²⁴	行 kiã¹³
66	come（来）	来 lai²⁴	来 lai²⁴	来 lai²⁴	来 lai¹³
67	lie（躺）	躺 tʰɛ⁵⁵	躺 tʰɔŋ⁵³	躺 tʰɔŋ⁵⁵⁴	躺 tʰɔŋ⁵³
68	sit（坐）	坐 tsə⁴⁴	坐 tse²²	坐 tsə²²	坐 tse²²
69	stand（站）	倚 kʰia²¹	倚 kʰia²²	倚 kʰia²²/kʰa²²	倚 kʰia²²
70	give（给）	互 hɔ³³⁻⁵⁵	互 hɔ²²	互 tʰɔ⁴¹	互 hɔ²²
71	say（说）	讲 kɔŋ⁵³	讲 kɔŋ⁵³	讲 kɔŋ⁵⁵⁴	讲 kɔŋ⁵³
72	sun（太阳）	日头 lit⁵⁴⁻²¹tʰau²⁴	日头 lit⁴⁴⁻²¹tʰau²⁴	日头 lit²⁴⁻²²tʰau²⁴	日头 dzit¹²¹⁻²¹tʰau¹³
73	moon（月亮）	月娘 ⁿgə⁵⁴⁻²¹niu²⁴	月娘 geʔ⁴⁴⁻²¹niu²⁴	月娘 gəʔ²⁴⁻²²niu²⁴	月娘 gueʔ¹²¹⁻²¹ni²⁴
74	star（星星）	星 tsʰi⁵⁵	星 tsʰi⁴⁴	星 tsʰi³³	星 tsʰɛ⁴⁴
75	water（水）	水 tsui⁵³	水 tsui⁵³	水 tsui⁵⁵⁴	水 tsui⁵³

（续上表）

序号	前100词	峇眼	厦门话	泉州	漳州
76	rain（雨）	雨 hɔ^{44}	雨 hɔ^{22}	雨 hɔ^{22}	雨 hɔ^{22}
77	stone（石头）	石头 tsioʔ$^{54-21}$tʰau^{24}	石头 tsioʔ$^{44-21}$tʰau^{24}	石头 tsioʔ$^{24-22}$tʰau^{24}	石头 tsioʔ$^{121-21}$tʰau^{13}
78	sand（沙子）	沙 sua^{55}	沙 sua^{44}	沙 sua^{33}	沙 sua^{44}
79	earth（土地）	地 tue^{33}	地 tue^{22}	地 tue^{41}	地 te^{22}
80	clound（云）	云 hun^{24}	云 hun^{24}	云 hun^{24}	云 hun^{13}
81	smoke（烟）	烟 ian^{55}	烟 ian^{44}	烟 ian^{33}	烟 ian^{44}
82	fire（火）	火 hə^{53}	火 he^{53}	火 hə^{554}	火 hue^{53}
83	ash（灰）	灰 hə^{55}	灰 he^{44}	灰 hə^{33}	灰 hue^{44}
84	burn（烧）	烧 sio^{55}	烧 sio^{44}	烧 sio^{33}	烧 sio^{44}
85	path（路）	路 lɔ^{33}	路 lɔ^{22}	路 lɔ^{41}	路 lɔ^{22}
86	mountain（山）	山 suã^{55}	山 suã^{44}	山 suã^{33}	山 suã^{44}
87	red（红）	红 aŋ^{24}	红 aŋ^{24}	红 aŋ^{24}	红 aŋ^{13}
88	green（绿）	绿 ^{n}diʔ^{54}	绿 liɔk^{44}，lik^{44}	绿 liɔk^{24}，liak^{24}	绿 liɔk^{121}，lik^{121}
90	white（白）	白 peʔ^{54}	白 pik^{44}，peʔ^{44}	白 piak^{24}，peʔ^{24}	白 pik^{121}，pɛʔ^{121}
91	black（黑）	乌 ɔ^{55}	乌 ɔ^{44}	乌 ɔ^{33}	乌 ɔ^{44}
92	night（晚上）	暗暝 am^{53}mi^{24}	暗暝 am^{21}mi^{24}	暗暝 am^{41}mi^{24}	暗暝 am^{21}mi^{13}
94	cold（冷）	冷 liŋ^{53}	冷 liŋ^{53}	冷 liŋ^{554}	冷 liŋ^{53}
95	full（满）	滇 tĩ^{44}	滇 tĩ^{22}	滇 tĩ^{22}	滇 tĩ^{22}
96	new（新）	新 sin^{55}	新 sin^{44}	新 sin^{33}	新 sin^{44}
97	good（好）	好 hɔ^{53}	好 hɔ^{53}	好 hɔ^{554}，ho^{554}	好 hɔ^{53}，ho^{53}
98	hot（热）	热 ^{n}duak^{54}	热 liat^{44}	热 liat^{24}	热 dziat^{121}
98	round（圆）	圆 ĩʔ^{24}	圆 ĩ^{24}	圆 ĩ^{24}	圆 ĩ^{13}
99	dry（干）	焦 ta^{55}	焦 ta^{44}	焦 ta^{33}	焦 ta^{44}
100	name（名字）	名 miã^{24}	名 miã^{24}	名 miã^{24}	名 miã^{13}

姑且不论歌词含义，纯就音调而言，前句"受"字在整句话中是最低音没问题，但其后接个高一点的音阶，则有升调的感觉，听起来就像是"仇siu¹²"的本调而不是"受"的自然变调了。"风"高于"受"没问题，但语调应与"雨hoo²²"本调同高，却配得比较低。"雨"字是个中平调，却配个降升调，就像是"虎湖hoo³³oo¹²"两个字的连音变调。"吹"的变调应比"落"的变调高却配得一样高，"落"的变调应比"地"的本调低却配得比较高，这些都是诗乐不谐的实例。若以"予风台扫一下险落地"来配这个旋律，便与自然语调完全吻合了①。

汉语的声调对于歌谣创作而言，是一种启发，也是一种限制。就先写词后谱曲的歌谣而言，若作曲者具备诗乐谐合的理念，只要按照语调的高低升降，就能够自然地谱成曲子。当然旋律是否悦耳，就得看作曲者的功力了。早年刘福助唱红的许多名曲，如《一年换二十四个头家》《行行出状元》，以及叶启田唱的《爱拼才会赢》、江蕙唱的《家后》等，都是典型的实例。至于套用既成曲调的作词者，若要达到诗乐谐合的标准，则必须字字考究语调是否与原曲旋律相合，无疑是一大挑战。以下列台湾闽语来配军乐《起床号》，就是一个例子：

从上例歌词语义的不连贯，可以看出这种创作方式的困难。

此外，还有一些传统歌谣，各自具备一些基本调式，但又容许演唱者略加修饰，仍不失原曲风味。说唱歌谣的创作，多半属于这种类型。如此即可让词归词、曲归曲，各自创作，只要在演唱时选择适当风格的曲子，更重要的是，针对语调和曲调不合的部分，略微调整音高，或加上装饰音，就可以唱出诗乐谐合的歌谣。

---

① 按：后句"落"字应读"lak²¹"的变调"lak³³"，与前句读"loh³²"的变调"lo¹¹"不同。

诗乐谐合的歌谣可以让听者自然地掌握演唱者的歌词含义，而要避免流于语言的单调乏味，则有赖虚词穿插其中，自由回旋，来丰富歌谣的音乐性。此外，音乐的间奏，以及部分语调的转折，在不影响理解的原则下略做调整，也是常见的修饰技巧。

（二）诗乐谐合的弹性

依照上述，可知"诗乐谐合"的意义，主要在于语言声调与音乐曲调高低升降的配合，以便使听者能够听音辨义，不至于造成误解，抑或违反语感的自然。但音乐可说是美化的语言，两者仍有所区别。为达到美化的需求，有时会透过音程的调整、焦点的强化、尾音的弱化以及音势平顺化等方式来处理。这些变通技巧造成的效果，虽与自然口语的声调不完全吻合，但仍不会影响听者在声调特性方面的语感，从这个角度来看，仍然算是符合"诗乐谐合"标准的。

三、相关文献回顾

关于汉语诗乐谐合的相关理念，历来学者多所关注；但具体提出研究方法及相关乐曲创作技巧者，其实并不多见。以下分别说明王振义、骆嘉鹏和徐碧美的主要研究成果。

1. 王振义（1983，1984a，1984b）

王振义（1983：53）提出：

"影响中国音乐风格和美学观念的因素在语言。语言本身就具有强烈的音乐性，音乐曲调顺应语言声调的高低长短抑昂顿挫，两相谐和，可以说是个民族歌唱的基本原理与要求。就这意义说，语言影响音乐风格是命定的。"

王振义（1984b：107）认为：

"语言影响音乐曲调的因素，不外乎语言声调的音高（前后声调相对的高低关系）、音势（声调的动向趋势，如出声后上扬或下曳或平直）、音强（轻重强弱）、音长（长短）四项。其中音高与音势最重要，合乐与否，主要就是看音乐曲调是否解决语言声调的这两项性质而定。"

2. 骆嘉鹏（2010，2014）

骆嘉鹏以黄秋田念歌《李三娘》为例，将全剧唱词 7244 字建档，采用调位分析法[①],逐字分析其念调与唱调调位,再利用 Excel 软件归纳统计,以探讨语言声调与音乐曲调谐合的策略,并进一步提出具体的研究方法:

"对于唱调的分析,可以仿照语言调位的分析方法,将每个歌词的唱调化约成三度音高;只要关照字音的升降趋势,和前后音之间的高低对比即可,而不必固着于音程的大小或频率的高低。"

所谓调位分析法,就语言声调而言,即是将分析辅音和元音的音位理论,套用到对声调的分析;对于任何一种声调语言,应视其变义功能的需要而决定音高的度数。台湾闽客语主要腔调都只需要高中低三度,因此只用 3、2、1 三个数字来标记调值的高低变化;粤语需分四度,就用 4、3、2、1 四个数字来标记。

至于歌谣念唱的调位,则配合该语言声调调位的度数,充分记录其高低升降的变化即可,而不必固着于音阶的高低。例如:"李三娘"的台湾闽南语发音,其念调调位"332212",就歌曲来说,不论是唱成"6 5 35",或是"5 3 23",抑或是"3 2 12",都可以化约成"332212",而视为诗乐谐合的典型实例。

本研究发现该剧词曲调位完全谐合的比率高于八成,其余不完全谐合的唱调,除了纯为加强音乐效果的需求而忽略语调之外,大体可以归为强化、弱化、高调互变和低调互变等四组类型。

3. 徐碧美(2013)

徐碧美(2013)根据骆嘉鹏(2010)提出的分析模式,进一步使用 Excel 的分析图,将陈永淘创作歌谣的语言声调和音乐曲调调位分色并列,鲜明地呈现两者谐合的实况,最后得出其歌谣诗乐谐合类型统计如下表:

表1 陈永淘歌谣诗乐谐合类型统计表[②]

代码	类型(细分)	字数	百分比%	类型(粗分)
A	符合自然语调	535	62.5	完全谐合62.5
B	高音化	108	12.6	次谐合35.6
C	低音化	104	12.1	
D	扩大音程	23	2.7	
E	平调化	68	7.9	
G	其他	16	1.9	不谐合1.9
总计		856	100	100

---

①骆嘉鹏(2010:364)。

②引自徐碧美(2013:98),表格编号依本文调整。

徐碧美（2013：98）进一步说明：

（1）高音化和低音化还是保留平调的特性，并没有破坏原先升、降或平调的特性。平调化则是改变平调的特性。

（2）扩大音程没有改变升或降的趋势，但是音程加大了，也是某种程度的，没有忠实反映自然语调的升降趋势。

（3）平调化就是把原先上升或下降的调变成平调。升或降需要一点时间，如果这个音刚好是在前面一个字，它占的时间很短，来不及展现升降的特性，那么就会平调化。一般的平调化，开头的音会发出来，结尾的音高来不及展现，通常平调化的音是根据开头的音来决定平调化的音高。

（4）"其他"是无法归在完全谐合与次谐合的类型，通常是作曲者为了展现音乐的美感而牺牲了语言声调的辨义作用的结果，例如曲折变化。

四、曲例分析

汉语的诗乐谐合传统，体现在各种不同方言的歌谣之中。本文以台湾闽南语和客家语，以及香港粤语歌谣为例，采用骆嘉鹏（2010）的调位分析法，将闽客语的语言念调和歌谣唱调都化约成三个调位，粤语则以四个调位处理，分别讨论其诗乐谐合性。所选曲例的歌谱参见附录一，歌词及其念调和唱调调位记录参见附录二，并以代码逐字标记念调与唱调对应的类型，其分类代码为：A 完全谐合、B 旋律照应、C 平顺化、D 中调化、E 强化、F 还原本调、G 方言变体、H 平调化、I 其他，参见下文说明。

（一）台湾闽南语

1. 台湾闽南语的声调系统

台湾闽南语通行腔的声调系统如下：

表2 台湾闽南语通行腔声调系统表

调值 \ 调类		阴平	阳平	上声	阴去	阳去	阴入	阳入
本调	五度调值	44	24	51	21	33	21	32
	三度调值	33	12	31	11	22	11	22
变调	五度调值	33	33	44	53/51	11	44/53/51	11
	三度调值	22	22	33	32/31	11	33/32/31	11

本文对于台湾闽南语的调值，采用三度的调位分析法。阴去变调据笔者观察，有后向同化的趋势：当后字起音为低调（阳平本调、阴去本调、阳去变调或阳入变调）时，变为 31 调，例如：少₃₁年₁₂、看透₃₁透₁₁、嫁₃₁伫₁₁恁兜；否则变为 32 调，例如：怨₃₂天₃₃怨₃₂地₂₂、对₃₂少₃₁年₁₂缀₃₂你₃₃缀₃₂甲₃₃老₂₂。阴入变调分两类：喉塞阴入变调如同阴去变调，其余阴入变调为 33 调。但阴去的"去"字和喉塞阴入的虚词"阁甲佮才欲煞……"等字音多变为高平调，而非降调。此外，阳平另有变低平 11 调者，属偏泉腔（俗称海口腔），虽非主流，尚属常见。

2. 台湾闽南语歌谣的调位分析

本文以郑进一和陈维祥作词、郑进一作曲的《家后》一曲为例，分析台湾闽南语歌谣的诗乐谐合现象。根据附录二的记录，本曲念调和唱调调位对应关系统计如下表：

表3 《家后》念调和唱调调位对应关系统计表

念调＼唱调	11	12	22	23	31	32	33	总计
11	**60**		18					78
12		**11**	2				3	16
22	4		**55**				5	64
31					**14**	11	3	28
32						**19**		19
33			8	3	4	5	**65**	84
总计	64	11	81	5	18	35	75	289

上表粗体并加底线的数字，表示念调和唱调调位完全一致的字数，也就是完全谐合的笔数，合计 224 笔，占总笔数的 77.51%。

至于不完全谐合的 65 笔，推究其原因，分类统计如下：

表4 《家后》念调和唱调调位不完全谐合类型统计表

代码	分类	笔数
B	旋律照应	6
C	平顺化	22
D	中调化	19
E	强化	8
F	还原本调	5

(续上表)

代码	分类	笔数
G	方言变体	3
H	平调化	2
合计		65

以上各类，参照附录二，说明如下：

B. 旋律照应：音乐旋律，不论是否配上歌词，经常透过乐思乃至主题的重复，来达到前后呼应的效果。旋律的前后照应，一如诗歌的押韵，一方面可以深化听者的印象，又可以引发似曾相似的亲切感，甚至如得我心的喜悦。为了顾及前后旋律的照应，有时难免违反语调的自然。如本首前后两段前两个乐句的前两拍，都是由低渐高的相同旋律，所配歌词的语调不同，即不能完全兼顾诗乐谐合。即便如此，词曲创作者仍尽可能维持其平调的本质，且其调位差距皆在一度之内；从客观的数字统计来看，虽不完全谐合，但听者仍不至于明显感觉到违反语调的自然。例如：有$_{11}$ 一$_{11 \to 22}$ 日$_{22 \to 33}$ 咱若老①，揣$_{11}$ 无$_{22}$ 人$_{22 \to 33}$ 共咱有孝。

C. 平顺化：乐音的流动，除非是刻意地强调，往往是平滑柔顺的。例如：由La降到Mi，往往会以So为过渡音；由Mi升到La，也经常以So为过渡音。语言声调则未必如此。如前述台湾闽南语阴去和喉塞阴入的变调，其调尾音高往往趋近于后字起音，而使前后两音构成3233、3232、3231、3222或3111、3112的组合；但在本曲之中，后两者多半以3211和3212的唱调来展现，而组合成321的平顺旋律。例如：计$_{31 \to 32}$ 较$_{11}$、嫁$_{31 \to 32}$ 伫$_{11}$ 恁兜、少$_{31 \to 32}$ 年$_{12}$、看$_{32}$ 透$_{31 \to 32}$ 透$_{11}$。此外，夹在高低两音之间的字音，不论其语调是高或低，也可能为了平顺的要求，转变为中调，例如：共$_{11}$ 咱$_{33 \to 22}$ 有$_{33}$ 孝、我$_{33}$ 会$_{11 \to 22}$ 让$_{11}$ 你先走、你$_{33}$ 着$_{11 \to 22}$ 让$_{11}$ 我先走。语言和音乐各自遵循自己的规律，虽看似不完全谐合，但其差距仍是相当微细的，因此，同样不至于影响听者语感的自然。

D. 中调化：为使乐音柔顺，避免太过高昂、太过低沉抑或变动幅度太大的音阶，往往会采用中调化的方式来处理。因此，中调化也是一种广义的平顺化处理方式，差别在于后者是为了使前后音连成平滑的曲线，而前者则未必与前后音阶有关。例如：有啥人比$_{33 \to 22}$ 你$_{33}$ 较重要、等$_{33}$ 待$_{11 \to 22}$ 转$_{31}$ 去的时阵若到。

E. 强化：针对语句的主题，抑或强调的重点，或者因为话题的转换，为了引

---

① 本节曲例分析中，下标数字表示调位。有"→"号者，其前表示唸调，其后表示唱调，否则表示唸调和唱调一致。关键字下划记底线。

起听者的关注，即可能采用强化的方式来处理。强化的方法很多，除了音强和音长之外，也可以提高音阶或让平调转为升调。例如：食$_{11→22}$好食$_{11→22}$穤无计较、有啥人$_{12→33}$比你较$_{33→23}$重要、怪东$_{22→33}$怪西嘛袂晓、才$_{33→23}$知幸福$_{11→22}$是吵吵闹闹。

F. 还原本调：在台湾闽南语歌谣之中，较常见的还原本调是出现在人称代名词作为主语甚至宾语时，前者通常口语读为变调，后者则读为轻声①。闽南语的声调属性，通常是本调强于变调，变调强于轻声。若在自然口语应变调而演唱时还原为本调，亦属一种强化的处理方式。差别在于本类仅针对违反自然口语而唱本调而言，有别于其他的强化。例如：我$_{33→31}$会陪你坐踮椅条、放你$_{33→31}$为我目屎流、你$_{33→31}$若无聊。

G. 方言变体：台湾闽南语诗乐谐合的歌谣，通常是以通行腔为谱曲和演唱的标准。但有时为了音乐上的美感，抑或为了强化，甚至只是为了增加一点变化，偶尔也会采用偏泉腔的方言变体。例如：你若无聊$_{12→23}$、永$_{33→23}$远记牢牢、人情$_{12→23}$世事。

H. 平调化：升调或降调的表现，需要足够的时间；若是时间太过短暂，即可能仅表现其起始音高，而转变为平调。例如：穿好$_{31→33}$穿穤无计较、永远$_{31→33}$记牢牢。

（二）台湾客家语

1. 台湾客家语的声调系统

台湾客家语通行腔②的声调系统如下：

表5　台湾客家语通行腔声调系统表

调值	调类	阴平	阳平	上声	去声	阴入	阳入
本调	五度调值	24	11	31	55	22	55
	三度调值	12	11	21	33	11	33
变调	五度调值	11	—	—	—	—	—
	三度调值	11					

---

①较为保守的闽南语，人称代名词作主语仍读本调，如笔者母语苗栗白沙屯腔即属此类。
②本文以四县腔为代表。

台湾客家语通行腔的变调规则仅有一条：即阴平后接阴平、去声或阳入调时，变为低平调，例如：山$_{11}$歌$_{12}$、安$_{11}$乐$_{33}$；其余皆不变调。

2. 台湾客家语歌谣的调位分析

客家歌谣的形式繁复多样，本文仅以平板山歌《山歌唱来闹连连》一曲来说明它的诗乐谐合性，其念调和唱调调位对应关系统计如下表：

表6　平板山歌《山歌唱来闹连连》念调和唱调调位对应关系统计表

念调＼唱调	11	12	21	32	33	总计
11	**16**	2				18
12		**13**				13
21		1	**12**			13
33				1	**11**	12
总计	16	16	12	1	11	56

根据上表加总，本首诗乐完全谐合的共计52笔，占总笔数的92.86%。

这种歌谣诗乐谐合比例如此之高，主要取决于两种技巧：一是助词虚字的穿插，二是装饰音的添加。

就助词虚字而言，在自然口语之中虽有规则的语调，但在演唱时，则可以自由回旋，如此既可充分展现旋律之美，又不致影响语义的理解和语感的自然。此外，它还兼具一项重要的功能，就是切断诗乐不谐的连结。

试以本首第一句为例来观察："山"唱低平调，"歌"接着低升，完全吻合自然变调的相对音高。但因其后乐曲音高下降，形成升降调，即与阴平本调不合，此时插入助词"lio"，即可阻断"歌"字与后面降调之间的连结。"唱"字配该句最高音，符合去声调值，其后乐曲紧接着低音的曲折调，因此以助词"na"来搭配。"来"字配该句最低音，亦完全符合阳平本调，其后紧接着升降调，因此再以助词"ia"音来担纲。"闹"音高平、"连"音低平，搭配合宜，其后降升调再以助词"lio"来补足。仅有末字"连"唱低升调和语调略有不合，但随即又以助词"lio"接续其后的升降调，可谓调配得宜。其余各句也大抵如此。

由于助词虚字可以随意回旋，因此本文在分析诗乐谐合现象时，即将之排除在比较之列。

再就装饰音而言，本首前后两段搭配一样的曲调原型。但在配合不同歌词时，演唱者即能即兴加上适切的装饰音，使其符合诗乐谐合的标准。试以前后两段第一句来比较："山歌"变调的结果和"人生"正好相同，自然可以搭配相同的旋律。第二段紧接着"毋"字虽属低平调搭配乐曲的高平调，看似完全不合，但因前后分别有"lio"和"a"两个助词插入，阻断了其与前后实词之间的连结，即可不必比较其相对音高。"a"音延续到旋律下降时，适巧搭配"使"字降调。"恁"音之前加上极短而略高的一个装饰音，即可展现其降调的特质；"有"音之前则加上一个极短而又略低的装饰音，即可展现其升调的特质。末字"钱"配低音，与自然语调相合；随后升降调即又以助词"na"音补足。其余各句也大抵如此。

至于本首不谐合的 4 个音：首句末字"连"音低平而唱低升，合于话题起头提高尾音以引起注意的变体；"条"字亦唱低升调，原因不明；首段末句"转"字唱升降调，或许是为与上句"转"字做对比；"赚$_{33\to32}$钱$_{11}$"的"赚"字则合于前述平顺化的技巧展现。无论如何，其所占比例是相当稀少的。

此外，值得附带一提的是：和客家山歌性质相近的台湾闽南语相褒歌，以及长篇的念歌，其谐合实况和创作技巧亦相当类似。

（三）香港粤语

1. 香港粤语的声调系统

香港粤语的声调系统如下：

表7　香港粤语声调系统表

调值 \ 调类	阴平	阳平	阴上	阳上	阴去	阳去	上阴入	下阴入	阳入
五度调值	55	11	35	13	33	22	55	33	22
四度调值	44	11	34	13	33	22	44	33	22

香港粤语阴平、阳平、阴去和阳去四个平调区别分明，因此必须采用四度调值。本文仅将传统五度制的高音5改为4，其余调值记法均维持不变。

2. 香港粤语歌谣的调位分析

下文以香港粤语歌谣《小李飞刀》为例，说明它的诗乐谐合性，其念调和唱调调位对应关系统计如下表：

表8 《小李飞刀》念调和唱调调位对应关系统计表

念调＼唱调	11	12	13	22	23	33	34	43	44	总计
11	**14**	2		2						18
13	1	1	**2**		1					5
22	1			**10**	2	1				14
33	2			3		**13**		3		21
34					3		**11**	1		15
44				3		6	2	4	**19**	34
总计	18	3	2	18	6	20	13	5	22	107

根据上表加总，本首诗乐完全谐合的共计69笔，占总笔数的64.49%。

至于不完全谐合的38笔，推究其原因，分类统计如下：

表9 〈小李飞刀〉念调和唱调调位不完全谐合类型统计表

代码	分类	笔数
B	旋律照应	23
C	平顺化	9
E	强化	3
H	平调化	1
I	其他	2
合计		38

以上各类，参照附录二，说明如下：

B. 旋律照应：本首歌曲属于AABA式的复合结构，因此有多处相似的旋律片段。如前所述，前后旋律的照应，往往会牺牲诗乐之间的谐合，再加上我们以四度音高来分析粤语，这是本首诗乐完全谐合比例相较偏低的主要原因。但就听者的语感而言，由于在小节之内的相对音高，多半仍与自然语调相符，因此，其谐合程度，其实亦与上述台湾闽南语歌谣不相上下。例如：刀$_{44\to33}$锋$_{44\to22}$冷$_{13\to12}$，看似三个音完全不谐，但其实"刀"字音高，"冷"字低升，仍旧是符合自然语调的。本文分析其唱调为332212，是为了与前后段呼应。若仅观察此句，而分析为443313，其实亦是合理的。

C. 平顺化：本首的平顺化唱调，有些是与旋律照应并行的，姑且归入后者，例如：乱挥刀剑无11结$_{33\to22}$果$_{34\to23}$、挥$_{44\to33}$刀$_{44\to22}$剑$_{33\to11}$断盟约。也有两个高音紧接着次高音，为了平顺而将后两个音依次压低的，例如：不$_{44}$知$_{44\to33}$错$_{33\to22}$。更多见的则是平调因后接较低的音而变为降调，或因后接较高的音而变为升调，例如：不会惊$_{44\to43}$怕$_{33}$、几许失$_{44\to43}$意$_{33}$、乱$_{22\to23}$挥$_{44}$刀剑、更是难$_{11\to12}$过$_{33}$、离$_{22\to23}$别$_{33\to44}$心凄$_{44\to43}$楚$_{34}$、断盟$_{11\to12}$约$_{33}$。

E. 强化：因强调主题而提高音阶的，例如：无$_{11}$缘$_{11\to22}$份$_{22\to33}$只叹奈何、离别$_{33\to44}$心凄楚。

H. 平调化：本首仅出现一例，即：永$_{13\to11}$不知错。

I. 其他：情关始终闯$_{34\to43}$不过，高升唱成高降调；情丝百结冲$_{44\to43}$不破，高平唱成高降调。仅此两例，原因不明。

五、结论

本文阐述诗乐谐合的基本理念，说明其本质意义，以及完成此种风格歌谣的创作要领，应可指引声调语言歌曲创作可资实践的途径。

语言声调和音乐曲调的音阶高低，看似相互冲突，但不论是先写歌词再依歌词的自然语调来谱曲，抑或套用现成曲调来演唱新歌词，只要善用助词，以及音乐上的装饰音，其实还是有办法两者兼顾的。

诗乐谐合的理念，并非要求乐曲原原本本地展现语言的声调，而是在不违反自然语感的前提下，发挥音乐美化的功能。

透过本文的实例分析，可见闽客粤语都具有此类诗乐谐合的歌谣，而这类歌谣也是广受大众喜爱而传诵不绝的。

台湾客家人普遍认为山歌只能用四县腔来唱，并有一说：海陆先民未将山歌带来台湾。究其原理，可能是一般人习惯于四县腔山歌的调子，了解山歌大多诗乐谐合。若以海陆腔声调歌唱，而不懂得适时加入装饰音与虚词衬字，自然会觉得失去山歌诗乐谐合的原味。但若懂得依照歌词声调适度调整，其实任何腔调都可以唱出具有独特韵味的歌谣。

此外，也有人认为中国南方语言声调丰富，才可以做出诗乐谐合又优美动听的歌曲。普通话等北方语言，声调类型少，不可能兼顾语言声调的本质和音乐旋律的优美，其实这也是一种误解。对于任何一种声调语言，只要善用本文所论的变通办法，都是可以兼顾语言声调之真和音乐曲调之美的。限于篇幅，暂且不论，就此停笔。

【参考文献】

[1]王振义．语言声调和音乐曲调的关系——台湾闽南语歌谣的"诗乐谐合"传统研究之一[J]．台湾风物，1983，33（4）：43-54．

[2]王振义．语言声调和音乐曲调的关系——台湾闽南语歌谣的"诗乐谐合"传统研究之二[J]．台湾风物，1984，34（1）：41-56．

[3]王振义．语言声调和音乐曲调的关系——台湾闽南语歌谣的"诗乐谐合"传统研究之三[J]．台湾风物，1984，34（3）：95-119．

[4]平板山歌：山歌唱来闹连连（古词、古曲）．影音：https://www.youtube.com/watch?v=dwHjhqpMq1s．歌谱引自"2013桃园客家文化节万人大合唱歌曲谱"：http://www.tychakka.gov.tw/news/news/upt2.asp?p0=1923．

[5]李永奕．台湾福佬系与客家系民歌曲调之比较研究[D]．新竹教育大学音乐学系硕士班学位论文，2006．

[6]周美香．路寒袖台语歌诗的语言美研究——以语音和声情为中心[D]．新竹教育大学台湾语言与语文教育研究所硕士学位论文，2008．

[7]洪惟仁．台湾河佬语声调研究[M]．台北：自立晚报社，1985．

[8]香港中文大学．粤语审音配词字库[DB]．http://humanum.arts.cuhk.edu.hk/Lexis/lexi-can/．

[9]徐富美．语言学角度的语言风格学——以《嫁妆一牛车》的语言偏离分析为例[C]//第九届台湾语文及其教学国际学术研讨会论文集．2012：456-475．

[10]徐碧美．陈永淘创作歌谣研究[D]．中央大学客家语文研究所硕士学位论文，2013．

[11]教育部．台湾闽南语常用词辞典[EB/OL]．2011．http://twblg.dict.edu.tw/holodict_new/index.html．

[12]杨荫浏，李殿魁，等．语言与音乐[M]．台北：丹青图书有限公司，1986．

[13]郑进一、陈维祥作词，郑进一作曲．家后．影音：https://www.youtube.com/watch?v=nJON7clf5mg．歌谱引自"歌谱简谱"网站：http://www.jianpu.cn/pu/13/134396.html．

[14]骆嘉鹏. 语言声调与音乐曲调的调合策略[C]//第八届台湾语言及其教学国际学术研讨会论文集·上. 2010，360-376.

[15]骆嘉鹏. 从台闽语念歌看诗乐谐合的策略——以黄秋田说唱《李三娘》为例[J]. 健行学报，2014，34（4）：17-53.

[16]顾家辉作曲，卢国沾作词，顾家辉、奥金宝编曲. 小李飞刀. 影音：https://www.youtube.com/watch?v=MZ5dMveyL-A. 歌谱引自"找歌谱"网站：http://www.zhaogepu.com/jianpu/20558.html.

附录

念调与唱调调位分析

以下所记闽客粤语歌曲，各行歌词以下两行数字，分别代表与其上一行汉字对应的念调和唱调调位。念调调位的分析，依据该语言的自然变调结果；唱调调位则依笔者对网络影音档该版本演唱者实际唱调分析而得。因本文着重音高的讨论，故不论长短，皆不加底线。最后一行则代表念调和唱调的对应类型，其分类代码含义为：A完全谐合、B旋律照应、C平顺化、D中调化、E强化、F还原本调、G方言变体、H平调化、I其他。

此外，《家后》一首歌词，系依照《台湾闽南语常用词辞典》用字修订；《小李飞刀》歌词第三行末"凄楚"二字，系以网站影音档为依据，与所引歌谱不同。

1. 家后

有一日咱若老。揣无人共咱有孝。我会陪你坐踮椅条。听你讲少年的时阵
111122331122。11222211333311。3311223311323312。2233333112222222
112233331122。11223311223311。3111223311323312。2233333212222222
ABBAAA。AABACAA。FAAAAAAA。AAACAAAA

你有偌势。食好食穤无计较。怨天怨地嘛袂晓。你的手我会你牵牢牢
33111112。11311131223111。32333222111131。33223133111133222212。
31111112。22322232223211。32333222111131。33223233111133222212。
FAAA。ECECACA。AAAAAAA。AACAAAAAA。

因为是你的家后。阮将青春嫁佇恁兜。阮对少年缀你缀甲老。人情世事
2211331133222222。3322223331113333。3332311232333323322。22123222
2211331133222222。3211223331113333。3332321232333323322。22123222
AAAAAAAA。CCAAAAAA。AACAAAAAA。AAAA

已经看透透。有啥人比你较重要。阮的一生献予恁兜。才知幸福是吵吵闹
3322323111。1133123333331111。33223333311113333。33221111111333311
3322323111。1122332233331111。32113333311113333。33221122111333311
AAAAA。ADEDAAAA。CCAAAAAA。AAADAAAA

闹。等待转去的时阵若到。我会让你先走。因为我会毋甘。放你为我目屎
22。3311311122222221111。331111332231。221133111133。323311331131
22。3322321112222222211。332211332231。221133111133。323111221131
A。ADCAAAADA。ACAAAA。AAAAAA。AFADAA

流。有一日咱若老。有新妇囝儿有孝。你若无聊。提咱的相片。看较早结
12。111122331122。11222233123311。33112212。1133223111。32333133
12。112233331122。11223322333322。31222223。1133223111。32333133
A。ABBAAA。AABDEAD。FDAG。AAAAA。AAAA
婚的时阵你若缘投。穿好穿穓无计较。怪东怪西嘛袂晓。你的心我会永远
3322222233112212。11311131223111。32223233111131。33223333113331
3322222231112212。22332232223211。32333233222231。33223333112333
AAAAFAAA。DHDCACA。AEAADDA。AAAAAGH
记牢牢。因为我是你的家后。阮将青春嫁伫怹兜。阮对少年缀你缀甲老。
322212。2211331133222222。3322223331113333。3332311232333322。
322212。2211331133222222。3211223332113333。3332311232333322。
AAA。AAAAAAA。CCAACAAA。AAAAAAAA。
人情世事已经看透透。有啥人比你较重要。阮的一生献予怹兜。才知幸福
221232223322323111。1133123333331111。3322333331113333。33221111
222332223322323211。1122332233231111。3211333331113333。23221122
AGAAAACA。ADEDAEAA。CCAAAAAA。EAAD
是吵吵闹闹。等待转去的时阵若到。你着让我先走。因为我会毋甘看你为
1133331122。3311311122222211111。331111332231。22113311113332311
1133331122。33223111222222211。332211332231。22113311113332311
AAAAA。ADAAAADA。ACAAAA。AAAAAAFA
我目屎流。
33113112。
22113112。
DAA。

2. 平板山歌：山歌唱来闹连连

山歌唱来闹连连。唱条山歌来结缘。老人听转添福寿。后生听转大赚钱。
11123311331111。33111112112111。21111221122133。33121221333311。
11123311331112。33121112112111。21111221122133。33121212333211。
AAAAAAE。AIAAAAA。AAAAAAA。AAAIACA。

人生毋使恁有钱。总爱子孝妻来贤。子孝妻贤家和合。可比天顶安乐仙。
1112112121211。21332133121111。21331211121133。21211221113312。
1112112121211。21332133121111。21331211121133。21211221113312。
ＡＡＡＡＡＡＡ。ＡＡＡＡＡＡＡ。ＡＡＡＡＡＡＡ。ＡＡＡＡＡＡＡ。

3. 小李飞刀

难得一身好本领。情关始终闯不过。闯不过柔情蜜意。乱挥刀剑无结果。
11444444343413。11443444344433。34443311112233。22444433113334。
11444444343413。11443444344433。23221122112233。23444433112223。
ＡＡＡＡＡＡＡ。ＡＡＡＩＡＡ。ＢＢＢＢＡＡＡ。ＣＡＡＡＡＢＢ。
流水滔滔斩不断。情丝百结冲不破。刀锋冷。热情未冷。心底更是难过。
11344444344422。11443333444433。444413。22112213。443433221133。
11344444343322。11334444434433。332212。22112223。342322111233。
ＡＡＡＡＡＢＡ。ＡＢＢＢＩＡＡ。ＢＢＢ。ＡＡＡＢ。ＢＢＢＢＣＡ。
无情刀。永不知错。无缘份。只叹奈何。面对死。不会惊怕。离别心凄楚。
111144。13444433。111122。34332211。223334。44224433。2233444434。
111144。11443322。112233。34332211。223334。44224333。2344444334。
ＡＡＡ。ＨＡＣＣ。ＡＥＥ。ＡＡＡＡ。ＡＡＡ。ＡＡＣＡ。ＣＥＡＣＡ。
人生几许失意。何必偏偏选中我。挥刀剑。断盟约。相识注定成大错。
114434344433。11444444343313。444433。221133。44443322112233。
114434344333。11444444343313。332211。221233。34333322112233。
ＡＡＡＡＣＡ。ＡＡＡＡＡＡＡ。ＢＢＢ。ＡＣＡ。ＢＢＡＡＡＡＡ。

新加坡"中英对译人名"中的汉语方言信息浅析

丘学强

(深圳大学文学院 广东深圳 518060)

【摘　要】新加坡政府制定语言政策，开展"讲华语运动"，使得以汉语方言为主要家庭用语的人口日益下降，但我们仍能通过对"中英对译人名"的分析得到一些与汉语方言有关的信息。本文运用古今音和方言音对比等方法分析了新加坡译名中的闽语、粤语、客语以及华语成分。我们认为，中国姓氏的迁播更多地是与遗传学方面的"远祖"信息相联系，而华族姓名及其对译名则更多地是体现了方言学、文化学方面的"近祖"信息。本研究对我国制定更能体现"以人为本"精神的语言政策、探讨语言与境外华人社会和族群文化的关系等均有一定的参考价值。

【关键词】新加坡　语言政策　中英对译　方言　姓名

　　介绍新加坡概况的多数资料显示，华族是新加坡最大的族群，占总人口的77%左右，他们分属福建、潮州、广东、海南、客家等方言社群。1965年建国以后，新加坡政府制定四大官方语言政策和双语教育政策，开展"讲华语运动"，使得以汉语方言为主要家庭用语的人口日益下降，有不少人甚至已经不会说原来所属社群的方言了。上述资料使我们有理由推断，随着英语、华语的日渐普及，要了解各不同社群华人所使用方言的状况，难度将日渐加大，而要进一步了解汉语方言在新加坡流行、变迁的历史，难度则更大。不过，就目前情况看，我们从新加坡传媒所提供的资料中，仍能通过对华族后裔"译名"的分析得到一些与汉语方言有关的信息。当然，为了比较准确地体现当今中国的行政及方言划分实际，我们对"分属福建、潮州、广东、海南、客家等方言社群"的说法有时会进行某些调整。因为"广东"在行政上涵盖了潮州以及大部分的客家地区（以前还包括海南），在方言分区概念上，使用"粤语"会显得更精准些。而"福建"和"潮州"，有时也会以"闽语""闽南语"或"潮汕话"等合称或分称之。

一般认为，数十年前中国的某些人名或称呼是能体现出地域色彩的。例如闽方言沿海地区的"娘"或"妈（阴上）"、江浙一带的"囡"、客家地区的"牯、嬷"、粤语区的"仔"和西北地区的"铁蛋、铜锁"等。但时至今日，要以大多已经"雅化"了的人名用字去判断其籍贯，难度就很大了。而中国居民的身份证等证件上用罗马字母拼写的姓名，由于所依据的是主人姓名所用汉字的普通话读音，故也无法用于判断籍贯。同样，我们也难以从新加坡华族后裔的中文姓名去推测其本人或其祖先的籍贯。但是，如果我们将他们姓名的汉字和英文对译结合在一起分析，却可以大致推测出某些人士原属哪个社群（或祖先籍贯）。也就是说，通过将新加坡华裔的中英文姓名进行互为参照，能部分地挖掘出一些与汉语方言有关的信息——哪怕他（她）本人已经不会说祖上所操的方言。

需要说明的是，目前中国以外的华人将汉语人名、地名译成英语时大都仍沿用经过改造的"威妥玛—翟理斯式拼音（Wade-Giles romanization）"。例如，"台北"的"北"是pei而非bei，"香港"的"港"是kong而非gong或gang，"蒋介石"是Chiang Kai-shek，"毛泽东"是Mao Tse-tong（送气或不送气声母按字母读多为送气），还有Hs-、Tz-以及加h表送气等。文中无特殊需要将不对这些情况作重复说明。文中中英文对译名多引自"新加坡华文媒介统一译名委员会发布之'统一译名'"（见新加坡《联合早报》等报刊）。另外，本文的推断大多基于以下假设：当年有关当局登记的最早来新华侨自报的名字时，因为不管是识字或不识字者大都以方音而非以"华语"音说出自己的姓名，故所登记之可与汉字名字配套的应是以方音为据的英文名。此后新加坡华族后裔的名字习惯上由上辈做主取之，由于各种需要必须取英文名时，传承的是已经使用多年的以方言为依据的方言译音名，至少其"姓"是如此。某些姓名对译与原来所属社群不合者视为例外，另作分析。译名中有英语"教名"的，一般不作分析。

一、闽音姓名

在香港，粤语音对译名是最为常见的。而在新加坡，却是以闽语音对译名为最常见。

（1）我们知道，闽语不同于其他方言的典型语音特征之一是"中古知、彻、澄母字今音声母读[t]、[tʰ]，体现的是"古无舌上音、舌上归舌头"的特点。例如，"哲、竹、张、郑"等字今音不读[ts]、[tsʰ]或[tʂ]、[tʂʰ]而读[t]、[tʰ]。据此，我们可以大致推断，凡是姓名中有知、彻、澄母字而其对译不是ts或ch而是t、tʰ的，其人或其祖上应是操闽语或源自闽语社群的。以下姓名即属此类：

Teo Chee Hean 张志贤　　Engelin Teh 郑月娥　　Alvin Tay 郑传勋
Chua Teck Chew, Robert 蔡哲洲　　Giam Chin Toon 严振忠
Chiam See Tong 詹时中　　Ong Chong Tee 王宗智　　Clarence Tan 陈忠智
Koh Tin Kok 许镇国　　Kor Kee Tee 高启智　　Low Thia Khiang 刘程强
Tay Bak Chiang 郑木彰　　Chng Heng Tiu 庄升俦　　Teo Bock Sam 张木杉
Teo Chek Siew 张一秀　　Tan Teck Khim 陈德钦　　Tan Bee Leng 陈美玲
Tan Chin Tiong 陈振忠　　Quek Tong Boon 郭忠文　　Mark Teo C K 张全强
Tan Kah Kee 陈嘉庚

以上"张、郑、陈"等姓以及名中的"哲、忠、镇、程"等字的声母唯闽语读[t]或[tʰ]，在新加坡被对译为T或Th（h表送气）。华语、粤语、客家话等均分别读[tʂ]、[tʂʰ]或[ts]、[tsʰ]。

（2）闽语不同于其他方言的另一个典型语音特征是"没有[f]声母，中古非、敷、奉母字今音声母不读轻唇音，口语音读为[p]或[pʰ]，读书音读为[h]"，体现的是"古无轻唇音、轻唇归重唇"的特点。例如，"富、方、福、发、丰"等字今音声母不读[f]而读[p]、[h]。据此，我们可以大致推断，凡是姓名中有中古非、敷、奉母字而其英文对译不是f而是p或h的，其人或其祖上应是操闽语或源自闽语社群的。以下姓名即属此类：

Bruce Poh Geok Huat 傅玉发　　Png Chwee Kim 方水金　　Perng Peck Seng 方百成
Lee Kim Poo, Moses 李金富
Chia Ngiang Hong 谢仰丰　　Koh Mun Hong 许梦丰　　Ho Beng Huat 何明发
Lee Hock Moh 李福茂　　Chuah Hock Seong 蔡福祥　　Chia Hock Jin 谢福仁

以上"傅、方"等姓以及名中的"富"等字的声母唯闽语读[p]，"名"中的"丰、发、福"等字唯闽语读[h]，华语、粤语和客家话一般都读[f]。

（3）中古来母字"梁、赖"多数方言今音声母是[l]，但作为姓，在闽方言中声母却是[n]。因此，凡是姓"梁"或"赖"但英文对译是N-者，其人或其祖上应是操闽语或源自闽语社群的。中古云母部分字闽方言今音口语声母为h，因此，凡是姓

名字中有云母字但英文对译是h-者,其人或其祖上也应是操闽语或源自闽语社群的。例如:

Neo Chin Sang 梁振送　　Jack Neo 梁智强　　Nai Swee Leng 赖瑞龙
Quek Chee Hoon 郭志云

（4）在闽语中,有许多姓有特殊读音。例如"许、王、邱、柯、洪、杨、傅、吴、黄"等。其中不少字有文白异读,例如,潮汕方言"傅"有[pou]（白）和[hu]（文）两读;"洪"有[aŋ]和[hoŋ]两读。一般情况是作为姓使用时念口语音,作为名使用时念读书音。因此,凡是姓在读音上与闽语接近的,其人或其祖上应是操闽语或源自闽语社群的。以下姓名即属此类:

Khaw Boon Wan 许文远　　Khor Ean Ghee 许延义　　Koh Cher Siang 许慈祥
Heng Swee Keat 王瑞杰　　Russell Heng 王贤勤　　Heng Chee How 王志豪
Khoo Boon Hui 邱文晖　　Andrew Khoo 邱清和　　Kua Ee Heok 柯以煜
Edward Quah Kok Wah 柯国华　　Ang Chong Lye 洪聪来　　Jimmy Ang 洪光兴
Brian Yeo Kah Loke 杨家乐　　Bruce Poh Geok Huat 傅玉发
Goh Beng Yeo 吴铭耀　　Goh Chok Tong 吴作栋　　Goh Keng Swee 吴庆瑞
Ng Kok Lip 黄国立　　Ng Wee Hiong 黄伟雄
Ong Thiam Hock 王添福　　Ooi Eng Eong 黄英勇

（5）中古见组及晓、匣母字的今音声母分别读[k]、[kʰ]、[h],中古咸、深摄字韵尾今音仍为[m],这是粤、闽、客方言不同于北方方言及其他方言的共同特点。但是,从整个音节结构并结合姓名中其他字的读音情况分析,仍能推断以下姓名的主人或其祖上应是操闽语或源自闽语社群者:

Choo Wee Khiang 朱为强　　Ho Hak Ean 何学渊　　Chng Hee Kok 庄熙国
Ng Wee Hiong 黄伟雄　　Lim Hng Kiang 林勋强　　Lim Swee Say 林瑞生
Choo Kim Hiong 朱钦雄　　Gan Kim Yong 颜金勇　　Chua Chin Kiat 蔡振杰
Chua Gim Siong 蔡锦淞

"金、锦、杰、钦、强、学、熙、雄"等字粤、客、闽音声母分别读为[k]、[kʰ]、[h],但结合该字的韵母或姓名中其他字的对译看,仍可推测以上姓名的主人或其祖上应是操闽语或源自闽语社群的。例如,"强",虽然声母相同,但闽音一般是[kʰiaŋ],粤音是[kʰɔŋ]（对译为keong或keung）,客家音是[kʰiɔŋ]（对译为kiong）。"学",闽音一般是[hak],粤音、客家音都是[hɔk]。

（6）中古阳声韵字大部分方言今音韵尾仍为[m]、[n]、[ŋ],但在闽方言中,上述部分字的韵母是"(韵头)韵腹鼻化而无韵尾",译成英文则忽略鼻化而只记元音。因此,凡是姓名中有中古阳声韵字而与之相应的对译音却没有m、n、ng尾者,其人或其祖上应是操闽语或源自闽语社群的。以下姓名即属此类:

Phua Kok Tee 潘国治　　Lim Neo Chian 林梁长　　Ooi Eng Eong 黄英勇
Alvin Yeo Khirn Hai 杨康海　Chia Mia Chiang 谢名章　Lim Swee Say 林瑞生
Cheo Chai Chen 蒋才正　　Teo Chee Hean 张志贤　　Engelin Teh 郑月娥

以上"潘、梁、黄、杨、名、生、蒋、张、郑"等字,华语、粤语、客家话音都有[n]或[ŋ]韵尾,但闽音韵母除雷州、海南话外一般都读鼻化韵母,例如,"潘"读[pʰũã],对译为英文时去掉鼻化便成了Phua了。而华语音和客家音韵母为an,粤语音韵母为un。

(7)中古蟹摄开口一等泰韵"蔡"字闽方言今口语音韵母是[ua]而非[ai]或[ɔi]。"柯、大"等字的韵母也是[ua]而非[ɔ]、[a]或[ai]。因此,凡是姓"蔡、柯"而与之相应的译音却是-ua者,其人或其祖上应是操闽语或源自闽语社群的。以下姓名即属此类:

Chua Chin Kiat 蔡振杰　　Chua Gim Siong 蔡锦淞　　Chua Song Khim 蔡松钦
Chua Eng Hui 蔡英慧　　　Kua Ee Heok 柯以煜

(8)闽方言[ŋ]韵母可以与声母直接相拼(中间没有元音)。因此,凡是姓名中有某些字的对译为此类音节者,其人或其祖上应是操闽语或源自闽语社群的。以下姓名即属此类:

Png Chwee Kim 方水金　　Chng Beng Guan 庄明元　　Chng Heng Tiu 庄升俦
Lim Hng Kiang 林勋强

"方"闽音一般读[pŋ],"庄"闽音一般读[tsŋ],都是[ŋ]与声母直接相拼,因此就有相应的对译Png和Chng,还有Hng也是如此。当然,也有人认为声母和韵母之间应该有[ə]或[ɯ]音存在,如[pəŋ]。此读音对译的例子则有:

Perng Peck Seng 方百成

二、粤语、客语、华语姓名

(1)粤方言中[uŋ]、[ɔŋ]、[œŋ]三个韵母有别,在拼写英文名时一般分别拼作ung、ong、eung(或eong)。因此,凡是姓名中有中古宕摄开口三等阳韵字的对译音为eung或eong者,其人或其祖上应是操粤语或源自粤语社群的。以下姓名即属此类：

  Leong Heng Keng 梁庆经 Leong Keng Hong 梁景康 Leong Mun Sum 梁文琛

  Cheng Wai Keong 郑维强 Cheong Hin Fatt 张献发 Cheong Choong Kong 张松光

  Cheong Yip Seng 张业成 Kwan Sai Keong 关世强 Paul Cheung 张保罗

（2）中古溪母合口韵部分字粤语今音声母为[f]：如"科、枯、裤、宽、苦、款、库、课、况、邝"等；中古溪母开口部分字粤语今音声母为[h]：如"开、康、庆、口、孔、看、匡、可"等，有些则读[j]：如"丘、钦、泣"等。因此，凡是姓名中有中古溪母字的对译音为 h、f 或 y 者，其人或其祖上应是操粤语或源自粤语社群的。以下姓名即属此类：

  Edward H Y Wong 黄匡仁 Albert Hong 孔宪基 Leong Heng Keng 梁庆经

  Chan Heng Loon Alan 陈庆鏻 Fong Sip Chee 邝摄治 Lau Wing Yum 刘永钦

以上"匡、孔、庆"等字对译为 H-，"邝"对译为 F-，"钦"对译为 Y-，与华语、闽语、客家话不同。

（3）中古疑母遇摄合口一等模韵"吴、伍、午、五、误"等字粤语今音读[N]，因此，凡是姓名中有上述字的对译音为 ng 者，其人或其祖上必是操粤语的。以下姓名即属此类：

  Ng Phek Hoong, Irene 伍碧虹 Ng Yat Chung 伍逸松

（4）中古臻摄部分字粤语今音韵母读[ɐn]，对译为英文一般是 an 或 un。中古深摄开口三等侵韵字粤语今音韵母读[ɐm]，对译为英文一般是 am 或 um。因此，凡是姓名中有臻摄字且对译音为 an 或 un、有深摄字且对译音为 am 或 um 者，其人或其祖上应是操粤语或源自粤语社群的：

  Chan Chun Sing 陈振声 Chan Lee Mun 陈利民 Alan Chan 陈庆鏻

  David Chan Fatt Chow 陈发秋 Yip Hon Mun 叶雄文 Low Kwok Mun 刘国文

  Chan Sun Wing 陈新嵘 Chok Chai Mun 卓济民 Chan Yoon Kum 陈元金

  Lam See Chiew 林士超 Lau Wing Yum 刘永钦 Leong Mun Sum 梁文琛

（5）粤语"叶、业"今音韵母读[ip]，"立"今音韵母读[ɐp]，"蔡、载"今音韵母读[ɔi]，"慧、惠、蕙"等字今音读[wɐi]，"永、荣"等字今音读[wiŋ]，"继"字今音读[kɐi]。以下姓名的对译音当为粤语音：

  Yip Hon Mun 叶雄文 Yip Seng Cheong, Leo 叶成昌 Eu Chooi Yip 余柱业

  Chen Koon Lap, Kenneth 陈冠立 Chen Tien Lap, Bernard 陈天立

Patrick Choy 蔡国雄　　　Lai Choy Heng 赖载兴　　　Lau Wai Har 刘蕙霞
Chan Sun Wing 陈新嵘　　Chan Wing Kwong 陈永光　Lock Kai Sang 陆继生

（6）客家话"张、曾、陈、杨、许、丘、詹、郑、余"等姓的读音与北方方言、粤语、闽语都有所不同。以下姓名的对译音当为客语音：

Chong Kar Kee 张家驹　　　Chong You Fook, Charles 张有福
Chong Tow Chong 张道昌
Glenda Chong 张玉清　　　Chen Tze Penn 曾子鹏　　Chin Tet Yung 陈德镛
Yong Nyuk Lin 杨玉麟　　　Hee Theng Fong 许廷芳　Hew Choy Leong 丘才良
Cham Tao Soon 詹道存　　　Chang Yuen Tong 郑越东　Albert F. Yee 余凡

（7）客家话"生、曾"（中古梗、曾摄部分字）今音韵母是[en]（不是[ŋ]尾），与之相应，"德"今音韵母读[et]（不是[k]尾）。另外，"开"今音读[kʰɔi]，"昌、沧"今音韵母读[ɔŋ]，"良"今音韵母读[iɔŋ]，与北方方言、粤语、闽语都有所不同。以下姓名的对译音当为客语音：

Lam Joon Khoi 蓝运开　　　Howe Yoon Chong 侯永昌　Chan Soo Sen 曾士生
Chew Tai Chong 周大沧　　Chen Tze Penn 曾子鹏　　Chew Kim Liong 朱锦良
Chin Tet Yung 陈德镛

（7）华语姓名可以分为几类：第一类的对译音用威妥玛式拼音拼写，第二类带有外国名（教名？），第三类和现行的中国普通话拼音完全相同。例如：

Chao Tzee Cheng 赵自成　　Chuang Chu Lin 庄竹林　　Ker Sin Tze 柯新治
Edison Liu 刘德斌　　　　　Chen Min Liang, Peter 陈敏良　Raymond Huang 黄德宇
Hong Wanjin 洪万进　　　　Cai Yiming 蔡益明

三、比较与分析

1. 汉字相同，对译音不同

同是姓"黄"，如果其英文对译是Ng，那他（她）的祖先必是说闽语（福建或广东潮汕籍）的；如果对译为Wong，那他（她）的祖先必是说粤语的；如果是Huang，则应是"华语"姓。同是姓"张"，如果其英文对译是Teo，那他（她）的祖先必是福建或广东潮汕籍的；如果对译为Cheong，那他（她）的祖先必是说粤语的；如果对译为Chong，那他（她）的祖先必是说客家话的；如果对译是Chang或Zhang，则应

是"华语"姓。试比较：

Ng Eng Hen 黄永宏（闽）　　　　Edward H Y Wong 黄匡仁（粤）
Raymond Huang 黄德宇（华）
Tan Chin Tiong 陈振忠（闽）　　　Chan Chee Seng 陈志成（粤）
Chin Tet Yung 陈德镛（客）　　　Chen Min Liang, Peter 陈敏良（华）
Teo Bock Sam 张木杉（闽）　　　Cheong Hin Fatt 张献发（粤）
Chong Kar Kee 张家驹（客）
Chua Gim Siong 蔡锦淞（闽）　　　Patrick Choy 蔡国雄（粤）
Cai Yiming 蔡益明（华）
Kua Ee Heok 柯以煜（闽）　　　　Ker Sin Tze 柯新治（华）
Khoo Teck Puat, Tan Sri 邱德拔（闽）　Hew Choy Leong 丘才良（客）
Khor Ean Ghee 许延义（闽）　　　Hee Theng Fong 许廷芳（客）

2. 汉字相同，对译音相近

中古"明、微"母的"马、文、万、巫、美"等字今音声母粤、闽语都读重唇音，但粤语只有[m]一读，闽语分别有[m]、[b]两读。中古"疑"母"魏、倪、吴、颜"等字今音声母粤语多为[ŋ]或[j]，闽语多为[g]或[ŋ]。因此，"文"等明、微母字对译为b的应该是闽语名，对译为m的一般是粤语名；"吴、玉、魏"等疑母字对译为g-的应该是闽语名，对译为Ng-或Y-的应该是粤语名：

Baey Lian Peck 马连璧　　Khaw Boon Wan 许文远　　Boo Kheng Hua 巫庆华
Tan Bee Leng 陈美玲　　　Boey Tak Hap 梅德侠　　　Boh Chit Hee 莫泽熙
Geh Min 倪敏　　　　　　Gwee Teck Hai, Eric 魏德海
Jennifer Lee Gek Choo 李玉珠　Gan Kim Yong 颜金勇
Goh Sin Tub 吴信答　　　Goi Seng Hui 魏成辉　　　Lim Buan Chay 林万菁

以上都是闽音名。试比较：粤音名 Low Kwok Mun 刘国文，"文"拼写为 Mun 而非 Boon，Mun 是粤语音，Boon 是闽语音。

3. 对译音相同，汉字不同

Ng Kim Suan 黄金宣　　　Ng Philip 伍福梁　　　Angela Ng 吴雪晶

英文对译都是Ng，但是从他们的中文姓名看，一个姓"黄"，另两个则是"伍"和"吴"，那么，基本上可以推测出前者的祖先必是说闽语（福建或广东潮汕籍）的，后两姓则必源于粤语。另还须指出的是，粤语"五、伍、误、午、吴"等字在现今

不少人的口语中读[m]，但对译成英文仍是Ng，未见有Mr. M或Miss M出现，这也是对译音有"存古"功能的体现。

4. 细分、粗分和整体判断

（1）细分，是指我们从新加坡中英人名的某些对译中不仅能分析出大概归属于某一大方言的信息，而且可以从中分析出其所来源之"小片"信息。

有一些字同译音不同的现象，以国内方言分区的标准看，体现的并非大方言的差异，而是同一大方言之中不同方言片语音的差异。例如：

我们在"汉字相同，对译音不同"一节中指出，同是姓"黄"，对译为Ng和wong者分属闽、粤方言区。但是，同是姓"黄"，对译为Ng和Ooi（Oei）者却同属闽方言区，但分属区内的不同片甚至更小的小片。"王"姓的情况也是如此。例如：

Ng Wee Hiong 黄伟雄　　Ooi Eng Eong 黄英勇

在闽方言的闽南方言片中，作为姓氏"黄"，厦门、漳州、泉州和潮汕大部分地区都读[ŋ]，但漳州、永春以及广东的海丰等地也有读[uĩ]的。上述对译Ng和Ooi的区别就是这一差异的体现。又如：

Heng Chiang Meng 王章明　　Ong Thiam Hock 王添福

在潮汕的大部分地区，"王"有[heŋ]、[uaŋ]两读，作为姓时一般读作[heŋ]；厦、漳、泉以及海丰则有读[ɔŋ]的。上述对译Heng和Ong的区别就是这一差异的体现。再如：

Foo Chee Hock 符志福
Boon Swan Foo 文传甫　　Lee Suan Hiang 李泉香　　Sin Boon Ann 陈文安
Tan Kee Sek 曾纪策　　Phua Tin How 潘先浩　　Ho Tew Hong 何秀鸿
Ngiam Tong Tau 严崇滔

"没有[f]声母"是闽方言有别于其他方言的重要特点。但海南闽语的海府等小片却有[f]声母，例如"符"读[fu]。我们认为"'符志福'对译为Foo Chee Hock"源于海南闽语的依据是"福"对译为Hock符合大闽语的特点，而"符"姓多来自海南。上述例子的"传、泉、陈"对译为S-符合海南闽语"没有送气的塞音、塞擦音"的特点，"曾、先、秀、崇"等字对译为T-也符合海南闽语"中古精、心、崇等母部分字今音声母读[t]"的特点。

写于20世纪80年代的拙作《闽语分区问题初探》《闽语分区问题再探》曾在列举语言事实和进行"向心结构差异"等分析的基础上提出观点：闽语内部可分为八

个小区,即"福建五区、潮汕、雷州、海南是与闽南并列的三个区而非归属于闽南之下的小片"。这一看法目前仍只是被方言学界部分地接受。但新加坡华侨"福建、潮汕、海南各为不同社区"的实际情况,与拙文的分区标准却是相符的。

客家话内部读音的不同,某些新加坡人名也有所体现,例如:

Yong Nyuk Lin 杨玉麟

从其"玉"字读 N- 的对译上可以推测,此名当为兴宁或五华音(多处客家音为 Ngiuk)。

(2)粗分,是指由于以前参照威妥玛式拼音拼写中国人的姓名有"送气、不送气都作送气"、求音近而非完全同音以及字母有所增减等不求细致的特点,加上诸如"妇从夫姓"、社区方言混同、拼写时字母错漏而不自知或将错就错、某些字在不同方言中读音本来就相同或相近等因素的影响,我们从新加坡中英人名的对译中只能分析出其大概源于某两个或三个大方言的信息,很难确认其源于某一大方言。而无法分析出蕴含其中的"小片"信息的人名就更多了。例如:

Chong Chi Tat 庄志达　　Tham Hock Chee 谭学持　　Robert Yap 叶进国

Ang Bee Lian 汪美莲　　Ang Peng Hwa 汪炳华　　Ang Swee Tian 汪瑞典

Chua Swee Keng 邓瑞琼　　Foo-Yap Siew Hong 叶秀凤

Goh Nguen Wah, Eddie 吴元华　　Koh-Lim Wen Gin 林文静

Chao Hick Tin 赵锡燊　　Lee kuan Yew 李光耀

"庄志达"对译为 Chong Chi Tat,首先可以排除它是一个华语或闽语姓名,因为"庄"华语对译一般是 Chuang 或 Zhuang,闽语对译一般是 Chng。但是,该姓名是源于粤语还是客家话却很难确认。本来,客家话"中古全浊声母字不分平仄今音声母一律变为送气清音"的特点可以帮助我们从"达(定母)"字的读音判断其归属,但是,"送气、不送气都作送气"的译音拼写习惯使得粤、客语这一类字的对译产生了混淆(若"达"一作 Tat,另一作 That,则前者为粤后者为客,但似乎未见过有 That 的组合)。"谭学持"对译为 Tham Hock Chee,"谭"收 m 尾,"学"以 H 起且非 Hack 音,可以排除的是华语音和闽音,但无法断定其来源是粤语还是客家话,因为对译不管声调,因此,本来可以凭借的"学"字声调的高低这一辨别标准也无法起作用。"叶进国"的英文名字 Robert Yap,只余姓可以看出其当属闽或客家音(粤音是 Yip,华语音是 Ye),无法再辨。三个"汪"姓名字,从"名"分析当为闽音名,但是"汪"在闽语中只有[uaŋ] [ɔŋ]两读,对译为 Ang 可能是因讹识后将错就错

的拼写习惯造成的结果（或"妇从夫姓"）。"邓瑞琼"对译为Chua Swee Keng，当为闽音，但"邓"的对译是Chua（闽音"蔡"），当是改从夫姓，且是英文名改汉名不改。"叶秀凤"对译为Foo-Yap Siew Hong，当为闽音，但Foo-Yap当是加上了夫姓（Foo，海南闽音"符"）。"吴元华"对译为Goh Nguen Wah, Eddie，Goh Nguen为闽音，Wah却是粤音，有混淆之处。"林文静"对译为Koh-Lim Wen Gin，Koh-Lim是闽音"许林"，加了夫姓，但是Wen Gin却是华语音。推测：姓继承了两个家族的传统，名则是"讲华语运动"后取的。"赵锡燊"对译成Chao Hick Tin，似为海南闽语音译，但"锡"对译为Hick，无法解释。至于无法得出"小片"信息的例子就更多，例如无论来自哪一方言区，"李"多对译为Lee或Li，连稍能确认的粤音[lei]都很少见到。"陈"姓，源于闽音的多对译为Tan，按说，当有闽南音[tan]和潮汕音[taŋ]的区别，但似乎也很少见到。这也许是一种地域性"同化"的结果吧？

（3）整体判断

从某些姓名的其中一个或两个字的对译中较难断定其所属，但结合另一个字的对译则可以推断其依据之方言。例如：

"李德成"对译为Lee Tuck Seng，光从"李"音无法断定其所依据之方言，从"成"音可以排除华语和客家音（与cheng或sin不同），但无法断定是粤语音还是闽语音。这时，结合"德"的对译音，就能断定这是个粤语名——粤音是[tɐk]，闽音是[tek]，前者一般对译为Tuck，后者一般对译为Teck。又如：

Lam Joon Khoi蓝运开　　　　Lam Siew Wah林少华

英文对译都是Lam，但是从他们的中文姓名看，一个姓"蓝"，另一个则是"林"，那么，基本上可以推测出后者所依据的是粤语音，因为客家话、闽语"林"读[lim]。但"蓝"客家音和粤语音都是[lam]，无法辨别。但结合"开"对译为Khoi而非hoi，"运"对译为Joon而非Wan（粤音），则可断定前一个姓名的对译所依据的是客家音。再如：

Lee Boon Ngiap李文业

根据"业"的对译，这一姓名可以排除的是普通话音和粤语音，但是，根据Lee和Ngiap无法确认是客家音还是闽音。不过，"文"的对译是Boon，于是，从姓名的整体上分析，基本上可以断定这是一个源于闽语的对译名，因为虽然Lee和Ngiap客、闽难辨，但"文"客家音一般读[vun]，Boon为闽音。

上述的多数内容可以说是从相对比较"专业"的角度对新加坡华裔人名进行的

语言学（语音学）分析，但专业分析出来的结果虽然细致，却给人予"太过零碎"的感觉。对一个会说流利的闽语、粤语或客家话的人来说，凭姓名用字和对译的整体对照就能较快地判断其来源。这也是"整体判断"的意义所在。

四、其他

最早引起作者对新加坡译名之兴趣的是曾任新加坡总理的吴作栋的英文对译。本人凭第一感觉就猜出其祖上应该是说闽语的。因为"吴"的对译既不是Wu也不是Ng，而是Goh! 直到撰写本文之前查有关材料终于确认，这第一感觉是正确的。

吴作栋1941年5月出生于新加坡。早年就读于新加坡历史悠久的英校莱佛士学院。后赴美国威廉斯学院深造，获发展经济学硕士学位。1990年11月28日任新加坡总理兼国防部长。1997年1月新加坡大选后连任总理。2001年11月大选再次连任。2004年8月改任国务资政至今。其祖籍地是福建泉州永春湖洋镇吴岭村。

新加坡"中英对译名含汉语方言信息"这一现象中还有一些其他的情况值得注意：

1. 非闽人而对译名为闽音

虽说从人名对译音推测其原属社群是可行的，但是我们也不能忽视华人族群中原有的"上层方言（闽南）"地位对其他方言乃至华侨人名英文对译的影响。例如，资料显示，新加坡国父李光耀祖籍广东梅州大埔，为客家人。《李光耀回忆录》也强调该名是"一位对取名素有研究的朋友"取的，是"方言发音"，但我们从Lee kuan Yew中难以确认其客家音成分。而其回忆录也显示，曾祖父李沐文1862年从广东大埔移居新加坡，其名字对译是Lee Bok Boon，是闽音而非客家音。祖父李云龙的对译Lee Hoon Leong是闽音，母亲蔡认娘的对译Chua Jim Neo也是闽音，父亲李进坤的对译是Lee Chin Koon，难辨客闽。

类似现象还有一些。导致客家人的英文对译多为闽音的因素可能是：

（1）推行华语教育之前，人数占优的现实决定了新加坡华族的"上层方言"或"影响较大的方言"是闽语，若帮客家人取英文对译者是说闽语的，而主人又没有提出异议，则以闽音为据取对译英文名是顺理成章的；（2）祖辈姓名的英文对译是后来因需要"追溯"所取，"上层方言"的影响决定了所依据的是闽音；（3）被取名者认可闽语作为"上层方言"的地位，或对英文对译名所据何音的重要性不像汉字姓名那么在乎。

以上推测可以与今天中国内地以及香港的情况进行类比：一般民众都认可普通话的地位，无论母语是何种方言，姓名在户口本、护照、通行证上的英文对译皆以普通话音为据，且多数人对英文对译名所依据的是方言音还是普通话音并不太过在乎。香港则是多数人以粤音为据取英文对译名。

2. 双语教育政策和"讲华语运动"的影响

新加坡政府制定四大官方语言政策和双语教育政策推行至今已经有半个世纪左右了，"讲华语运动"的开展对新加坡译名的变化又产生了什么影响呢？

可以观测到的事实是，虽说闽、粤、客等方言社群在新加坡华族中占多数致使他们的对译名也以闽、粤、客音对译占优，但毕竟也出现了不少的华语音威妥玛式对译名（例如，李显龙的对译是Lee Hsien Loong，明显是华语音，与其祖上的不同），甚至还出现了不少与中国普通话音的拼写完全相同的对译名。我们推测，华语音威妥玛式对译名少数是民国时期就存在的，但多数是在"讲华语运动"之后出现的。而与普通话拼音完全相同的对译名，则多是中国新移民。

3. 华人英文对译名对新加坡英语的影响

因为新加坡华人英文对译名中有Tham、Ngiap、Khoo、Ng等拼写组合，必造成"新加坡英语有不同于英美英语的拼写规则"现象的出现。例如，Tat是"达"的对译，Tham是"谭"的对译，在说英语时，怎样区别其中的T和Th？后者会被读成[ð]音吗？不得而知。

五、对译名研究的价值

就目前"新加坡华文媒介统一译名委员会发布之'统一译名'"看，新加坡华族对译名似也可作语言学上的"历史层次"分析：

（1）以闽、粤、客音为据的对译名，为第一层次。起点可以追溯到新加坡有华人"开埠"并开始登记英语对译名时期，现有相同之方音对译名是当时译名之延续，特别是代代相传的姓。非闽人而取闽音对译名的现象则是当年闽语作为新加坡华族强势方言或"社群高层方言"之地位的体现。

（2）以华语音为据的威妥玛式对译名，为第二层次。起点可以追溯至辛亥革命时期，但较大批量的出现当是"讲华语运动"开展之后。不能排除有"部分原分别以闽、粤、客音为据取对译名的华人为后代取华语音对译名（姓或不改）"的现象出现。

（3）与普通话拼音完全相同的对译名，为第三层次。起点当比中国推行普通话拼音方案的20世纪五六十年代为晚，而较大批量的出现应该是在中国"改革开放"之后，从中国内地移居新加坡的新移民，无论是来自哪一方言区，带去的应是以普通话拼音为据的对译名。不排除有些人改原有方言译名为普通话译名。而这一时期，移居或到新加坡工作的香港人也带去了更多的粤语音对译名。

（4）已经呈现以及可以预测的新加坡华族姓名英文对译之发展趋势是：虽然"讲华语运动"等国策的实施对华族日常生活的影响日渐显著，并已使得以汉语方言为主要家庭用语的人口日益下降，但方言音对译名目前仍占主导地位，特别是闽音对译名。但是，华语（普通话）音对译名已呈日益增多趋势，姓为方音、名为华语音以及因冠上丈夫姓氏而使得复姓所依据的方言音不同等现象也已出现，越来越复杂的情况最终会达成统一还是将继续精彩纷呈，将取决于新加坡语言政策的转变与否、实施的力度以及新加坡人对"名从主人"这一观念的认可和"固守"之坚决程度（语言态度）。

研究新加坡人名英文对译的拼写问题，在倡导以人为本、多元文化并存、抢救非物质文化遗产的今天，可以引发人们对是否应该允许中国居民按方言习惯拼写自己的英文译名、如何制定一系列能处理好方言与普通话关系的语言政策等问题进行思考。而随着国人与外界交往的日益频繁，该研究能提高人们对"海外华人的英文对译名多据方音"等常识的认知水平，其在日常生活中能"快速拉近交际双方距离"等实用价值也是不言而喻的。

陈家伟、袁义达等在线发表在《美国自然人类学期刊》上的研究成果表明，中国的姓氏能够告诉我们有关社会文化、遗传学与历史等方面的信息，例如可以作为一种遗传印记，使科学家得以追踪世系并理解中国的人口迁移与历史事件等。该研究团队认为，相比于大部分其他国家，中国姓氏包含了更多的文化与遗传信息。现代中国的总体姓氏地理分布与人口结构是基因漂移和大规模人口迁移的结果，在历史发展过程中，形成了几大中华文明区域中心。中国姓氏的历史传承从未停止过，经过数千年的姓氏演变，基因漂移与人口迁移之间形成了一种独特的平衡。由此进一步推导，我们也试着提出以下观点：

与中国和大部分其他国家和地区相比，新加坡华族姓名及其对译名（还有地名、建筑名、物名等的对译，另文探讨)包含了更多的历史上人口迁移、地域文化与方言扩散等信息。如果说姓氏的迁播更多地是与遗传学方面的"远祖"信息相联系，那么，华族姓名及其对译名则更多地是体现了方言学、文化学方面的"近祖"信息。在海外华人社会，姓氏宗亲会和邑地会馆形成和组建的依据各自有所偏重：由于"同姓兄弟入闽则操闽语，入粤则操粤语"，故姓氏宗亲会侧重考虑遗传学因素，邑地会馆侧重考虑地域、方言学因素。这些因素有条有块，形成了部分互相重合、部分互相排斥、部分互相牵连或互为经纬的纵横交错之网络和亮丽独特的文化风景。

【参考文献】

[1]李光耀. 我一生的挑战——新加坡双语之路[M]. 新加坡联合早报出版，2011.

[2]许小颖. 语言政策和社群语言——新加坡福建社群社会语言学研究[M]. 中华书局，2007.

[3]丘学强. 妙语方言[M]. 香港：香港中华书局，1989.

[4]邹嘉彦，游汝杰. 汉语与华人社会[M]. 上海：复旦大学出版社，香港：香港城市大学出版社，2001.

[5]刘新中. 海南闽语的语音研究[M]. 北京：中国社会科学出版社，2006.

[6]陈章太，李如龙. 闽语研究[M]. 北京：语文出版社，1991.

[7]周长楫编. 闽南方言常用小词典[M]. 福州：福建人民出版社，2007.

[8]詹伯慧，甘于恩，丘学强，等. 广东粤方言概要[M]. 广州：暨南大学出版社，2002.

[9]詹伯慧，丘学强主编. 新时空粤语(上)[M]. 广州：暨南大学出版社，2006.

[10]詹伯慧，丘学强主编. 新时空粤语(下)[M]. 广州：暨南大学出版社，2009.

[11]饶秉才，等编. 客家音字典[M]. 广州：广东人民出版社，2000.

哈佛广场燕京饭店菜单的方言
因素及威妥玛音标对读

陶原珂

（广东省社会科学界联合会　广东广州　510050）

【摘　要】美国有二百年华人移民史，当地的菜单、地名等社会文本受汉语方言影响，沉积着不同时期汉语方言译音和标音规范。燕京饭店地处哈佛广场边上，经营多年，而以中式百家菜为特色。经菜式的读音分析，发现其菜谱杂糅着多地汉语方言，而且标音受到不同华语标音体系影响。以《现代汉语词典》所用汉语拼音系统和《足本汉英词典》所用威氏标音系统以及港用粤拼标音系统相对照，可以证实该菜单存在复杂的方言因素和受不同标音体系影响。这一现象说明，要想搞清楚当地社会文本记录的汉语方言，应先清理多套标音系统。

【关键词】菜单　海外汉语方言　拼音系统　汉字读音　燕京饭店

美国华人移民已经有二百年的历史[①]，汉语方言的影响，在地名、菜单等广泛社会文本汉英翻译的音译中体现出来。其中沉积有译音标音规范的时代差异，也有不同于汉语普通话的方言语音差异，反映出汉语方言影响译音标音沉积现象的复杂性。

地处哈佛大学旁的燕京饭店，历史悠久（店主称店龄有60年以上），人流繁杂，经营中华家常菜，是较为典型的北美普通中餐馆。其菜单有中英文对照，菜式译名明显受到汉语方音影响，因而，本文试探其中译音的方言因素，并进而探讨其标音系统的问题，以便对海外汉语汉字读音的标音识读有所帮助。

---

①1820年美国移民局记载第一批抵美华人，铁血网《百年前在美的华人形象》bbs.liexue.net/post2_5703117_1.html。

一、燕京饭店菜单所标汉字读音的情况

该菜单所标汉字读音主要受粤方音的影响。粤语（Cantonese）是纽约汉语的主要口语形式，沉积为汉字的标音，在此菜单涉及的地名音译中有明显的表现。例如：

（1）洞庭虾303. Lake Tung Ting Shrimp

（2）西湖鱼柳306. Sail Woo Crispy Fish

其中，按英语的读音规则，例中的ung应读[ung]，如此收有dung[dung]、dunghill[dung'hil]等的读音，ing应读[iŋ]，则有king[kiŋ]、thing[θiŋ][1]等。另外，按英语读规则，oo通常读作[u:]。而按广州话的读音，"洞"读作[dung⁶]、"庭"读作[ting⁴]，"西"读作[sai¹]，"湖"读作[wu⁴][2]。只是，广州话的字词有9个声调，英语词却只有轻重音而没有声调，所以，译音词按英语发音习惯而没有也不必标示声调。另一方面，广州话的"b、d、g分别是双唇、舌尖、舌根不送气的清塞音，相当于国际音标的[p]、[t]、[k]。这三个音与普通话的大体相同。"[3]也即相当于英语的清声母p、t、k，而不同于英语的浊音声母b、d、g，因此，这个菜单的英语音译词的辅音以英语的清声母来拼写，广州话和英语两相符合。

然而，燕京饭店经营的中餐，不限于粤菜，实为融合中国多个地方风味的百家菜。这反映在菜单中，菜式译名亦相应地受到不单是粤语的影响。例如：

（3）鱼香肉丝Y1. Yu Hsiang Shredded Pork

（4）干炒牛肉丝507. Shredded Beef, Szechuan Style

其中，例（3）"香"广州话韵母为oeng[4][œŋ]，是圆唇的中元音韵母，而例中的译音iang则是带介音的低元音韵母[iaŋ]，与普通话的字音相同，只是辅音的拼写不同于普通话拼写标准。例（4）的Szechuan Style试图提示该菜式为"四川风味"，但是，以Szechuan音译"四川"，前一音节是中元音e韵母，与普通话"四"

---

[1] William D. Halsey: Macmillan Contemporary Dictionary, New York:Macmillan Publishing Co., Inc., Londong: Collier Macmillan Publishers, 1979.
[2] 詹伯慧：《广州话正音字典》，广州：广东人民出版社，2002年。
[3] 饶秉才、欧阳觉亚、周无忌编著：《广州话词典》，广州：广东人民出版社，1997年，第369页。
[4] 詹伯慧：《广州话正音字典》，广州：广东人民出版社，2002年，第10页。

的高元音i韵母相距较远；第二音节的双元音韵母uan与粤语广州话读音tsyn¹的圆唇高元音韵母相距较远。可见Szechuan所音译的既不是普通话（北方方言），也不是粤语（广州话）。其中反映了该菜单积存着多地汉语方音的影响。

此外，菜单的拼写规范，还反映出一些历史差异。与当今国内的拼音拼写规范相比较，可以看到该饭店菜式名英语译音拼写中还存在历史性差异，其中反映了当地对于译名的历史认同性。例如：

（5）锅贴/素锅贴204. Peking Ravioli→Beijing Ravioli

（6）宫保鸡丁Kung Pao chicken（Gong Bao Chicken）→Kung Pao chicken cubes→spicy diced chicken with peanuts→sauted chicken cubes with chilli and peanuts

例（5）以Peking提示该主食为北京风味，此音译较好地体现了粤语（广州话）beg$_{55}$ging$_{55}$的入声韵尾与喉塞清辅音[k]连读的语音形式，但是并非现代"北京"普通话的英译拼写规范。例（6）的箭头前后反映了菜单对汉语"宫保"的音译Kung Pao与括弧中标示的国内菜式译名所见普通话译音拼写规范Gong Bao的差异，以及与该菜式的英语义译名不同。其中反映了纽约汉语菜式译名中广泛沉积着音译的历史拼写差异现象。

综合以上分析的情况，我们可以看到，这同一份菜单里积存着不同汉语方言读音的菜式名，这在北美其他中菜和地名的翻译中是广泛存在的；而且这份菜单的译名还杂用着不同的标音系统。而在研究当地中文译音的其他称名，首先需要能够识读译名的标音，因此，对标音系统的清理就显得很有必要。为此，下文试着整理一套在英语世界曾经较为普遍使用的相关标音系统，与目前我国学人较为熟悉的汉语拼音系统作一对照。

二、威妥玛拼音系统与汉语拼音系统的比较

从现代汉语的拼音规则来看，上述菜单拼音不合现代汉语拼音规则的现象其实相当普遍。近年国内有学者对汉语音译词做过广泛的语料统计分析，结果显示，"在音译词中符合拼音规则的只有16个，占音译总数17%，83%为旧式威妥玛拼音或方音，如"Hoisin海鲜、manchu epoch满洲时期、Yenan延安、t'ien天、fu yung芙蓉蛋、ch'ien lung乾隆帝、Kuan Yin观音、Ch'an禅宗、Quemoy Matsu金门妈祖"等。这些语词都载着浓郁的特色文化，英语里缺少对应词汇，这是西方人一

道很难跨越的语言和文化障碍。意译只能传递部分信息，会丢失源语特色风格；如果按字面直译，英美人往往无法理解，故用得较少，他们不得不用音译来传递形意和文化内涵。这种译法始于英国传教士和汉学家马礼逊。马氏的语音系统以26个字母为注音码，以广州方音为基础。后来威妥玛式注音继承了马氏部分特点，简化了书写方法，使其音符近似英语发音，比较经济和科学，因此为许多词典采用。上述中国特色词大多以威妥玛注音形式仿译，收录在《牛津英语大词典》，成为标准词形。"① 为此，笔者感到有必要针对认识和识读83%多数汉语音译词的实际标音的需要，探究一下威妥玛标音系统的标音与汉语拼音系统标音的对应性差异。

这里所说的威妥玛标音系统，即Thomas Francis Wade（1818—1895）拼音法，又称威妥玛—翟理斯拼音（Wade-Gills romanization，简称威氏拼音法）。以下音节表是根据《现代汉语词典（第6版）》和《足本汉英词典》（A Complete Chinese-English Dictionary②，1920）所使用的实际汉字标音制作的。表1中所列音节，冒号左边是汉语拼音所标读音，冒号右边为该词典对相应汉字读音的标音。

表1

A: A	Bing: ping	Chen: Ch'ên	Cui: ts'ui/ts'uei
Ai: ai/yai	Bo: po	Cheng: Ch'êng	Cun: ts'un/ts'uen
An: An	Bu: pu	Chi: Ch'ih	Cuo: ts'o/ts'o
Ang: Ang	Ca: ts'a	Chong: Ch'ung	Da: ta
Ao: Ao/wa'o	Cai: ts'ai	Chou: Ch'ou	Dai: tai
Ba: Pa	Can: ts'an	Chu: Ch'u	Dan: tan
Bai: pai	Cang: ts'ang	Chua:	Dang: tang
Ban: pan	Cao: ts'ao	Chuai: Ch'uai	Dao: Tao
Bang: pang	Ce: ts'ê	Chuan: Ch'uan	De: tê
Bao: pao	Cei:	Chuang: Ch'uang	Dei:
Bei: peh/pei	Cen: ts'en	Chui: Ch'ui	Deng: teng/têng
Ben: pên	Ceng: ts'êng	Chun: Ch'un	Di: ti
Beng: pêng	Cha: Ch'a	Chuo: Ch'o/Ch'uo	Dia
Bi: pi	Chai: Ch'ai/	Ci: Tz'ǔ/T'zǔ	Dian: tien
Bian: pien	Chan: Ch'an	Cong: ts'ung	Diao: tiao
Biao: piao	Chang: Ch'ang	Cou: ts'eu	Die: tieh
Bie: pieh	Chao: Ch'ao	Cu: tsui/Tz'u	Ding: ting
Bin: pin	Che: Ch'ê	Cuan: ts'uan	Diu: tiu

---

①章宜华：《中国特色词在中外传媒的使用特点及影响因素》，《学术研究》，2016年第7期。
②O.Z. Tsang. B.A. 编：A Complete Chinese-English Dictionary，上海岭南中学，1920年。

（续上表）

Dong: tong	Fan: fan	Gao Kao	Gui: kuei/kui
Dou: to	Fang: fang	Ge: ke/kê/ko	Gun: kun/kuen
Du: tu	Fei: fei	Gei	Guo: kuo
Duan: tuan	Fen: fen/fên	Gen: kên	Ha: ha
Dui: tui	Feng feng/fêng	Geng: keng/Kêng	Hai: hai
Dun: tun	Fo: fo	Gong: kung	Han: han
Duo: to	Fou: fou	Gou: kou/keu	Hang: hang
E: Ê/ô	Fu: fu	Gu: Ku	Hao: hao
En: ên	Ga: ka	Gua: kua	He: hê/ho/hô/h'u
Eng:	Gai: Kai	Guai: kuai	Hei: hei
Er: Er/êrh	Gan: Kan	Guan: kuan	Hen: hên
Fa: fa	Gang: kang	Guang: kuang	Heng: hêng
Hm:	Jun: Chün	Lei: lei	Nao: nao
Hng:	Ka: K'ai	Leng: leng/lêng	Ne: nê
Hong: hung	Kai: K'ai	Li: li	Nei: nei
Hou: hou	Kan: k'an	Lia :	Nen: nen
Hu: hu	Kang: k'ng	Lian: lien	Neng: neng/nêng
Hua: hua	Kao: k'ao	Liang: liang	Ng:
Huai: huai	Ke: K'ê/Chueh/k'o/k'ô	Liao: liao	Ni: ni
Huan: huan	Kei:	Lie: lieh	Nian: nian
Huang: huang	Ken: k'en/kên	Lin: lin	Niang: niang
Hui: hui	Keng: k'êng	Ling: Ling	Niao: niao
Hun: hun	Kong: k'ung	Liu: liu	Nie: nieh
Huo: huo	Kou: K'ou	Lo: lo	Nin:
Ji: Chi	Ku: ku	Long: lung	Ning: ning
Jia: Chia	Kua: k'ua/ku'a	Lou: lou	Niu: niu
Jian: Chien	Kuai: k'uai	Lu: lu	Nong: nung
Jiang: Chiang/kiang	Kuan: k'uan	Lü: lü/luh	Nou: nou
Jiao: Chiao	Kuang: k'uang	Luan: luan	Nu: nu
Jie: Chieh	Kui: k'uei	Lue: lüeh	Nuan: nuan
Jin: Chin	Kun: k'uen/k'un	Lun: lun	Nue: nüeh
Jing: Ching/King/tsing	Kuo: k'uo	Luo: lo	Nun: nun
Jiong: Chiung	La: la	Ma: ma	Nuo: no
Jiu: Chiu	Lai: lai	Mai : mai	O: o
Ju: Chü	Lan: lan	Man: man	Ou: ou
Juan: Chüan/Chüen	Lang: lang	Mang: mang	Pa: p'a
Jue: Chüeh/Küeh	Lao: lao	Mao: mao	Pai: p'ai
Chü'eh/Kioh	Le: lê	Me : mo	Pan: p'an

（续上表）

Pang: p'ang	Rao: Jao	Sai: sai	Suan: suan
Pao: p'ao	Re: Jê	San: san	Sui: sui
Pai: p'ai	Ren: Jen/Jên/Jin	Sang: sang	Sun: sun
Pei: p'ei	Mei: mei	Sao: sao	Suo: so
Pen: p'en	Men: mên	Se: sê	Ta: t'a
Peng: P'eng/p'ung	Meng: meng/mêng	Sen: sen	Tai: T'ai
Pi: p'i	Mi: mi	Seng: seng	Tan: t'an
Pian: p'ien	Mian: mien	Sha: sha	Tang: t'ang
Piao: p'iao	Miao: miao	Shai: shai	Tao: t'ao
Pie: p'ieh	Mie: mieh	Shan: shan	Te: t'e/t'ê
Pin: p'in	Min: min	Shang: shang	Tei :
Ping: p'ing	Ming: ming	Shao: shao	Teng: t'eng/têng
Po: p'o	Mu: mu	She: she/shê	Ti: t'i
Pou: p'ou	Mo: mo	Shei: shui	Tian: t'ien
Pu: p'u	Mou: mou	Shen: : shen/shên	Tiao: t'iao
Qi: Ch'i	Mu: mu	Sheng: sheng/shêng	Tie: t'ieh
Qia: Ch'ia	Na: na	Shi: Shih/shi	Ting: t'ing
Qian: Ch'ien/ts'ien	Nai: nai	Shou: shou/shoh	Tong: t'ung
Qiang: Ch'iang	Nan: nan	Shu: shu	Tou: t'ou
Qiao: Ch'iao	Nang: nang	Shua: shua	Tu: t'u
Qie: Ch'ieh	Reng/Jêng	Shuai: shuai	Tuan: t'uan
Qin: Ch'in	Ri/Jih	Shuan: shuan	Tui: t'ui
Qing: Ch'ing	Rong: Jung	Shuang: shuang	Tun: t'un
Qiong: Ch'iung	Rou: jou	Shui: shui	Tuo: t'o
Qiu: Ch'iu	Ru : Ju	Shun: shun	Wa: wa
Qu: Ch'ü	Rua :	Shuo: shuo	Wai: wai
Quan: Ch'üan/Ch'üen	Ruan : juan	Si: Ssu/Ssŭ/	Wan: wan
Que: Ch'io/Ch'üeh	Rui: Jui	Sze/Szu/Szǔ	Wang: wang
Qun: Ch'ün	Run: Jun	Song: shung/sung	Wei: wei
Ran: jan	Ruo: Jo	Sou: sou	Wen: wen/wên
Rang: Jang	Sa: sa	Su: su	Weng: wêng
Wo: wo/wua	xie: Hsiai/Hsieh/hsie	Xue: hsio/hsueh/hsüeh	Yi: I/yi
Wu: wu	Xin: hsin/sin	Xun: hsün	Yin: yin
Xi: hsi	Xing: hsing	Ya: ya/yai/yia	Ying: ying
Xia: hsia	Xiong: hsiung	Yan: yen	Yo: yo
Xian: hsian/hsien	Xiu: hsiu	Yang: yang/yaung	Yong: jung/yung
Xiang: hsiang	Xu: hsü/shü	Yao: yao	You: yu
Xiao: hsiao	Xuan: hsuan/hsüan	Ye: Hsieh/yeh	Yu: yü/yuh

(续上表)

Yuan: yuan/yüan/yüen	Zeng: tsêng	Zhi: Chih	Zong: tsung
Yue: hueh/yüeh	Zha: Cha	Zhong: Chung	Zou: tsou
Yun: yun/yün	Zhai: Chai	Zhua: Chua	Zu: tsu
Za: tsa	Zhan: Chan	Zhuai:	Zuan: tsuan
Zai: tsai Zan: tsan	Zhang: Chang	Zhuan: Chuan	Zui: tsui
Zang: tsang	Zhao: Chao	Zhuang: Chuang	Zun: tsun
Zao: tsao	Zhe: Chê	Zhui: Chui	Zuo: tso
Ze: tsê	Zhei:	Zhun: Chun	Zhou: Chou
Zei: tsei	Zhen: Chên	Zhuo: Cho/Chue	Zhu: Chu
Zen: tsên	Zheng: Chêng	Zi: Tze/Tzu/Tzŭ	

其中，表1各栏的冒号右侧空缺的，表明《足本汉英词典》阙如字音。对比汉语拼音与《足本汉英词典》所用威妥玛拼音这两套方案的实际汉语标音，其中的差异可以归纳为如下表2，相同的标音则不列入此表。比较可知，汉语拼音与威妥玛拼音之间的辅音不对应，较为整齐，普通话的元音ue，i，ie与威妥玛拼音之间不对应的拼音则较为多变。

表2

汉语拼音	威妥玛拼音	汉语拼音	威妥玛拼音
Ba/da/ga	Pa/ta/ka	bei	Pei/peh
Pa/ta/ka	pʻa/tʻa/kʻa	ao	Ao/waʻo
Ca/za/chi	tsʻa/tsa/chʻi	e	ê/ô
Bian	Pien	fen	Fen/fên
Bie	Pieh	Wo	Wo/wua
Qun	chʻün	jing	Ching/king
Gong	Kung	ge	Ke/kê/ko
Dou	To	he	Hê/ho/hô/hu
Kui	kʻuei	ke	Kê/chueh/ko/kô
Ben	Pên	He	Hê/ho/hô/hʻu
Shi	Shi/shih	juan	chüan/chüen
Lue	Lüe/lüeh	peng	Peng/pung
er	Êr/êrh	Xue	Hsio/hsüeh/hsueh
qian	Chien/tsʻien	que	chʻio/chʻüeh
Lü	Lü/luh	si	Ssu/Ssŭ/Sze/Szŭ/Szu
shou	Shou/shoh	xie	Hsieh/hsiai/hsie

表3
香港粤拼
High: á ā (à)
Mid: a
Low: áh ah àh[①]

辅音标示的规则性差异表现在：威妥玛拼音以辅音后上角的一撇表示送气；汉语拼音方案的j在威妥玛拼音中有的标为ch（如：京chig），有的标为k（如：茎king）；以h与其他辅音结合起来表示擦音（如sh: sh，x: hs），但是，h还居于元音后，所表音未明（如：之chih、秩chih，这与现今香港的粤拼亦不同，对照表3）。而以ê表示央元音，但是普通话的e音可以对转为威妥玛拼音的多个标音形式：ê、o、ô和u等。

三、余论

燕京饭店菜单上所标示的汉语译音，按上述表1的对照和表2的归纳，辅音声母都可以转换为汉语拼音，所拼出来的Tung Ting→dung ding、Yu Hsiang→yu xiang近于普通话读音，只是前者并不区分送气与不送气；而Peking→beging、Szechuan→si juan、Sail Woo→sai wu则都不是普通话读音，而且后者oo表示u的标示方式并不见于上述两表。可见，该菜单所标示的汉语译音有方言因素，而且标音与威妥玛标音可能还并不统一，可能杂有别的标音系统规则。

[①]Stephen Matthews/YipVirginia: Cantonese: A Comprehensive Grammar, USA & Canada: Routledge, 2011, p11.

大台北地区缙云同乡会老人口音之对比研究
——以方位词为例

陈贵麟

(台湾中国科技大学 台湾台北)

【摘 要】本文根据"海外华人社区吴方言与文化研究"研究团队海外汉语方言词汇调查词表(修订版)、汉语方言两字组连读变调调查表,提取其中跟"方位词"有关的词条,进行大台北地区缙云同乡会老人口音之田野调查工作。

在语音特点方面,反映本地方言有某些阳声韵的鼻尾音丢失、某些中古见系细音声母脱落成零声母、某些塞音声母读成鼻音声母、流通二摄某些韵收-m尾等现象;在连调变化方面,基本上以前字变调为主,后字一般不变调。偶有变调,或者跟语法有关,或者跟强势语言的渗透有关。

口语中的方位词读音或词汇受到强势语言的影响,有一些文白错置的现象。比较特别的是"旁边"的土话,根据连读变调和文化背景等理由,推测初写字是"檐橑",在建筑物的位置属于"旁边",借代为方位词。用"沿"代替"檐"应该是后来同音换字的结果。缙云话方位词用"反、正"代替"左、右",其原因可能跟礼教思想或农业植栽工具有关系。"雅江"原名为"下江",语音基础来自"下"的训读音[ia]。浙南古瓯越区的声母零化现象,也可能是影响缙云"嫁、下"等字零声母化的底层外力。

本文对比缙云原地的方言,当地中老年人闲聊时所说的家乡故事,例如缙云烧饼的制作过程,对于"内、外"的方位词可以有更深入的体会;"底"字代表"内、里"之义,乃是由生活实物中认知到里外的方位。"山前"的"前"不变调,"山后"

的"后"变调,是因为有"山前村"(今为田宅村)但没有"山后村"。

【关键词】海外方言　吴语缙云话　方位词　文白读　台北市

一、前言

大台北地区包括台北市和新北市,强势语言以普通话为主,1949年以后来自大陆的移民,在同乡会中偶用家乡方言交谈。笔者以台北市缙云同乡会的老人为研究对象,利用"海外吴语研究调查词表"逐词记音或家乡故事转写记音。在记音过程中,发现口语中的方位词读音或词汇受到强势语言的影响,有一些文白错置的现象。

本文提取方言调查词表中有关方位词的语料,对比大陆和台北两地区的缙云老人口音,分条讨论其语音特点和文化因素。其中比较特别的是"旁边"的土话,根据连读变调和文化背景等理由,推测初写字是"檐橑",在建筑物的位置属于"旁边",借代为方位词。用"沿"代替"檐"应该是后来同音换字的结果。

方位不仅是单纯的空间概念,跟人们的思想观念、宗教信仰、风俗习惯、日常生活更是息息相关。例如普通话的"左边、右边",在缙云话则是"反手、正手",方位词"左、右"用"反、正"代替,其原因可能跟礼教思想或农业植栽工具有关系。

缙云县含有"方位词"的地名,如"雅江"原名为"下江","下江"亦有"长江下游"或"江南"的含义,大陆地区后来地名换成"雅"字的语音基础来自"下"的训读音[ia]。浙南古瓯越区的声母零化现象,也可能是影响缙云"嫁、下"等字零声母化的底层外力。

笔者过去十余年研究南部吴语缙云方言,已取得若干研究成果。本次获邀加入"海外华人社区吴方言与文化研究"研究团队,感谢汤志祥教授提供海外汉语方言词汇调查词表(修订版)、汉语方言两字组连读变调调查表。笔者于周末假日带录音笔访谈在台缙云同乡会老人,填写基本资料并征得录音资料同意授权使用后,逐条录音。此外,在闲聊中老人所说的家乡故事,例如缙云烧饼,语调自然,用词口语化,可以弥补读稿发音的盲点。本文仅以方位词为范围,讨论其语音特点及其背后的文化意义。

二、调查词表中的方言语料与分析

编号	词目	English Version	缙云话记音	备注
81	山前	piedmont	sɒ⁴⁴⁻³³ zia³⁴²	
82	山后	behind the mountain	sɒ⁴⁴⁻³³ ə²¹⁴⁻²¹	
154	前面	front	zia³⁴²⁻²² miɛ²¹⁴⁻⁴¹	
155	后面	behind	ə²¹⁴⁻⁴¹ miɛ²¹⁴⁻⁴¹	
156	左边	left	fɒ⁴¹ sium⁴¹	反手
157	右边	right	tsaiŋ⁵³ sium⁴¹	正手
158	上面	above/upstair	dziɒ³¹⁻³³ miɛ²¹⁴	
159	下面	below	ia⁴¹ miɛ²¹⁴	
160	里面	inside	ti⁴¹ dium³⁴²	底头
161	外面	outside	ŋɒ²¹⁴⁻²¹ dium³⁴²	外头
162	(屋)顶上	top	(ɔu³²⁴⁻⁵⁴) naiŋ⁴¹⁻⁴ ziɒ³¹⁻⁵³	
163	(床)底下	beneath	(zɔ³⁴²⁻²²) ti⁴¹ ia⁴¹	
164	中间	middle	nɔm⁴⁴⁻³³ kɒ⁴⁴	
165	旁边	side	bɔ³⁴²⁻pʰaŋ²² piɛ⁴⁴，iɛ³⁴²⁻²² lə³¹⁻⁴¹	旁边, 檐橑
166	对面	opposite	tei⁴¹⁻²² miɛ²¹⁴⁻⁴¹	
167	附近	nearby	vu²¹⁴⁻²¹ dziaiŋ³¹	
168	隔壁	next door	ka³²⁴⁻kaʔ⁵⁴ piei³²⁴	

讨论1："81山前、82山后"

自然界的具体物件各自占有一部分的空间，跟周围物体存在着空间上的相互位置关系，也就是物体的空间方位，或称为物体的空间位置，以上下、前后、内外、左右等词语表示。若要确定某个物体的方位，首先需要有一个参照点，然后依据这个参照点来确定某个物体的空间位置。本例中的客体"山"正是一个参照点，以客体为中心来判定某个物体的方位在山的前面还是后面。

就语音特点来看，"山前"二字的鼻音尾皆已丢失，"山后"的"后"已读成零声母，但自由音变中仍有浊流的成分。在连调变化方面，"山前"的"山"由次高调转为中调，后字"前"不变调；"山后"的"后"则变为低降调。为什么"山前"的"前"不变调呢？翻检《浙江省缙云县地名志》(1999：395)，有"山前村"（今为田宅村）但没有"山后村"。或许这就是答案吧！

讨论2："154前面、155后面"

人类辨别空间与判定方位，起初以自身为中心，然后以客体为中心。"前面、后面"的参照点，可以是自身，也可以是客体。就语音特点来看，"前面"二字的鼻音尾皆已丢失。在连调变化方面，"前面"的"前"字由中升降调转为次低调；"后面"的"后"字由次低升调转为次高降调，后字"面"慢读时为214调，快读时为41调。对比大陆发音人，后字无论快读或慢读都不会变成41调。台北发音人或许受到普通话声调格局的影响。

讨论3："156左边（反手）、157右边（正手）"

人类辨别空间的认知发展是从以自己为中心转变为以客体为中心来判定某个物体的方位，前者如"爸爸在我的前面"，后者如"书桌上有本书"。从儿童对方位的认知发展来看，依序是上下、前后、左右。其中左右的概念会因为无法分辨"自身、客体"而迷惑。在语言意义的发展中，改用"手"之后，能立刻让人分清楚是"自身"的左右。

两只手跟"左右"的方位原先并无必然的关联性。笔者推求用"正、反"代替"右、左"的原因，可能跟中国传统的礼教思想有关，例如写字以右手为主，行路时以右为尊等。有些方言用"大边、细边"代替"右、左"，也是类似的情况。[1]

"左、右"的概念跟空间能力有关系。空间定位与空间关系的认知是空间能力的基本要素，包含了解与操作物件在空间中与自己的相对位置关系或空间中两物的相对位置。水平面的东西方位可由左右观念带入。例如：站在儿童的角度去想左右方向，结合生活情境，面对太阳从东方升起，也就是儿童的右手边。太阳的光和热，带给人们生活的机能，属于正向能量。中国以农立国，缙云至今仍以农业植栽为主，兼有伐木、采桑养蚕等，大部分的采伐工具适合右手操作，用左手就不顺。方言中用"正手、反手"代替"右方、左方"，或许与此也有关联。

---

[1]浙江省庆元方言有"正反、大细"多种名称指代"右、左"方位，见吴式求（2010：355）。

讨论4："158上面、162（屋）顶上"、"159下面、163（床）底下"

"上"字在编号158中的读音是[dziŋ³¹]，属于白话音；在编号162中的读音是[ziŋ³¹]，属于文读音。"顶上"来自"屋顶上"，因此保留了书面语的读音。

"下"字中古音属于匣母，有胡雅、胡驾二切，属马、禡二韵；普通话的演变规律由浊的舌根擦音转为清的舌面前擦音，但缙云方言的声母脱落，读成零声母字。这种舌面音声母脱落的现象在浙南古西瓯区属于密集区，古东瓯区属于稀散区。① 缙云方言"嫁"字读成零声母，"嫁女"跟"下女"同音，从语言规律来看很难理解。如果认为是古瓯越语的零化现象，以一种底层外力的方式，促使浙南吴语产生类化的结果，就比较合理了。

| 1772 | 匣 | 二 | 开 | 麻 | 上 | 胡雅 | 下丁夏厦 |
| 2870 | 匣 | 二 | 开 | 麻 | 去 | 胡驾 | 暇夏下苄 |

参照缙云县地名舒洪镇"上王、下周"，② 其中"下"有文、白两读，前者来自普通话，有舌面前擦音声母，后者为零声母；溶江乡"雅江"，古名灵川，③ 据大陆发音人说原名为"下江"。考虑文化方面的因素，"下江"亦有"长江下游"或"江南"的含义，大陆地区后来地名换成"雅"字，语音基础来自"下"的训读音[ia]。这些方位词在大台北地区的缙云老人口音中，如"下周""下江"之类的地名，"下"字仍读成零声母。

讨论5："160里面、161外面"

"里面"一词在缙云话的对应词语是"底头"。发音人有自由音变的现象，也就是边音和舌尖塞音交杂的情形。然而一般的字词，来母和端透定母的分别是很清楚的，例如"来、抬"二字。"底"应该是初写字，而非"里"的误读。"底头"的"头"是后缀（suffix），较易理解；但"底"字从何而来，跟缙云文化的关系如何，值得一探究竟。

跟"底"相关的词语，如水底、桶底、洞底等，都属一般词汇。缙云文化，以"烧饼、养蚕取丝"等闻名。缙云烧饼[tsaŋ⁴⁴⁻³³ yaiŋ³⁴² siə⁴⁴⁻³³ maiŋ⁴¹]是浙江省缙云

---

①详见郑张尚芳2012（原著出版于1980年）、曹志耘2002。
②参阅《浙江省缙云县地名志》（1999: 96, 392, 394）。
③参阅《浙江省缙云县地名志》（1999: 238）。

县有名的传统小吃,中国烹饪协会评为中华名小吃。[①]笔者在缙云做田野调查时,亲眼观察了烧饼的制作过程,第4步骤是在饼坯正面刷上少许麦芽饴糖并洒上芝麻,反面刷上少许水贴在炭火烧热的烧桶内壁上,如下图所示。"底"字代表"内、里"之义,乃是由生活实物中认知到里外的方位。

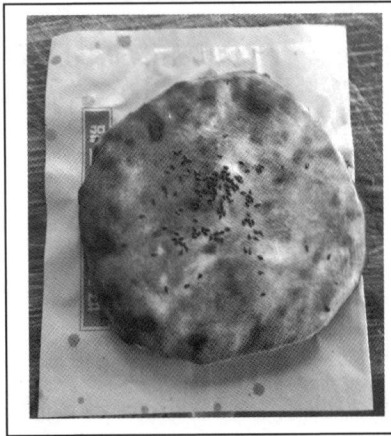

图　缙云烧饼

讨论6:"164中间、165旁边"

"中间"的"中"声母读成舌尖鼻音,韵母收双唇鼻音尾,是缙云方言的特点。帮(p-)、端(t-)母字在某些摄舒声的环境下分别读为m-、n-,流、通二摄在某些情况下读成-m尾。参阅笔者2002、2004、2005等文章。"中间"的"间"仍保留中古二等洪音"古闲切"的读法,跟普通话的演变规律不一样。

---

①参阅百度百科"缙云烧饼"条,http://baike.baidu.com/subview/289857/19445024.htm。

| 556 | 见 | 二 | 开 | 山 | 平 | 古闲 | 闲（间）艰艰轩萠覸 |

"旁"字在大陆西乡老人的口音是[bɔ³⁴²]，而台北老人的口音是[pʰaŋ²²]。后者显然受到强势的普通话[pʰaŋ³⁵]的影响，但保留了缙云话阳平前字变调的规则，仍读成22调。

比较有意思的是土话"iɛ³⁴²⁻²² lə³¹"，笔者起初直觉认为"iɛ"对应的本字是"沿"。吴越（2010：201）认为方位指代词"沿"[jɛ²¹⁴]有两种用法：（1）相当于"岸"，例如"溪沿、塘沿、坑沿（山涧的岸边）"；（2）相当于"边"，例如"山沿、阶沿（走廊的边缘）、床沿、汽车路沿"。然而依该书音标的调值214来看，初写字应该属阳去，而"沿"是阳平字，该书的阳平调值是24。

《说文解字》："沿，缘水而下也。""沿"本来是个动词，与专切，以母三等仙韵合口，阳平声，跟"缘"同音；后来动词抽象化，有"因循"义；其后名词化，有"水边"的意思；训读为"岸"，五旰切，疑母一等寒韵开口，阳去声，属于音随义转的现象。缙云话"岸"的音值是[uɛ]，跟[iɛ]相差太远，应该不是本字或初写字。①

| 623 | 以 | 三 | 合 | 仙A | 平 | 与专 | 沿[泝]铅鈆橼捐鸢蜵緣（缘）[鱼（緣-糸）][艹/鸢][月（宀/定）] |
| 2640 | 疑 | 一 | 开 | 寒 | 去 | 五旰 | 岸犴豻预[马岸][雁/火][户@言]嗲[县岸] |

	阴平	瘟₁安₁搹（～：扔）
	阳平	寒韩魂
	阴上	稳₁
[uɛ]	阳上	旱翰
	阴去	按案
	阳去	岸汗焊
	阴入	颔（～：淹）
	阳入	核（审～、杏仁～）或惑

笔者再推测"边缘"的"缘"字，《广韵》"沿、缘"属于同一个小韵，反切为与专切。然而缙云方言二字并不同音，"沿"[iɛ³⁴²]、"缘"[yɛ³⁴²]分属开口齐齿、合口撮唇。因此这条思路不通。

---

①吴越（2010：44）的同音字表中，[uɛ]音节中只有"5魂/6旱/7汗焊/8或核惑"7个字，并没有"岸"字。笔者的同音字表（初稿）中"岸汗焊"三个阳去声字同音。

以上找本字或初写字的方式，其实漏掉一个步骤，那就是二字组的前字是变调而非单字本调。笔者（2010）曾探讨缙云话的二字组连读变调规则，运用"阳平＋阳上"的变调组合关系逆向推测二字组的本调——前字阳平、后字阳上，翻检韵书，怀疑初写字是"檐橑"，它是由古代建筑的部件名转化而来的方位词。"橑"字出现在《广韵》上声皓韵"卢皓切"小韵中，注文写道："屋橑，檐前木。一曰盖骨，一曰栏也。《说文》曰：椽也。"屋檐（檐）是屋顶边凸出引雨水滴落地面的上盖，"檐前滴水"正是此义。① "檐橑"在建筑物的位置属于"旁边"，借代为方位词。② 用"沿"代替"檐"应该是后来的同音换字的结果。

讨论7："166对面"

"对面"的"对"字读成开口 [tei⁴¹]，在《广韵》中属于端母合口一等去声队韵，跟普通话的演变有些不一致。台北老人前字由次高降调转为次低平调，后字由次低升调转为次高降调。对比大陆老人，后字没有变调。由此推论台北老人受到普通话"面"第四声高降调的影响而读成41调。

| 2514 | 端 | 一 | 合 | 灰 | 去 | 都队 | 对[业ㄏㄟ／干ㄏㄩ]寸 | 碓[木对] | 轛[怼] |

综观[tei]音节的平、上、去、入四个声调，对应普通话的读音，"戴、的、滴、嫡、得"等字属于开口，"堆、对、碓"等字属于合口，但在缙云话中全属开口，应该是古音的遗留。若以上古音系统来看，"合口介音后起"之说在此可以得到印证。③

[tei]	阴平	堆□（～：搁）
	阴上	□（～：拉）
	阴去	戴对碓□（～：扔、丢掉）
	阴入	的（目～）滴（～：动词）嫡缡（～：在衣帽上缝帽花、纽扣等）得（～知：知道）

讨论8："167附近"

"附"字中古符遇切，属于轻唇韵，读唇齿音为正常变化。不过，"附近"属于

---

①瓦当和滴水是屋顶瓦作的重要构件。瓦当即勾头，是屋顶檐口每排陇瓦最前面的正圆形筒瓦头。滴水又名滴子，位于屋顶板瓦瓦沿，和瓦当一样具有束水、遮朽和装饰作用。引自http://163.17.96.1/建筑/宅第/瓦当滴水.htm。

②相关图片和解说详见维基百科https://zh.wikipedia.org/wiki/屋檐。

③依李方桂（2001：47）的拟音，队*dədh > duâi。在上古时期属开口字。

书面语的文读音，缙云土话仍有轻唇韵而读重唇声母的字，如"肥、味、望"等。"附"前字声调由次低降升调转为次低降调，后字则未变调。"近"字中古巨靳切，属于群母三等开口去声焮韵，在普通话和缙云话中，皆由舌根音演变为舌面前塞擦音。不过，缙云话尖音和团音是有别的，如"进[tsaŋ⁵³]、近[dʑiaiŋ³¹]"。

2320	并	三	合	虞	去	符遇	附坿袝賻駙鮒[身付]蚹跗[厄専]胕
2592	群	三	开	欣	去	巨靳	近

讨论9："168隔壁"

"隔"字中古古核切，属于见母二等开口入声麦韵。在单字音形式中不带辅音韵尾，音节跟舒声韵的长度相当，然而在二字组或句子中往往还原一个喉塞音，调值也改变为高降的短促调。这说明缙云方言的入声字尾表面上虽然消失，但是经过音韵重估（re-phonologization）之后，转出的新调值仍有其调类存在的位置。

3638	见	二	开	耕	入	古核	隔膈搞鬲槅革[⺮/隔][㦖]譂[革棘][虎(击-手)][雨/革][目鬲][革羽][鱼鬲]嗝

[ka]	阴平	更（五～、～换）庚羹耕尕□（一～鱼：一尾鱼）
	阴上	哽耿粳
	阴去	更（～加）逕（～：冲挤出去）
	阴入	格革隔□（～蜢：蚱蜢）

3687	帮	四	开	青	入	北激	壁鼊繴襞綼[辟/象]

"壁"字中古北激切，属于帮母四等开口入声锡韵。处于后字，没有变调。在韵母方面，有四等的i介音。此字属于上古佳部入声，依李方桂（2001：68）四元音系统和郑张尚芳（2013：602）六元音系统的拟音，到普通话的演变都正常，但到缙云方言的演变都有点曲折。或许南部吴语有百越语言的底层，曾经在某个时期影响或干扰其规律的演变路向。目前只能假设，需要进一步地求证和探索。

	李方桂拟音	郑张尚芳拟音
隔（二等开口入声）	*krik > kek	*kreeg > kriig > kreik > kɣeik > kɣek
辟（壁）（四等开口入声）	*pjik > pjiäk	*peg > pik

三、结语

本文通过实地方言调查，搜集第一手的语料，从海外汉语方言词汇调查词表（修订版）有关方位的词语，进行微观式的讨论。在语音特点方面，反映本地方言有某些阳声韵的鼻尾音丢失、某些中古见系细音声母脱落成零声母、某些塞音声母读成鼻音声母、流通二摄某些韵收-m尾等现象；在连调变化方面，基本上以前字变调为主，后字一般不变调。偶有变调，或者跟语法有关，或者跟强势语言的渗透有关。

"旁边"的土话[iɛ$^{342\text{-}22}$ lə$^{31\text{-}41}$]，根据连读变调和文化背景等理由，推测初写字是"檐橑"，在建筑物的位置属于"旁边"，借代为方位词。

用"正、反"代替"右、左"的方位词，对照庆元方言"大边、细边"，可能跟中国传统的礼教思想有关，也可能跟农业工具有关。

【参考文献】

[1] 曹志耘，秋谷裕幸，太田斋，赵日新. 吴语处衢方言研究[M]. 东京：好文出版社，2000.

[2] 曹志耘. 南部吴语语音研究[M]. 北京：商务印书馆，2002.

[3] 陈贵麟. 吴语区新建方言音系的几个特点[J]. 声韵论丛，2002(12)：247-268.

[4] 陈贵麟. 中古"流、通"两摄在吴语缙云西乡方言-m尾的特殊表现之研究[C]//语言暨语言学《汉藏语研究：龚煌城先生七秩寿庆论文集》(专刊外编之四). 台北：中央研究院语言学研究所，2004：787-806.

[5] 陈贵麟. 吴语区缙云西乡新碧镇(碧溪、碧虞、碧川)方言音系的特点[C]//吴语研究：第三届国际吴方言学术研讨会论文集. 上海：上海教育出版社，2005：148-154.

[6] 陈贵麟. 赴大陆研习缙云话之札记[J]. 缙云文献(本期为台北市缙云同乡会成立五十周年庆特刊)，2006(4)：254-258.

[7] 陈贵麟. 吴语缙云西乡方言语法现象探究[C]//汉语方言研究，武汉：华中师范大学出版社，2007(2)：13-26.

[8] 陈贵麟. 吴语缙云方言东西二乡音韵系统之差异[C]//吴语研究：第四届国际吴方言学术研讨会论文集. 上海：上海教育出版社，2008：70-76.

[9]陈贵麟. 缙云西乡方言连读调之研究[C]//吴语研究：第五届国际吴方言学术研讨会论文集. 上海市：上海教育出版社，2010：57-65.

[10]陈贵麟. 自然村一地多名的成因探索——以吴语《缙云县地名志》为例[C]//吴语研究：第六届国际吴方言学术研讨会论文集. 上海：上海教育出版社，2011：296-300.

[11]陈贵麟. 吴语口传故事姑妇岩之方言语料特点分析[C]//吴语研究：第七届国际吴方言学术研讨会论文集. 上海：上海教育出版社，2014：385-394.

[12]陈晓锦. 东南亚华人社区汉语方言概要（全三册）[M]. 广州：世界图书出版公司，2014.

[13]陈晓锦主编，甘于恩副主编. 汉语方言在海外的播迁与变异——第四届海外汉语方言国际研讨会论文集[M]. 广州：世界图书出版广东有限公司，2016.

[14]丁邦新. 吴语中的闽语成分[J]. 历史语言研究所集刊，1988，59（1）：13-22.

[15]缙云县民政局，地名委员会办公室编. 浙江省缙云县地名志. 1999.

[16]缙云县志编纂委员会. 缙云县志[M]. 杭州：浙江人民出版社，1996.

[17]李方桂. 上古音研究[M]. 北京：商务印书馆，2001.

[18]太田斋. 缙云方言音系[J]. 外国学研究，神户：外国语大学外国学研究所，2004（58）：95-132.

[19]汤志祥. 从新加坡华语看多元语境下词语的接触、吸收和孳乳[J]. 马来西亚华人研究学刊，2012（15）：35-49.

[20]吴式求. 庆元方言研究[M]. 杭州：浙江大学出版社，2010.

[21]吴越. 缙云县方言志[M]. 浙江：缙云县文化广电新闻出版局，2010.

[22]郑张尚芳. 浙西南方言的tɕ声母脱落现象[M]//郑张尚芳语言学论文集（上）. 北京：中华书局，2012：61-96.

[23]郑张尚芳. 上古音系（第2版）[M]. 上海：上海教育出版社，2013.

[24]Gabriel N. Space Exploration: Developing Spaces for Children[J]. Geography, 2004, 89（2）：180-182.

[25]Piaget J., Inhelder B.The child's conception of space[M]. London: Routledge & Kegan Paul, 1967.

美国华人常用时间名词使用特点探析①

陈晓锦

(暨南大学汉语方言研究中心 广东广州 510632)

【摘 要】美国是一个移民国家,也是一个华人众多的国家,华人移民美国的历史几乎可以媲美美国的建国史。粤方言台山话是美国华人社区原先通行的交际用语,粤方言广府话在华人社区地位如今超越了台山话的交际用语。语言、方言中的时间名词,反映了语言、方言使用者对时间范畴的认知。本文选取美国4个比较重要,也是较多华人聚居的城市旧金山、洛杉矶、芝加哥、纽约华人社区里通行的粤方言广府话和台山话,选用词汇中指示有关年、月、日、节日等的一些时间名词,希望通过对这些常用的有指向和无指向时间名词的分析,与中国祖籍地方言广东广州话、台山话的表达比较,找出美国华人在时间认知方面的一些转变,以及其折现的美国主流语言英语对美国华人汉语方言的侵蚀改造,居住国文化的融入,中华文化的磨损。

【关键词】美国 华人 台山话 广府话 时间词

美国是一个移民国家,也是一个华人众多的国家,华人移民美国的历史几乎可以媲美美国的建国史。据记载,华人移民美国最早约在1820年代,大量移民则始于1850年代。1848年,加利福尼亚州发现黄金的消息传到了中国,加上之后美国联邦政府开启了连接国土东西部横贯铁路的修筑,吸引了大批中国移民。其时,众多前去淘金、筑路的华人主要来自广东台山、开平、新会、恩平等四邑地区,粤方言台山话因而成为华人聚居区的交际用语,并被华人称为"唐话"。

从19世纪下半期到今天,华人移民美国一直都在进行,美国商务部人口普查局2009年1月报告:截至2007年,在中国出生,居住在美国的华人有190万。包括在美国出生的华裔在内,2007年美国华裔的人口总数为3016823人。粤方言台山话

---

① 本文为国家社科基金重大项目《海外华人社区汉语方言与文化研究》(14ZDB107)、国家社科基金重点项目《美国华人社区汉语方言与文化研究》(14AYY005)的阶段性成果之一。

在美国华人社区的强势地位一直稳固地延续到20世纪70年代。20世纪70年代以后，随着中国穗港澳移民的逐渐增加，以及粤方言广州话传媒在世界华人圈中的风靡，广府话慢慢超越台山话，似乎在人们的不经意间就跃而取得了美国华人社区第一交际用语的地位，台山话则主要在四邑籍老华人及四邑籍华人的家庭中流通。

长期脱离祖籍国，美式英语无时无处不在，华人，尤其是中青年华人使用英语的时间和场合都比使用汉语方言多得多，无论是华人社区粤方言台山话还是广府话，都发生了变化，打上了异国的烙印。变化在语言因素里最活跃的词汇中表现得尤为突出，仅在占词汇总数一小部分的一些时间名词中，也可以看到这点。

本文选取美国4个比较重要，也是较多华人聚居的城市旧金山、洛杉矶、芝加哥、纽约华人社区里通行的粤方言广府话和台山话，选用词汇中指示有关节日、年、月、星期、日等的一些时间名词，希望通过对这些常用词语的分析，将其与中国祖籍地方言广东广州话、台山话的表达比较，找出美国华人使用汉语方言词语的一些特点。本文的条目不含时间副词和时间代词。

文章的材料来自美国和中国的实地调查，美国四个城市的台山话、广府话主要发音人均为在美国出生长大，二代以上的华人。（主要发音人简况见P196～198。）

一、美国华人常用时间名词举例

1. 指示"年"的词

表1的7条条目，指示的全是有关"年"的常用时间概念，以"今年（现在）"为基准，扩展出"去年、前年、大前年（过去）"和"明年、后年、大后年（未来）"等（表格中的方言点，按广府话、台山话的顺序排列，为便于比较，在美国4地华人的说法之前，先列出英语和中国广东广州话、台山话的说法，空白表示发音人没有提供相应的说法，下同）：

表1

方言点	条目							
	汉语	大前年	前年	去年	今年	明年	后年	大后年
	英语	3 years ago	2 years ago	last year	this year	next year	after 1 year	after 2 years
广州话		大前年 tai²²tsʰin²¹nin	前年 tsʰin²¹nin	旧年 kɐu²²nin	今年 kɐm⁵⁵nin	出年 tsœt⁵nin	后年 hɐu²²nin	大后年 tai²²hɐu²²nin

（续上表）

方言点	条目							
	汉语	大前年	前年	去年	今年	明年	后年	大后年
	英语	3 years ago	2 years ago	last year	this year	next year	after 1 year	after 2 years
旧金山广府话		再前年 tsɔi³³tsʰin²¹nin²¹	前年 tsʰin²¹nin²¹	前年 tsʰin²¹nin²¹	今年 kɐm⁵⁵nin²¹	下年 ha²²nin²¹		
洛杉矶广府话		□□□ □□ tʰu⁵⁵jɛ²¹si²¹ pit²fɔ²¹	以前 ji¹³tsʰin²¹	旧年 kɐu²²nin²¹	今年 kɐm⁵⁵nin²¹	明年 mɛn²¹nin²¹ □□□ nɛt⁵si²¹jɛ²	以后 ji¹³hɐu²²	以后 ji¹³hɐu²²
芝加哥广府话		再前年 tsɔi³³tsʰin²¹nin²¹	前年 tsʰin²¹nin²¹	后年 hɐu²²nin²¹	今年 kɐm⁵⁵nin²¹	明年 nɛn²¹nin²¹ 第二年 tɐi²²ji²²nin²¹	再明年 tsɔi³³mɛn²¹nin²¹	再再明年 tsɔi³³tsɔi³³nɛn²¹nin²¹
纽约广府话				上年 sœŋ²²nin	今年 kɐm⁵⁵nin	下年 ha²²nin 明年 mɛn²¹nin		
台山话		大前年 ai³¹tʰɛn²²nɛn²²	前年 tʰɛn²²nɛn²²	旧年 kiu³¹nɛn²²	今年 kim³³nɛn²²	过年 kɔ³³nɛn²²	后年 heu³¹nɛn²²	大后年 ai³¹heu³¹nɛn²²
旧金山台山话		大前年 ai³¹tsʰɛn²²nɛn²²	前年 tsʰɛn²²nɛn²²	上年 sɛn³¹nɛn²²	今年 kim⁴⁴nɛn²²	下年 ha²²nɛn²²	后年 hau³¹nɛn²²	大后年 ai³¹hau³¹nɛn²²
洛杉矶台山话		迟˭年 tʰi²²nɛn²²	更早年 aŋ²¹tɔ⁵⁵nɛn²²	上年 sɛn²¹nɛn²²	今年 kim⁴⁴nɛn²²	第二年 ai²¹ŋi²¹nɛn²²	更第二年 aŋ⁴⁴ai²¹ ŋi²¹nɛn²²	
芝加哥台山话		大前年 ai³¹hɛn²²nɛn²²	前年 hɛn²²nɛn²²	旧年 kiu³¹nɛn²²	今年 kam⁴⁴nɛn²²	出年 tsʰut⁵nɛn²²	后年 hɐu⁴⁴nɛn²²	大后年 ai³¹hɐu⁴⁴nɛn²²
纽约台山话		大前年 ai³¹tsʰɛn²²nɛn²² 三年前 sam⁴⁴nɛn²² tsʰɛn²²	前年 tsʰɛn²²nɛn²² 两年前 lɛn⁵⁵nɛn²² tsʰɛn²²	旧年 kiu³¹nɛn²²₃₅	今年 kam⁴⁴nɛn²²₃₅	下年 ha³¹nɛn²²₃₅	下两年 ha³¹lɛn⁵⁵ nɛn²²₃₅	下三年 ha³¹sam⁴⁴ nɛn²²₃₅

2. 指示"日"的词

表2的11条条目与"日（天）"有关时间的概念，都是汉语、英语共有的，其中前7条条目关于"日（天）"的概念也是以"今天（现在）"为基准，往前扩展到"昨天、前天、大前天（过去）"，往后扩展到"明天、后天、大后天（未来）"：

表2

方言点 \ 汉语 英语	大前天 three days ago	前天 the day before yesterday	昨天 yesterday	今天 today	明天 tomorrow	后天 the day after tomorrow	大后天 after three days	次日 next day	每天 every day	整天 the whole day	半天 half day
广州话	大前日 tai²² tsʰin²¹ jɐt²	前日 tsʰin²¹ jɐt²	琴日 kʰɐm²¹ jɐt²	今日 kɐm⁵⁵ jɐt²	听日 tʰɛŋ⁵⁵ jɐt²	后日 hɐu²² jɐt²	大后日 tai²² hɐu²² jɐt²	第日 tɐi²² jɐt²	日日 jɐt² jɐt²	成日 sɛŋ²² jɐt²	半日 pun³³ jɐt²
旧金山广府话		前日 tsʰin²¹ jɐt²	琴日 kʰɐm²¹ jɐt²	今日 kɐm⁵⁵ jɐt²	听日 tʰɛŋ⁵⁵ jɐt²			第日 tɐi²² jɐt²	日日 jɐt² jɐt²	成日 sɛŋ²¹ jɐt²	半日 pun³³ jɐt²
洛杉矶广府话	星期几 sen⁵⁵ kʰei²¹ kei³⁵	前日 tsʰin²¹ jɐt	琴日 kʰɐm²¹ mɐt²	今日 kɐm⁵⁵ mɐt²	听日 tʰɛŋ⁵⁵ jɐt²	后日 hɐu²² jɐt²	大后日 tai²² hɐu²² jɐt²	第日 tɐi²² jɐt²	日日 jɐt² jɐt²	成日 sɛŋ² jɐt²	半日 jɐt²
芝加哥广府话	三日之前 sam⁵⁵ jɐt² tsi⁵⁵ tsʰin²¹	前日 tsʰin²¹ jɐt²	琴日 kʰɐm²¹ jɐt² 寻日 tsʰɐm²¹ jɐt²	今日 kɐm⁵⁵ jɐt²	听日 tʰɛŋ⁵⁵ jɐt²	后日 hɐu²² jɐt²	再后日 tsɔi³³ hɐu²² jɐt²	第日 tɐi²² jɐt²	日日 jɐt² jɐt²	成日 sɛŋ²¹ jɐt²	半日 pun³³ jɐt²
纽约广府话		前日 tsʰin²¹ jɐt²	琴日 kʰɐm²¹ jɐt²	今日 kɐm⁵⁵ jɐt²	听日 tʰɛŋ⁵⁵ jɐt²	后日 hɐu²² jɐt²		第日 tɐi²² jɐt²	日日 jɐt² jɐt²	成日 sɛŋ²¹ jɐt²	半日 pun³³ jɐt²
台山话	大前日 ai³¹ tʰen²² ŋit²	前日 tʰen²² ŋit²	琴晚 tam³¹ man⁵⁵	今日 kim³³ ŋit²	□早 hen²¹ tau⁵⁵	□日 hen²¹ ŋit²	过几日 kɔ³³ ki⁵⁵ ŋit²	第二日 ai³¹ ŋit²	日日 ŋit² ŋit²	成日 siaŋ²² ŋit²	半日 puɔn⁵⁵ ŋit²
旧金山台山话	大前日 ai³¹ tsʰɛn²² ŋit²	前日 tʰɛn²² ŋit²	昨晚 ta³¹ man⁵⁵	今日 kim⁴⁴ ŋit²	听早 hen²¹ tau⁴⁴	后日 hau³¹ ŋit²	大后日 ai³¹ hau³¹ ŋit²	第二日 ai³¹ ŋit²	每日 mɔi³¹ ŋit²	成日 sɛŋ²¹ ŋit²	半日 pɔn⁴⁴ ŋit²

(续上表)

方言点		条目									
	汉语	大前天	前天	昨天	今天	明天	后天	大后天	次日	每天	整天	半天
	英语	three days ago	the day before yesterday	yester-day	today	tomor-row	the day after tomor-row	after three days	next day	every day	the whole day	half day
洛杉矶台山话		早三日 tɔ⁵⁵ ɬam⁴⁴ ŋit²	早二日 tɔ⁵⁵ ŋi³¹ ŋit²	昨晚 tɔ²¹ man⁵⁵	今日 kim⁴⁴ ŋit²	听早 hɛn⁴⁴ tɔ⁵⁵	更迟日 aŋ²¹ tʰi²² ŋit²	迟三日 tʰi²² ɬam⁴⁴ ŋit²	第二日 ai²¹ ŋi³¹ ŋit²	日日 ŋit² ŋit²	成日 sɛn²² ŋit²	半日 pɔn⁴⁴ ŋit²
芝加哥台山话		大前日 ai³¹ hɛn²² ŋiak²	前晚 hɛn²² tam³¹ man⁵⁵	琴晚 kam⁴⁴ mak²	今日 han⁴⁴ tou⁴⁴	□□ hɛu⁴⁴ ŋiak²	后日 ai³¹ hɛu⁴⁴ tou⁴⁴	大后日 han⁴⁴ tou⁴⁴	□早 ŋiak²	日日 ɬɛŋ²² ŋiak²	成日 pɔn⁴⁴ ŋiak²	半日
纽约台山话		早三日 tou⁵⁵ sam⁴⁴ jat²	早两日 tou⁵⁵ lɛŋ³¹ jat²	琴晚 kʰam²² man⁵⁵	今日 kam⁴⁴ jat²	听早 tʰɛŋ⁴⁴ jat²	迟两日 tʰi²² lɛŋ⁵⁵ jat²	迟三日 tʰi²² sam⁴⁴ jat²	第日 ai³¹ jat²	每天 mɔi³¹ hɛn⁴⁴	全天 tʰun²² jat²	半日 pɔn⁴⁴ jat²

3. 指示"月、旬、星期"的词

表3的9条条目，关于"月"有2条，关于"旬"有3条，关于"星期"有4条。"月"和"星期"为汉语和英语均有的时间概念，"旬"为汉语和汉语方言独具的时间概念：

表3

方言点		条目								
	汉语	月初	月底	上旬	中旬	下旬	星期	周末	星期一	星期天
	英语	the beginning of a month	the end of a month	the prior sector of a month	the meddle sector of a month	the last sector of a month	week	week-end	Monday	Sunday
广州话		月初 jytʰ tsʰɔ⁵⁵	月底 jyt² tei³⁵	上旬 sœŋ²² sœn²¹	中旬 tsun⁵⁵ sœn²¹	下旬 ha²² sœn²¹	礼拜 lɐi¹³ pai³³	周末 tsɐu⁵⁵ mut²	拜一 pai³³ jɐi⁵	礼拜（日） lɐi¹³ pai³³ jɐt²
旧金山广府话			月尾 jyt² mei¹³	头十日 tʰɐu²¹ sɐp² jɐt²			礼拜 lɐi¹³ pai³³	拜尾 pai³³ mei¹³	拜一 pai³³ jɐi²	礼拜 lɐi¹³ pai³³

(续上表)

方言点	条目									
	汉语	月初	月底	上旬	中旬	下旬	星期	周末	星期一	星期天
	英语	the beginning of a month	the end of a month	the prior sector of a month	the meddle sector of a month	the last sector of a month	week	week-end	Monday	Sunday
洛杉矶广府话		呢个月第一个星期 ni^{55}kɔ^{33} jyt^{2}tɐi^{22} jɐt^{5}kɔ^{33} sen^5 kʰei^{21}	呢个月最后几日 ni^{55}kɔ^{33} jyt^2 tsœy^{33} hɐu^{22} kei^{35}jɐt^2				礼拜 lɐi^{13} pai^{33}	拜尾 pai^{33} mei^{13}	拜一 lɐi^{13} jɐt^2	礼拜 lɐi^{13} pai^{33}
芝加哥广府话		月初 jyt^2 tsʰɔ^{55}	月尾 jyt^2 mei^{13}	月初 jyt^2 tsʰɔ^{55}	月中 jyt^2 tsuŋ^{55}	月尾 jyt^2 mei^{13}	礼拜 lɐi^{13} pai^{33}	礼拜 lɐi^{13} pai^{33}	礼拜一 lɐi^{13} pai^{33} jɐt^2	礼拜 lɐi^{13} pai^{33}
纽约广府话		月头 jyt^2 tʰɐu^{21}	月尾 jyt^2 mei^{13}				礼拜 lɐi^{13} pai^{33}	礼拜 lɐi^{13} pai^{33}	拜一 pai^{33} jɐt^2	礼拜 lɐi^{13} pai^{33}
台山话		月头 ŋut^2 heu^{22}	月尾 ŋut^2 mei^{55}	上旬 siaŋ^{21} tʰun^{22}	中旬 tsəŋ^{33} tʰun^{22}	下旬 ha^{33} tʰun^{22}	礼拜 lai^{55} pai^{33}	周末 tsau^{33} mot^2	拜一 pai^{33} jit^5	礼拜(日) lai$^{21}_{55}$ pai^{33}ŋit^2
旧金山台山话		月初 ŋut^2 tsʰɔ	月尾 ŋut^2 mei^{55}				礼拜 lai^{55} pai^{44}	拜尾 pai^{44} mei^{55}	拜一 pai^{44} jit^5	礼拜 lai^{55} pai^{44}
洛杉矶台山话		月头 ŋut^2 hau^{22}	月尾 ŋut^2 mi^{55}			第尾十日 ai^{21}mi^{55} sip^{2}ŋit^2	礼拜 lai^{55} pai^{33}	拜尾 pai$^{21}_{55}$ mi^{55}	拜一 lai$^{21}_{55}$ jit^5	礼拜 lai$^{21}_{55}$ pai^{33}
芝加哥台山话		月头 ŋut^2 hau^{22}	月尾 ŋut^2 mi^{55}				礼拜 lai^{55} pai^{44}	拜尾 pai^{44} mi^{55}	拜一 pai^{55} jit^5	礼拜 lai^{55} pai^{44}
纽约台山话		月头 ŋut^2 hɛu^{22}	月尾 ŋut^2 mi$^{31}_{55}$				礼拜 lai$^{31}_{55}$ pai^{44}	拜尾 pai^{44} mi^{55}	拜一 pai^{55} jat^5	礼拜 lai$^{31}_{55}$ pai^{44}

4. 指示其他时间的词

表4的9条条目，指示的时间从一天的天亮开始，一直到天黑以后的晚上，还有两个是关于钟点的，这些时间概念，也是汉语、英语共有的：

表4

方言点	汉语	黎明	早晨 泛指	上午	中午	下午	白天	傍晚	夜里 入睡后	晚上 掌灯至入睡前	几个小时	点 几点
	英语	dawn	morn-ing	AM.	noon	after-noon	day time	even-ing	at night	in the evening	hour	what time
广州话		天光 t^hin^{55} $kwɔŋ^{55}$	朝头早 $tsiu^{55}$ $t^hɐu^{21}$ $tsou^{35}$	上昼 $sœŋ^{22}$ $tsɐu^{33}$	晏昼 $ŋan^{33}$ $tsɐu^{33}$	下昼 ha^{22} $tsɐu^{33}$	日头 $jɐt^2$ $t^hɐu$	挨晚 $ŋai^{55}$ man	晚黑 man^{13} hak^5	晚黑 man^{13} hak^5	钟头 $tsuŋ^{55}$ $t^hɐu^{21}$	点 tim^{35}
旧金山广府话		□ $tɔŋ^{53}$	朝头早 $tsiu^{55}$ $t^hɐu^{21}$ $tsou^{35}$	□□ ei^{55} $ɛm^{55}$	晏昼 an^{33} $tsɐu^{33}$	□□ p^hi^{55} $ɛm^{53}$	日头 $jɐt^2$ $t^hɐu$	晚 man^{13}	晚黑 man^{13} hak^5	晚黑 man^{13} hak^5	钟 $tsuŋ^{55}$	点 tim^{35}
洛杉矶广府话		早上 $tsou^{35}$ $sœŋ^{22}$	早上 $tsou^{35}$ $sœŋ^{22}$	上昼 $sœŋ^{22}$ $tsɐu^{33}$	中午 $tsuŋ^{55}$ $m̩^{13}$	晏昼 $ŋan^{33}$ $tsɐu^{33}$	日头 $jɐt^2$ $t^hɐu$	下昼 ha^{22} $tsɐu^{33}$	晚黑 man^{13} hak^5	晚黑 man^{13} hak^5	点 tim^{35}	点 tim^{35}
芝加哥广府话		天光 t^hin^{55} $kwɔŋ^{55}$	朝头早 $tsiu^{55}$ $t^hɐu^{21}$ $tsou^{35}$	上昼 $sœŋ^{22}$ $tsɐu^{33}$	中午 $tsuŋ^{55}$ $m̩^{13}$	下昼 ha^{22} $tsɐu^{33}$	日头 $jɐt^2$ $t^hɐu$	下昼 ha^{22} $tsɐu^{33}$ 天黑 t^hin^{55} hak^5	晚黑 man^{13} hak^5	晚黑 man^{13} hak^5	钟头 $tsuŋ^{55}$ $t^hɐu^{21}$	点 tim^{35}
纽约广府话			早晨 $tsou^{35}$ $sɐn^{21}$	朝早 $tsiu^{55}$ $tsou^{35}$	中午 $tsuŋ^{55}$ $m̩^{13}$	晏昼 $ŋan^{33}$ $tsɐu^{33}$	日头 $jɐt^2$ $t^hɐu$		晚黑 man^{13} hak^5		钟 $tsuŋ^{55}$	点 tim^{35}
台山话		皓啰 hau^{31} $lɔ^{31}$	朝早 $tsiau^{33}$ tau^{55}	早昼 tau^{55} $tsiu^{33}$	中昼 $tsəŋ^{33}$ $tsiu^{33}$	下 ha^{33} $tsiu^{33}$	日头 $ŋit^2$ heu^{22}	睇紧黑 hai^{55} kin^5 hak_{35}^5	晚黑 man^{55} hak^5	晚黑 man^{55} hak^5	钟头 $tsəŋ^{33}$ heu^{22}	点 $tiam^{55}$
旧金山台山话		□□□ san^{44} wai^{44} si^{21}	早朝 tau^{44} $tsiu^{44}$	上昼 $sɛŋ^{31}$ $tsiu^{44}$	中昼 $tsuŋ^{44}$ $tsiu^{44}$	下昼 ha^{55} $tsiu^{33}$ 晏昼 an^{31} $tsiu^{31}$	日头 $ŋit^2$ hau_{55}^{22}	夜晚 $jɛ^{31}$ man^{55}	夜晚 $jɛ^{31}$ man^{55}	夜晚 $jɛ^{31}$ man^{55}	钟头 $tsuŋ^{44}$ $hɐu^{22}$ 小时 $siau^{55}$ si^{22}	钟头 $tsuŋ^{44}$ $hɐu^{22}$ 小时 $siau^{55}$ si^{22}

(续上表)

方言点	条目										
	汉语	黎明	早晨 泛指	上午	中午	下午	白天	傍晚	夜里 入睡后	晚上 掌灯至入睡前	几个 小时	点 几点
	英语	dawn	morn-ing	AM.	noon	after-noon	day time	even-ing	at night	in the evening	hour	what time
洛杉矶台山话		天皓 hɛn⁴⁴ hau²¹	早晨 tɔ⁵⁵ sin²²	上天 sɛn²¹ hɛn⁴⁴		下天 ha²¹ hɛn⁴⁴	日头 ɲit² hau²²	晚头 man⁵⁵ hau²²	晚头 man⁵⁵ hau²²	晚头 man⁵⁵ hau²²	钟头 tsuŋ⁴⁴ hau²²	点钟 ɛm⁵⁵ tsuŋ⁴⁴
芝加哥台山话		天皓 hɛn⁴⁴ hɛu³¹	早晨 tou⁵⁵ san²²	上昼 sɛn³¹ tiu⁴⁴	晏昼 an⁴⁴ tiu⁴⁴	晏昼 an⁴⁴ tiu⁴⁴	日头 ɲiak⁵⁵ hau²²	夜晚黑 jɛ³¹ man⁵⁵ hak⁵	三更半夜 łam⁴⁴ kaŋ⁴⁴ pɔn³¹ jɛ³¹	夜晚 jɛ³¹ man⁵⁵	钟头 tsuŋ⁴⁴ hau²²	点钟 ɛm⁴⁴ tsuŋ⁴⁴
纽约台山话		天光 hɛn⁴⁴ kɔŋ⁴⁴	早晨 tou⁵⁵ san²²	上午 sɛn³¹ m̩⁵⁵	中午 tsuŋ⁴⁴ m̩³¹⁵⁵	下午 ha³¹ m̩⁵⁵	日头 jat² hɛu²²	晚黑 man³¹⁵⁵ hak⁵	黑晚 hak⁵ man³¹⁵⁵	晚上 man³¹⁵⁵ sɛŋ³¹	钟头 tsuŋ⁴⁴ hɛu²²	点 ɛm⁵⁵

5. 指示节假日的词

表5关于节日的条目11条，前7条指称华人的祖籍国中国固有的节日，后4条指称美国当地的节日：

表5

方言点	条目										
	汉语	春节	除夕	大年初一	清明节	端午节	中秋节	重阳节	圣诞节	感恩节	万圣节	复活节
	英语	Spring Festival	New Year's Eve	The first day of Spring Festival	Tomb Sweeping Festival	Dragon Boat Festival	Mid-Autumn Festival	Double Ninth Festival	Christ-mas	Thanks-giving	Hallow-een	Easter
广州话		过年 kwɔ³³ nin²¹	年三十晚 nin²¹ sa⁵⁵⁻³³ man¹³	年初一 nin²¹ tsʰɛn⁵⁵ jet⁵	清明 tsʰɛŋ⁵⁵ mɛn²¹	端午节 tyn⁵⁵ m¹³ tsit³	中秋节 tsuŋ⁵⁵ tsʰɐu⁵⁵ tsit³	重阳 tsʰuŋ²¹ jœŋ²¹	圣诞节 sɛn³³ tan²² tsit³	感恩节 kɐm³⁵ jɐn⁵⁵ tsit³	鬼节 kwɐi³⁵ tsit³	复活节 fuk² wut³ tsit³
旧金山广府话		过年 kwɔ³³ nin²¹	年三十晚 nin²¹ sam⁵⁵ sɐp² man¹³	年初一 nin²¹ tsʰɛn⁵⁵ jɐt⁵	清明节 tsʰɛŋ⁵⁵ mɛn²¹ tsit³		中秋节 tsuŋ⁵⁵ tsʰɐu⁵⁵ tsit³	重阳 tsʰuŋ²¹ jœŋ	圣诞节 sɛn³³ tam²² tsit³	火鸡节 fɔ³⁵kɐi⁵⁵ tsɐi³⁵ 感恩节 kɐm³⁵ jɐn⁵⁵ tsit³	鬼仔节 kwɐi³⁵ tsɐi³⁵ □□□ hɔ⁵⁵lɔ²¹ win⁵⁵	□□ ji⁵⁵ si²¹ tʰɐ²¹

(续上表)

方言点	条目										
	汉语	春节	除夕	大年初一	清明节	端午节	中秋节	重阳节	圣诞节	感恩节	万圣节	复活节
	英语	Spring Festival	New Year's Eve	The first day of Spring Festival	Tomb Sweeping Festival	Dragon Boat Festival	Mid-Autumn Festival	Double Ninth Festival	Christ-mas	Thanks-giving	Hallow-een	Easter
洛杉矶广府话		红包攞来嘅个节 huŋ⁵⁵ pau⁵⁵ lɔ³⁵lei²¹ kɔ³⁵kɔ³³ tsit³ 新年 sɐn⁵⁵ nin²¹	红包攞来嘅个节 huŋ⁵⁵ pau⁵⁵ lɔ³⁵lei²¹ kɔ³⁵kɔ³³ tsit³	新年第一日 sɐn⁵⁵ nin²¹ tai²² jɐt⁵	清明 tshɐŋ⁵⁵ mɐŋ²¹	食粽 sek² tsuŋ³⁵	食月饼 sek² jyt² pɛŋ³⁵		圣诞 sɐŋ³³ tan³³	火鸡节 fɔ³⁵ kɐi⁵⁵ tsit³	鬼节 kwɐi³⁵ tsit³	执蛋节 tsɐp⁵ tatsit³
芝加哥广府话		过年 kwɔ³³ nin²¹	年卅阿晚 nin²¹ saa⁵⁵a³³ man¹³	年初一 nin²¹ tshɔ⁵⁵ jɐt⁵	清明 tshɐŋ⁵⁵ nɐŋ²¹	龙船节 luŋ²¹ syn²¹ tsit³	八月十五 pat³jyt² sɐp²m̩¹³		圣诞节 sɐŋ³³ tan³³ tsit³	感恩 kɐm³⁵ jɐn⁵⁵ tsit³	ha⁵⁵ lou⁵⁵ win⁵⁵	复活节 fuk⁵ wut² tsit³
纽约广府话		过年 kwɔ³³ nin²¹	过年 kwɔ³³ nin²¹	年初一 nin²¹ tshɔ⁵⁵ jɐt⁵	拜生 pai³³ saŋ⁵⁵	食粽 sek² tsuŋ³⁵	食月饼 sek² jyt² pɛŋ³⁵		圣诞节 sɐŋ³³ tan³³ tsit³	火鸡节 fɔ³⁵ kɐi⁵⁵ tsit³	鬼节 kwɐi³⁵ tsit³	蛋节 tan³⁵ tsit³
台山话		过年 kɔ³³ nɛn²²	卅十晚 sa³³ sap³³ man²¹	年初一 nɛn²² tshɔ³³ jit⁵	清明 then³³ men	五月节 m⁵⁵ ŋut² te³⁵	八月十五 pat³ ŋut² sip² m⁵⁵	九月九 kiu⁵⁵ ŋut² kiu⁵⁵	圣诞 sɐŋ³³ han³³			
旧金山台山话		过年 kuɔ⁴⁴ nɛn²²	年晚 nɛn²² man⁵⁵	年初一 nɛn²² thɔ⁴⁴ jit⁵	行山 haŋ²² san⁴⁴	吃粽 het⁵ tsuŋ⁵⁵	中秋节 tsuŋ⁴⁴ tshiu⁴⁴ tsit⁵		圣诞节 sɐŋ⁴⁴ an⁴⁴ tsit⁵	感恩节 kim⁵⁵ ɔn⁴⁴ tsit⁵	ho⁴⁴ lɔ⁴⁴ win³¹	ji⁴⁴ si⁴⁴ thə⁴⁴
洛杉矶台山话		唐人新年 hɔŋ²² ŋin²² ɬin⁴⁴ nɛŋ²²	唐人新年 hɔŋ²² ŋin²² ɬin⁴⁴ nɛŋ²²	年初一 nɛŋ²² thɔ⁴⁴ ŋit⁵	清明 then⁴⁴ mɐŋ²²	扒船 pha⁴⁴ sɔn²²	中秋节 tsuŋ⁴⁴ thiu⁴⁴ tek⁵		圣诞节 sɐŋ⁴⁴ an⁴⁴ tek⁵	火鸡节 fɔ⁵⁵ kai⁴⁴ tek⁵	ho⁴⁴ lɔ⁴⁴ wɐŋ⁴⁴	

(续上表)

方言点	条目										
	汉语	春节	除夕	大年初一	清明节	端午节	中秋节	重阳节	圣诞节	感恩节	万圣节	复活节
	英语	Spring Festival	New Year's Eve	The first day of Spring Festival	Tomb Sweeping Festival	Dragon Boat Festival	Mid-Autumn Festival	Double Ninth Festival	Christ-mas	Thanks-giving	Hallow-een	Easter
芝加哥台山话	过年 kuɔ⁴⁴ nɛn²²	年三十晚 nɛn²² łam⁴⁴ sap² man⁵⁵	初一 tsʰɔ⁴⁴ jat⁵	清明 tsʰeŋ⁴⁴ mɛŋ²²	扒龙船 pʰa²² luŋ²² sun²²	吃月饼 hɛt⁵ ŋut² pɛŋ⁵⁵	九月九 kiu⁵⁵ ŋut² kiu⁵⁵	圣诞 sɛŋ⁴⁴ an⁴⁴	火鸡节 fɔ⁵⁵ kai⁴⁴ tɛt³	鬼节 kuai⁵⁵ tɛt³	复活节 fuk² ŋut² tɛt³
纽约台山话	过年 kɔ⁴⁴ nɛn²²	年三晚 nɛn²² sam⁴⁴ man	新年 san⁴⁴ nɛn²²	清明 tʰeŋ⁴⁴ mɛŋ	扒龙船 pʰa²² luŋ²² sun²²	八月十五 pat⁵ ŋut² sap² m⁵⁵	九月九 kau⁵⁵ ŋut² kau⁵⁵	圣诞 sɛŋ⁴⁴ an⁴⁴	火鸡节 fɔ⁵⁵ kɔi⁴⁴ tɛt⁵	鬼王节 kui⁵⁵ wɔŋ²² tɛt⁵	

二、美国华人常用时间名词分析

我们把时间词分为"有指向"和"无指向"两类，表格里表示"年、日"的时间词是有指向的（表1、表2），表示"月、星期、一天中各种时间、节假日"等的时间词是无指向的（表3、表4、表5）。有指向的时间词以现在为基准，分别向过去和未来扩展，中指现在，后指过去，前指未来，指代的时间点相对明确；无指向的时间词指代的时间点相对模糊，只有带上相应的修饰成分后才能指代确切的时间点。

本文的有指向时间词14条：大前年、前年、去年（过去），今年（现在），明年、后年、大后年（未来）；大前天、前天、昨天（过去），今天（现在），明天、后天、大后天（未来）。

无指向时间词35条：月初、月底、上旬、中旬、下旬、星期、周末、星期一、星期天、次日、每天、整天、半天、黎明、早晨、上午、中午、下午、白天、傍晚、夜里、晚上、小时、点、春节、除夕、大年初一、清明节、端午节、中秋节、重阳节、圣诞节、感恩节、万圣节、复活节。

这两类时间概念，美国四地两种粤方言的表达，表现为四种不同的方式：（1）没有提供说法（表格为空白）；（2）直接借用英语表达（含有方言的说法，也有英语的说法）；（3）使用自创的说法（说法与祖籍地方言不同，或说法相同，但词义或构词语素与祖籍地方言比发生了变化）；（4）保留中国祖籍地方言的原有说法。

1. 有指向时间名词

　　上文14条有指向时间名词指示"年"和"天"相关的时间概念清晰明确，汉语和粤方言广州话、台山话表示这些意思的词都非常固定；而英语除了"yesterday 昨天、today 今天、tomorrow 明天"是以词的形式表达以外，其余相关的条目都以短语的形式表述（参见上文表1、表2）。在这种大语言环境下，华人的汉语方言不可避免受到了影响。

（1）没有提供说法

广府话　　旧金山"后年、大后年、大前天、后天、大后天"5条，纽约"前年、大前年、后年、大后年、大前天、大后天、每天"7条，合共13条。

台山话　　洛杉矶"大后年"1条。

（2）借用英语说法

①直接借用

广府话

洛杉矶　　□□□□t^{h}u^{55}jɛ^{21}si^{21}pit^{2}fɔ^{21} 大前年，英语：two years before、明年/□□□nɛt^{5}si^{21}jɛ^{21} 英语：next year，与方言说法并用

②间接借用

形式上说的是汉语方言，但实质上表达的方式却是借用英语的，对比英语的说法，不难发现这种短语式的表达，不乏意译英语词语的痕迹：

广府话

芝加哥　　三日之前 大前天，英语：three days before

台山话

旧金山　　早三日 大前天，英语：three days before

洛杉矶　　早二日 前天，英语：the day before yesterday、早三日 大前天，英语：three days before、迟三日 大后天，英语：after three days

纽约　　下两年 前年，英语：after one year、下三年 大前年，英语：after two years、早两日 前天，英语：the day before yesterday、早三日 大前天，英语：three days before、前年\两年前 方言原有的说法与间接借用说法并存，英语：one years before、大前年\三年前 方言原有的说法与间接借用说法并存，英语：two years before

（3）使用自创的说法

①说法与祖籍地方言不同，类似英语的表述，这些条目不少以短语的形式表现。在时间名词前添加副词"更"，叠加副词"再"，甚至叠加两个副词修饰名词等用法，均不见于本土的粤方言广州话、台山话，倒是英语中有类似的表达：ex-wife 前妻、ex-ex-boyfriend 前、前男友。

广府话

旧金山　再再前年 大前年、下年 明年

芝加哥　再前年 大前年、再明年 后年、再再明年 大后年、再后日 大后日

台山话

旧金山　上年 去年

洛杉矶　迟²年 大前年、更早年 前年、上年 去年、第二年 后年、更第二年 大后年

芝加哥　□早 han⁴⁴tou⁴⁴ 明天、第二天

②说法祖籍地方言也有，词义与祖籍地方言比发生了转移或扩大的变化，或构词语素发生了变化。例如：

广府话

旧金山　前年 前年、去年

洛杉矶　以前 以前，前年、以后 以后，后年，大后年、星期几 星期几，大前日

芝加哥　后年 去年

台山话

旧金山　昨晚 昨晚，昨天

洛杉矶　昨晚 昨晚，昨天

纽约　　全日 整天，构词语素与广东台山话不同

（4）保留中国祖籍地方言的原有说法（词条后的地名指有该说法的地点方言，下同），例如：

广府话　前年 旧金山，芝加哥、旧年 去年，洛杉矶、琴日 昨天，旧金山，洛杉矶，芝加哥，纽约、听日 明天，旧金山，洛杉矶，芝加哥，纽约、第日 次日，旧金山，洛杉矶，芝加哥，纽约

台山话　旧年 去年，芝加哥，纽约、成日 整天，旧金山，洛杉矶，芝加哥、日日 每天，洛杉矶，芝加哥

表1和表2含有指向时间名词14条，8个方言点乘以14等于112条，扣除（1）（2）（3）点的52条，8个方言点还剩60条保留祖籍地方言说法，有变化的说法接近半数。

2. 无指向时间名词

本文的35条无指向时间名词，英语以词的形式表达的有：week星期、weekend周末、Monday星期一、Sunday星期天、everyday每天、dawn黎明、morning早晨、noon中午、afternoon下午、daytime白天、evening傍晚、hour小时、Christmas圣诞节、Easter复活节，其余均以短语的形式表达（参见表2、表3、表4、表5）。而汉语和汉语方言词的说法固定，词义也明确。

（1）没有提供说法

广府话

旧金山 "月初、中旬、下旬、端午节"4条，洛杉矶"上旬、中旬、下旬、重阳节"4条，芝加哥"重阳节"1条，纽约"上旬、中旬、下旬、黎明、傍晚、晚上掌灯至入睡前、重阳"7条，共16条。

台山话

旧金山 "上旬、中旬、下旬、重阳节"4条，洛杉矶"上旬、中旬、中午、重阳节"4条，芝加哥"上旬、中旬、下旬"3条，纽约"上旬、中旬、下旬、复活节"4条，共15条。

至此，我们已知发音人没有提供说法的时间概念既含有指向的，也含无指向的，这些条目通常表示的是汉语特有、英语中没有的时间概念，如"上旬、中旬、下旬"等；或英语没有词的说法，以短语形式表达的，如"大前天、大后年"等。

（2）直接借用英语

这部分表达的主要是汉语中没有的时间概念，如"万圣节、复活节"等。除了指示祖籍国没有、美国特有的事物，也有指示无论什么国家、什么民族都有的时间概念"上午、下午"等的。

广府话

旧金山 □tɔŋ⁵³ 黎明，英语：dawn、□□ei⁵⁵εm⁵³ 上午，英语：AM、□□pʰi⁵⁵εm⁵³ 下午，英语：PM、□□□ji⁵⁵si²¹tʰə²¹ 复活节，英语：Easte、鬼仔节/□□□hɔ⁵⁵lɔ⁵⁵win⁵⁵ 万圣节，英语：Hallow vine，与方言说法并用

芝加哥 □□□ha⁵⁵lou⁵⁵win⁵⁵ 万圣节，英语：Hallow vine

台山话

旧金山 □□□san⁴⁴wai⁴⁴si²¹ 黎明，英语：sun rise、□□□hɔ⁴⁴lɔ⁴⁴win³¹ 万圣节，英语：Hallow vine、□□□ji⁴⁴si²¹tʰə²¹ 复活节，英语：Easter

洛杉矶　　□□□ hɔ⁴⁴lɔ⁴⁴weŋ⁴⁴ 万圣节，英语：Hallow vine

（3）使用自创的说法

①说法与祖籍地方言不一样，含词的说法不同，或以解释性的短语表达的，例如：

广府话

旧金山　头十日 上旬、拜尾 周末、火鸡节 感恩节、鬼仔节 万圣节

洛杉矶　呢个月第一个星期 月初、呢个月最后几日 月底、拜尾 周末、早上 黎明，上午、红包攞来嗰个节 春节，除夕、新年第一日 年初一、食粽 端午节、食月饼 中秋节、火鸡节 感恩节、鬼节 万圣节、执蛋节 复活节

芝加哥　龙船节 端午节

台山话

旧金山　拜尾 周末、早朝 早晨、年晚 除夕、行山 清明节、喫粽 端午节

洛杉矶　第尾十日 下旬、拜尾 周末、上天 上午、下天 下午、唐人新年 春节，除夕、扒船 端午节、火鸡节 感恩节

芝加哥　拜尾 周末、三更半夜 夜里（入睡后）、扒龙船 端午节、喫月饼 中秋节、火鸡节 感恩节、鬼节 万圣节

纽约　拜尾 周末、扒龙船 端午节、火鸡节 感恩节、鬼王节 万圣节

②说法祖籍地方言也有，但与祖籍地方言比词义发生了转移或扩大的变化，或构词语素发生了变化。例如：

广府话

芝加哥　月初 月初，上旬、月中 中旬，一个月中间的日子、月尾 月底，下旬、礼拜 周末，星期，星期天

纽约　礼拜 周末，星期，星期天、过年 春节，除夕

台山话

旧金山　早朝 早晨，构词语素颠倒

纽约　黑晚 夜里（入睡后），构词语素颠倒

也可以把无指向时间名词的创新分成另两类：

一是对祖籍地没有的事物没有的表述所作的创新，这是完完全全的创新：火鸡节、执蛋节。具有地道美国特色的"火鸡节"是因为火鸡是感恩节的特定食物；"执蛋节"则是因为复活节特有的捡彩蛋活动。

另一是对祖籍地也有的事物也有的表述所作的创新，即说法与祖籍地方言不

同，或与祖籍地方言相同，但词义与祖籍地方言的同一说法比，发生了扩展或缩小变化的：

①用直观的方式表达

改变了祖籍地方言说法的，很多是那些具有中国特色，美国没有，只是在华人圈中艰难地维系着的事物如"春节、中秋节、端午节"等等（调查中一些老华人说，就是华人一年中最重要的节日春节，在美国其实要维持亦非易事：由于不是法定节日，除夕之夜，哪怕做好了满桌丰盛的饭菜，也很难等到在为生活奔波拼搏的年轻人回来。而对于老年人的执著，年轻人也很不理解：吃饭什么时候不行，没有放假，为什么非要回去吃饭？），因为中秋节有月饼，端午节有粽子、有划龙船活动，一些华人，尤其是中青年华人就只能直观地以自己的感觉去表述"食(喫)月饼、食(喫)粽、扒龙船"。这些说法，都是以特定的时间才会产生的事物去指代节日。

②用解释的方式表达

"唐人新年、红包攞嚟嗰个节"，华人自称"唐人"，一年之中过两个新年，一个是美国所有族裔都会庆祝的元旦，一个是华人才庆祝的春节"唐人新年"，春节会有红包派放，当然就是"红包拿来"的那个节了。这种表达方式，用以解释的往往是超出了词的范畴的短语。

值得注意的是，将单一的词置换成短语，华人不仅在表达时间概念时如此，在使用其他词语时也如此。

（4）保留中国祖籍地方言的原有说法，例如：

广府话 拜一 星期一, 旧金山, 洛杉矶, 纽约、礼拜一 星期一, 芝加哥、点 几点, 四个点、朝头早 早晨, 旧金山, 芝加哥、晏昼 中午, 旧金山、下昼 下午, 芝加哥、日头 白天, 四个点、过年 春节, 旧金山, 芝加哥, 纽约、清明(节) 旧金山, 洛杉矶, 芝加哥、重阳 旧金山

台山话 月头 洛杉矶, 芝加哥, 纽约、月尾 四个点、礼拜 星期, 星期天, 四个点、拜一 星期一, 四个点、中昼 中午, 旧金山、日头 白天, 四个点、过年 春节, 旧金山, 芝加哥, 纽约、清明 洛杉矶, 芝加哥, 纽约、九月九 重阳, 芝加哥, 纽约

本文有无指向时间名词35条，8个方言点乘以35等于280条，扣除（1）（2）（3）点的76条，8个方言点中还有193条保留祖籍地方言说法，这从一个方面彰显了美国华人汉语方言与中国祖籍地汉语方言的同根同源。不过，虽然无指向时间名词与中国祖籍地方言表达的一致度比有指向时间名词高，但其变化也不可不引起注意。

三、余论

对时间的感知是人类共有的,人们从事物及其运动的变化中感知时间,但是人类对时间的表达却受到不同文化、不同语言形式的影响,由此创造出的时间表述方式也各有差异。词汇中的时间词,反映了语言、方言使用者对时间范畴的认知。美国华人社区粤方言广府话和台山话源自中国,但时空阻隔,在脱离祖籍国过百年后,受到现居住国主流语言的影响,也有了自身的变化。在本文数量不多的时间词条目里,我们也能感受到美国华人粤方言广府话、台山话词汇与祖籍地方言词汇的异同。美国华人在时间认知方面的一些转变,反映了美国主流语言英语对美国华人汉语方言的侵蚀改造,居住国文化的融入、时间词使用的变化也折现了英语对美国华人汉语方言的侵蚀,中华文化在时间长河流逝中的磨损。

其实,仅上文提到的美国华人方言创造自创词的一种"解释的方式",就不止在时间词的使用中出现,在其他词汇的使用中也常可见。在实地调查中,我们常听到华人类似的说法,例如:

广府话

太多水_{旧金山:水涝、水灾}、用力做嘢嘅_{旧金山:蓝领}、有料伙计_{芝加哥:师傅}、BB青蛙_{芝加哥:蝌蚪}、好耐之前_{纽约:从前}

台山话

唔够气_{洛杉矶:哮喘}、勾仔勾女_{芝加哥:约会}、快过渠_{芝加哥:超车}、圆圆个石仔_{纽约:鹅卵石}、唔係专科_{纽约:外行}、墨水石_{纽约:砚台}

关于美国华人粤方言词汇的其他特点,我们将另文逐一阐述。

附录

本文台山话、广府话主要发音人简况

旧金山广府话发音人

黄达林,男,1982年出生,被调查时32岁,第二代华人,大学文化,工程师。父亲为在澳门出生长大的新会人,母亲为在广州出生长大的新会人。本人在旧金山出生长大,会说英语、广府话。

黄志威,男,被调查时84岁,第四代华人,祖籍广东中山,大学文化,退休律师。会说英语、广府话,也会说一点华语和台山话。

甄淑美,女,1996年出生,被调查时18岁,第二代华人,学生。祖籍广东开平,会说英语、法语、台山话、广府话。

旧金山台山话发音人

雷文俊,男,1992年出生,被调查时22岁,第二代华人,大学生。祖籍广东台山,上过中文补习班,会说英语、台山话、广府话和一些华语。

余宠昇,男,1949年出生,被调查时65岁,第二代华人,工程师。祖籍广东台山,会说英语、一点台山话和一点广府话。父母不懂英语,太太来自广州。

陈嘉琪,女,1996年出生,被调查时18岁,第二代华人,学生。祖籍广东台山,会讲英语、日语、台山话、广府话、华语。

洛杉矶广府话发音人

陈倩儿,女,1993年出生,被调查时21岁,大学生,第二代华人。祖籍广东江门,会讲英语、广府话和一些华语,会听台山话。

李碧清,女,1949年出生,被调查时65岁,退休会计。曾祖父到缅甸,父亲从缅甸到菲律宾,本人在菲律宾出生,大学毕业后来美,会讲英语、菲律宾语、西班牙语、广府话、台山话、福建话和华语。丈夫来自澳门。

何琪琪,男,1994年出生,被调查时20岁,学生,第二代华人。祖籍广东广州,会讲英语、广府话、华语。

洛杉矶台山话发音人

梅元宇,男,1949年出生,被调查时65岁,第五代华人,大学文化,退休政府雇员。祖籍广东台山,会说英语、台山话。母亲来自台山,从小与母亲讲台山话。

太太祖籍广东中山，不会讲台山话。

司徒锦鸿，男，1948年出生，被调查时66岁，第二代华人，大学文化，退休警察。祖籍广东开平，会说英语、台山话和广府话。太太为香港人，不会说台山话。

芝加哥广府话发音人

范艾伦，男，1982年出生，被调查时32岁，第二代华人，大学文化，海军陆战队退伍军人，曾到过伊拉克参战。祖籍广东广州，会说英语、广府话、华语和一些台山话。

邝振明，男，被调查时46岁，第三代华人。祖籍广东台山，母亲从香港来。大学文化，会讲英语、广府话、台山话，台山话在唐人街学会。

芝加哥台山话发音人

邝振明，男，被调查时46岁，第三代华人。祖籍广东台山，母亲从香港来。大学文化，会讲英语、广府话、台山话，台山话在唐人街学会。

梅保光，男，被调查时64岁，第二代华人。祖籍广东台山端芬，大学文化，工程师，会说英语、台山话、广府话、华语。太太来自台湾。

纽约广府话发音人

尹伟乔，男，26岁，第二代华人，大学肄业。父亲来自香港，母亲来自广州，本人在纽约出生长大，没有上过中文补习学校，不懂汉字，会说英语、广府话，但与同辈交流只讲英语。

谭宇平，男，26岁，广州出生，1岁时来美，大学文化，上过两三年的中文补习学校，会说英语、广府话，与同辈交流只说英语。

雷玉珍，女，60多岁，第二代华人。父母从广东台山来，本人在美国出生，曾回香港读书，研究生文化。本人会说英语、广府话，子女只讲英语。

李海欣，女，12岁，第二代华人，在纽约出生长大。上过中文补习学校，懂一些汉字，会说英语、广府话、华语和一些台山话，曾多次在汉语比赛和演讲比赛中获奖。

陈露，女，19岁，第二代华人，父母从广州来。大学文化，会说英语、广州话，不懂汉字。

纽约台山话发音人

阮子键，男，27岁，第二代华人，父母均为广东台山端芬人。本人在纽约出生长大，大学文化，会说英语、台山话、广州话、华语，在家与父母讲台山话，不懂汉字。

谭绍伸，男，64岁，第二代华人，大学文化，会说英语、台山话，会听广府话。祖父和父亲一起从广东台山来，1990年曾回台山教过两年英语。太太来自台山，孩子也会说台山话。

【参考文献】

[1]陈保亚.论语言接触与语言联盟[M].北京：语文出版社，1996.

[2]陈晓锦.东南亚华人社区汉语方言概要(上中下)[M].广州：世界图书出版公司，2014.

[3]陈晓锦.试论词汇研究在海外汉语方言研究中的重要性[J].暨南学报(哲学社会科学版)，2013(9).

[4]李元芝.简述时间名词的范畴问题[J].新课程研究，2007，10.

[5]美国罗省中华会馆.罗省中华会馆120周年纪念特刊[J].美国罗省中华会馆，2009，7.

[6]郑厚尧.从汉语中的时间名词看汉民族对时间范畴的认知[J].云梦学刊，2012，11(6).

中缅边境地带汉语方言地名概况

肖自辉

(暨南大学汉语方言研究中心 广东广州 510632)

【摘　要】中缅边境地带，即中国与缅甸接壤的边界两侧地区，主要包括云南保山、德宏、临沧、普洱、西双版纳等州市的沿边区域以及缅甸的克钦邦和掸邦木密支那、八莫、迈扎央、大其力、木姐、滚弄等地。本文对当地的山水等地理环境地名及村寨为主体的居民聚居点两类汉语方言地名作了简单介绍，分析了这些地名常见的命名理据，并大致归纳了其语言特点。

【关键词】中缅边境　西南官话　方言地名

中缅边境地带主要指中国与缅甸、中国和老挝接壤的边界两侧地带，主要包括国内云南的保山、德宏、临沧、普洱、西双版纳六州市的沿边区域，如镇康、耿马、龙陵、腾冲、景洪、勐腊、勐海、盈江、陇川、瑞丽、芒市、澜沧、西蒙、孟连等；缅甸的克钦邦和掸邦，如密支那、八莫、迈扎央、大其力、木姐、滚弄等地。本文所调查和研究的中缅边境地区的地名主要包括两大类，一是当地的山水等地理环境地名；二是村寨为主体的居民聚居点地名。现有的汉语方言地名主要指元明以来在西南官话口语基础上所形成的地名，如缅甸果敢的村名"棉花林 [min²¹xua⁴⁴lin²¹]"、"和尚桥 [xuo²¹ʂaŋ⁵⁵tɕʰiau²¹]"等。

一、中缅边境地区汉语方言地名通名概况

(一) 自然地理通名

中缅边境地区地况地貌复杂，山高谷深，沟壑纵横，河流纵横，因此山水类地名通名较多，具体如下：

1. 山类

通名有山、岭、岭岗、山包、包包、丫口、坡、山头、坡头，等等。

（1）山。一般指高度较大、坡度较陡的高地，如大亮山、大尖石头山、马狼坡山、大丫口山、落水山、公母大山、诸葛山、营盘山、龙头山。

（2）岭、岭岗，与"山"同，但使用频率不高，如分水岭、小高岭、杨梅岭、木瓜岭、干柴岭、长地凹岭岗、花桃树岭岗、黄家岭岗、火草岭岗、白沙子岭、马鬃岭、干水河岭岗，等等。

（3）山包、包包，一般指高度较低的小山，如岩房坝山包、凤凰山包、凤巢山包、红土山包、黄草山包、哨房山包、麦地河山包、端公地山包、尖包包、黄包包。

（4）丫口，指两山中间的较低处，如麻栗树丫口、小团箐丫口、杨龙寨水井丫口、菜子丫口、大雪山丫口、小雀丫口。

（5）山头、坡头，特指山顶，也常用来指整座山，如老芒寨山头、狼牙山头、核桃树坡头。

（6）坡，一般指山坡，有时也指整座山，如草坡、陡黄坡、杨家大坡、西山坡、栗树坡、香坡、黄牛坡、骨头坡、蕨菜坡、大白草坡、朝阳坡。

（7）箐，树木丛生的山谷，如果敢县的芭蕉箐、冷水箐，耿马孟定的蚂蟥箐，等等。

2. 水类

通名有河、江、沟、热泉、塘、渡，等等。

（1）河流类

①河。指自然形成的河流，如黑河、儿河、清水河、南定河、蚂蟥河、玉明珠河、木瓜河、镇康河、大桥河、石桥坝小河、明光大河、姊妹山河、乌龟地小河、马家小河、讲拐河、空讲河、热水河、冷水河、隔界河、狮尾河，等等。

②江。长度、流量、流域，规模上是较大的自然河流，如怒江、龙川江，等等。

③沟。人工挖掘的水道，或流量很小的河支流，如茶园沟、大水沟、宝石沟、石桥沟、中山沟、郭家寨沟、大伙房沟、清水沟等。

（2）热泉、热水河，即温泉。如大坝热泉、金杯河热泉、澡塘坝热泉、金泮河热泉、仁和热水河，等等。

（3）塘。池塘，如老象塘、烂巴塘、新水塘、小干塘、小水塘、小灰泥塘、鲫鱼塘、马鹿塘、牛滚塘、哑巴塘，等等。

（4）渡。船摆渡、过河的地方，如干湾渡、岩脚渡、班梅渡、芒腊渡、芒正渡，等等。

(二)居民聚落地名

1. 寨、村

最多的是"寨"，如杨家寨、丙山寨、花地寨、皮匠寨、烂坝寨等。也有部分"村"，如尖坪村、尖山村、大水井村、榨子村。还有村寨通名连用的，如山头寨村、东村村。

2. 哨、营

明王朝为了巩固统治保卫和开发边疆，在云南设立都指挥使司，都司以下分设卫、所，所下还有更小的军事设施，所、堡、营等。如诸葛营、大营、邵家营、左所营、前哨，等等。

3. 坝、坪、冲、场、凹、塘

"坝"使用频率最高，如三草坝、上平坝、麻栗坝，等等。坪如石头坪、核桃坪、哨楼坪、麻栗坪；"冲"如吴家冲、湖广冲、何家冲；"场"如放马场；"凹"如岩房凹、马鹿水凹、小寨凹、黄蜂凹、深沟凹、杨柳凹、龙塘凹；"塘"如花绿塘、芹菜塘、硝塘，等等。

4. 田、地

如小荒田、康家田、鱼沟田、草坝田；刘家地、柴家地、茅草地、猪圈地、官种地，等等。

二、中缅边境地区汉语方言地名的命名理据

1. 山、水名的命名理据

（1）因动植物命名。山名如大麻栗树山、大叶树山包、香春林丫口、藤篾箐大山、狮子山、大牛山、豹子箐山，等等；水名如白鱼河、中鱼塘、螃蟹河，等等。

（2）山因水而名，水因山而名。山名如锈水沟山、匹查河头山。

（3）因寨而名，如凹子寨大山、苏家寨河，等等。

（4）因形状特征而名，三角山、尖包包、高石头丫口、大岩洞山、癫痫山、

黑山、黑水塘、蛇洞坡、大山、绿水河、平河、缺口洞山。

（5）因方位而名，如中山、背阴山、西山河头、前中山、西山坡，等等。

（6）因其用途命名，如护羊河、磨刀河、地界沟、牛滚塘，等等。

2. 村寨名的命名理据

（1）因族群姓氏命名，如苏家寨、窦家寨、戴家寨、余家寨、曹家寨、杨家寨、熊家寨，等等。

（2）因族群职业生活命名，如铁匠寨、皮匠寨、养骡子寨、酒房寨，等等。

（3）因自然环境命名，如石佛寨、烂巴寨、大枇杷树、黄姜林、荷花塘、麻鸡寨，等等。

（4）因愿景命名，如团结村、平安沟、宜寨、当归山、金山银山，等等。

（5）因新旧状态命名，如大旧寨、大新寨、大旧寨子，等等。

（6）以历史传说命名，尤其是以三国时期诸葛亮南征的传说为多，如：①汉庄（保山市），据传蜀汉时期诸葛南征，其军队在永昌一带行"屯田垦边"，此处为屯粮种地，左右有南北两个哨护庄，故名汉庄。②诸葛营（缅北果敢），大坪子河以东，据称诸葛亮在此扎过营。三国时期，蜀汉诸葛亮在平南中时在诸葛炮楼山留下了遗迹。

三、中缅边境地区地名的特点

1. 受多种少数民族语言影响

中缅边境地区自古以来少数民族众多，因此分布有多种少数民族语言，如傣/掸语、缅语、傈僳语、载瓦语、景颇/克钦语、哈尼/阿卡语、彝语等等。如今汉人和少数民族共同居住在这一区域，导致汉语方言与少数民族语言发生一系列渗透、交融、取代、影响等过程，其结果也在地名上反映出来。最主要的表现是汉语方言地名中出现少数民族译音词，具体有两种情况为多：（1）专名和通名皆为少数民族语言的音译词，如果敢的村落名南班、南坎、芒卡、滚民、滚弄、南母寻，等等。（2）专名为少数民族语言的音译词，通名为汉语词，如耿马孟定镇的村落名南怕山、懒对寨、崩龙寨，等等。

尤其值得注意的是，有些看起来很像来自汉语的地名，实际上是少数民族语言的译音词。出现频率较高的如：（1）甸，彝语坝子之义，如果敢县的村寨上甸坝、下甸坝、甸地。(2)南,傣语的水之义,常用在河名中,如果敢县的南控河、南巴河、南念河,等等。(3)孟/勐,傣语之平坝之义,如耿马的孟定,果敢的勐洪地、勐乃坝、小勐乃,等等。(3)芒,傣语村子之义,如果敢的芒棒、芒岗河、芒美、下芒撒、上忙撒。(4)回,傣语箐之义,如回顿。

2. 原生态,生活气息浓

许多地名与日常生活息息相关,如喂羊园破屋、萝卜菜地山、一把伞、马屎塘,等等。有的还带有戏谑、俗鄙的味道,如大谷地破屋、大烂地、魔鬼山、金山银山,等等。

3. 重复地名较多

即多个不同地点出现相同地名的情况,边境地区很多这种现象,如重复频率较高的地名有:杨家寨、麻栗坝、中山、新寨、大旧寨、小尖山、洼子寨、芹菜塘、龙塘、烂巴寨、红沟、芭蕉林、大丫口,等等。出现这种情况,一是因为中缅边境地区的自然环境相对一致,二是由于交通不便,不同族群之间交往不多,重复地名对其生活不会造成影响。

马来西亚与中国香港惠阳腔客家话的词汇异同比较

刘镇发[1]　吴文芯[2]

（1. 厦门大学中文系　福建厦门　361005；2. 马来西亚博特拉大学外文系）

【摘　要】海外的客家话主要分布在东南亚、印度、欧洲、美洲、大洋洲和非洲的东南部。每个区域都有其流行的优势腔调，而最强势的就是惠阳腔和梅县腔。惠阳腔客家话主要分布在马来西亚、越南、大洋洲和欧美，以马来西亚的人数和分布面积最广，是当地客家话的优势腔。它同时也是香港本土居民和新移民的主流腔调。20世纪70年代以前，惠阳腔曾经作为新界居民的主要交际语，但却在80年代以后让位给广州话。目前香港还有超过20万会说惠阳腔的客家人，主要是老年人。由于操惠阳腔客家话的客家人在马来西亚的时间一般都在两百年之内，所以基本的腔调跟香港的没有太大的差别，语法也相当一致。两地惠阳腔客家话的差异主要表现在词汇方面。研究发现，操马来西亚惠阳腔的客家人一般都会讲马来语和英语，因此使得其词汇的使用相对地丰富和多样化。反之，新界客家人一般通晓粤语和略懂英语，所以其词汇跟原来本土的惠阳腔客家话只存有少许的差异。本文主要以马来西亚和香港新界两个区域的惠阳腔客家话词汇特色进行比较，同时简略分析其语音和语法的差异。

【关键词】马来西亚　香港新界　客家话　惠阳腔　词汇比较

一、简介

根据《中国语言地图集》，客家话分别在中国东南7个省份，但主要的人口在广东。广东、广西、台湾的客家话基本可以互通，列为"粤台、粤北、粤中"片。粤台之下再分为嘉应、兴宁、新惠和韶南四个小片。各个小片口音各有特色，但通话问题不大。客家话在海外的分布遍及五大洲，但强势的口音只有两种，梅县腔（地图集的嘉应小片）和惠州腔（地图集的新惠小片）。两者几乎可以马上听懂，但音系上的差别很明显。前者主要分布在印尼、印度、泰国和非洲南部（包括毛里求斯）；后者主要在马来西亚、越南、大洋洲和欧洲、美洲，而且以马来西亚的人数最多和分布面积最广。在当地客家人聚居的地区称得上是主要交际语，而在闽、粤方言强势地区充当次要方言。另外还有一些零星的口音，例如新加坡的大埔腔、婆罗洲的海陆腔、揭西腔，以及泰国的丰顺腔等。

马来西亚客家话分布在西马和东马。西马由北到南部地区都有客家人集中的地方，而东马的客家人则集中在沙巴。由于政治经济因素，西马客家人从移民时期聚居，到英殖民时期移植计划[①]以后被迫与其他华人方言群杂居，导致西马西海岸北部地区的客家人多数和闽南人杂居。20世纪50年代华人新村[②]纷纷成立，以客家人占多数的也就被俗称为"客家新村"。北部地区有位于吉打州和槟城威省边界的"双溪林布新村"和"马樟新村"，以及槟岛西北部的浮罗山背一带。根据记载，这里是惠州客家人最早落脚的地方，所以21世纪当地客家人设立了客家文化村，为保留和推广客家文化而将它作为旅游胜地。西马中部地区的客家人比较集中，客家话属于主要方言。保留至今的客家新村在霹雳州怡保有"叻沙新村"等6个村庄，以及雪隆一带的百年客家村，即"沙登新村"等七八个村庄。在这些地区客家话虽然作为强势方言，但其地位和广东话不相上下，一直到20世纪80年代，当地印度人和少数马来人都掌握了这两种汉语方言。西马南部地区也有几个客家新村，比如森美兰州的"拉杭新村"和"文丁新村"、马六甲的"马接新村"以及柔佛州"士乃新村"。"马接新村"是唯一说海陆丰客家话的华人新村，而几乎其他新村的华人都不说自己的方言，甚至是南马华人通用的福建话（闽南话）也不在村子范围内用来进行交际。东海岸客家新村不多，但是吉兰丹的"布赖新村"据说已有400多年历史，彭亨州客家聚居地有"林明新村"和文冬镇等，这里的客家话有不同的口音，包括大埔腔、梅县腔和惠州腔。

西马客家人虽然口中操惠阳口音，但祖籍不一定是珠江口附近或者操惠州口音的地区。他们部分也有来自梅县或其他口音的地区，而其主因是操惠州口音的占了主流，因此他们不得不迁就主流，在过去多年间多数地区向惠州口音靠拢。

---

① 英殖民政府因抵抗马共而实施的隔离计划。
② 1948年英殖民政府解除紧急法令以后，继而成立的华人聚居地。

惠州口音成为主流,在马来半岛有迹可寻。根据谢诗坚(2012)[①],客家人很早就落脚在马来西亚半岛,可是因为第二次世界大战时期许多华人会馆被炸毁,造成早期的相关资料也被烧毁。他整理了一些相关资料,比如巴素对华民政务司[②]的记录、温梓川和黄尧对槟城浮罗山背地名考察分析,客家人应该是最早落户于马来半岛的华人。从华侨时期地缘性组织的创立,包括1795年槟榔屿广汀州会馆成立、1799年客家人组织还珠的与五属大伯公庙,并开始立社,永定称"永安社"、嘉应称"嘉德社"、惠州称"惠福社"、大埔称"大安社"、增龙称"增龙社",以及向团会馆的创办,如槟城嘉应会馆(1801年)、槟城增龙会馆(1802年)、汀州会馆(1819年)、惠州会馆(1822年)等都可以作为佐证。

根据槟城惠州会馆的现存资料,清朝道光二年(1822年),惠州客家人已经在槟城组织会馆,为同乡提供栖身之处同时给予生活上的一些帮助。1856年浮罗已设有公冢,墓碑多是惠州人,而且从时间上考证都是在咸丰历任年间。当时他们已经深入马来半岛内陆开发农业和矿业,较后期才投身橡胶业种植和鞋业。由于惠州原是中国最大的锡产地,所以惠州人南来以后进入矿地工作驾轻就熟。有的惠州人还被安排当矿区主管,被赋予一定的权力管理矿工之余,也负责把祖籍地采矿技术引进。客家人的移民史和马来西亚半岛的历史、经济和政治环环相扣。换言之,凡有锡矿之产地就有客家人。属于"义兴"[③]旗下的"惠州公司"于1861—1874年卷入拉律战争(Larut War)[④],即成为英殖民政府对付的对象,因此惠州公司一词频繁地出现在英殖民地早期资料中。纠纷被英政府评定以后,惠州客家人分两批离开拉律(今太平)。北上的即返回槟城威省,南下的前往霹雳中部的怡保和金宝,以及雪兰莪、森美兰矿地继续采矿事业。有关马来西亚半岛主要城市开发的历史,都离不开甲必丹叶亚来和叶观胜两大人物,而他们都是惠阳客家人。

虽然香港的主流语言是广州话,但香港新界原居民中有一半左右是客家人。这些说客家话的人口,在18世纪初大量迁移到今天的香港大部分地区。过去150

[①] 谢诗坚:《槟城华人两百年:写下海外华人的第一页》,槟城:韩江文化馆,2012年。
[②] 即Chinese Protectorate,马来西亚半岛英殖民时期为取缔华人私会党而成立的机构,主要是对华人进行直接的监控。
[③] 19世纪马来亚华侨最大帮派之一,由粤籍四邑人(新宁、新会、恩平、开平)和惠州客家人组成的阵营,其会员有25000人。
[④] 1861—1874年间太平锡矿地盘之争的武器械斗。

年来广州人大量涌入，再加上1950年以来政府强制性以粤语教学，市区原是说客家话的聚居点逐渐转型。目前使用客家话的人都集中在新界北部的村落。本文第一作者是新界客家话的母语使用者，提供相关方面的资料。香港客家话跟深圳、惠阳、惠州郊区、河源等东江下游的客家话同属惠州腔，在发音、词汇和语法上高度一致，因此跟马来西亚的惠州客家话可以马上通话，当中词汇内容却有明显差异。比较马来西亚惠阳腔和香港本土客家话，可以看出两地的社会语言差异，同时可从差异中发现两地社会文化的差别。

我们在这项研究中，找到西马北部的几个惠州腔客家话发音人。他们的资料如下（括号中显示的是祖籍）：

吴金生（76岁，男，广东惠州），郑亚贵（73岁，男，广东惠州），钟亚九（70岁，男，广东惠州），翁秀玉（60岁，女，广东惠阳），潘莉珍（64岁，女，广东惠阳），吴启凤（36岁，女，广东惠州），何美鸾（21岁，女，广东惠阳）。

二、马来西亚惠阳腔客家话的音系特点以及它和香港客家话的差别

（一）音系

马来西亚惠阳腔客家话在声调上跟梅县腔非常一致，连变调的规律也相同；声母方面差别也不大，但韵母听起来却很不一样。主要特点如下：

1. 声母

声母17个：p, p^h, m, f, v, t, t^h, n, l, k, k^h, ŋ, ȵ, h, ts, ts^h, s, ø，发音跟梅县腔没有差异，但却存有以下三个特点：

（1）n声母来自中古泥母，但泥母细音常跟疑母和部分日母字合流为ȵ。

（2）有浊擦音v，但中古来源是影喻母合口，以及少量为母字。

（3）文白异读的范围跟梅县腔有时候会有不同，但差别不很明显，个别字声母的发音会不一样，例如"万"声母是m，"肺"声母是p^h。

2. 韵母

韵母是两种口音中差别最大的，惠阳腔的主要母音只有5个，是汉语方言之最简单的，加上没有介音，惠阳腔的韵母明显比梅县的少，只有53个。其主要特点如下：

（1）没有舌尖母音。梅县腔的资雌思、志池时等字，惠阳腔念u、i。
（2）没有央母音。梅县腔的深神蒸、十实食念央母音，惠阳腔全部念i。
（3）遇合三庄组韵母大部分是ɔ，例如"助初梳"，梅县腔念u。
（4）ui可以和唇音声母拼，例如"杯倍飞"，梅县腔是i韵母。
（5）知章组声母的流开三仍然是iu，而梅县腔是u，如"周臭手"。
（6）没有介音u。所以在梅县腔中有介音u的字，在惠阳腔都会省略掉。
（7）马来西亚惠阳腔有少量eng/ek，ing/ik韵母，主要来自闽南话和英语借词。

3. 声调

惠阳腔和梅县腔的声调相当一致，一共6个，分别是阴平、阳平、上声、去声、阴入和阳入。调值和连续变调的规律也相同，在此从略。另外，马来西亚惠阳腔有些英语借词夹杂在客家话中，声韵不符合上述规律的，我们当作语码夹杂处理，不算入音系。至于融入客家话的介词，由于已经渗透华人方言且完全被"汉化"，因此借用后带有声调。

（二）跟香港客家话的差别

马来西亚惠阳腔的音系跟香港客家话的差别很小，只在声母上多了一个n。情况是香港客家话n/l不分，或者说中古泥母洪音字混入来母，但马来西亚还是能分。例如：稠（neu[2]）、囊（nong[2]）、娘（niong[2]）。这可能是来自其他客家话的影响，也有可能是百多年前惠阳的泥来是不混或者混得不严重。

三、马来西亚惠阳腔客家话的词汇特点及其跟香港客家话的差异

马来西亚惠阳腔虽然在音系上跟香港新界客家话几乎完全相同，尤其是基本词汇是一致的，例如："下雨"说"落水"；"花生"叫"地豆"；"放"念成"fong[4]"（梅县念biong[4]）；否定词"唔"是阴平调（梅县为阳平），听到的"听"是去声（梅县为阴平）；完成式助词是"嗨"（hoi[1]），没有梅县话的名词词缀（e[3]），让操香港客家话的人觉得相当亲切。但表示"给"的"分"说bun[1]也说bin[1]，香港只说bin[1]。

两者在词汇上存有一定的差异，主要影响因素是客家人出洋谋生始于18世纪中叶至19世纪末，移居新马至今超过200年。在这短时间内几种客家话的融合，

加上不同的华人社区通行不一样的主要方言，也是导致马来西亚惠阳腔客家话发生变异的原因之一。那里的客家人，首先必须掌握马来语、英语、华语（普通话），还要懂得一些华人方言。邻居有些操粤语、闽南话、潮州话、海南话，还有一些和不同籍贯的华人组织家庭等种种外在因素，导致惠阳腔客家话长期与多种语言接触和碰撞，进而加速了词汇的变化。

（一）义项增加

马来西亚惠阳腔客家话的第一特点，就是在很多日常字眼上的说法比较多种。见表1。

表1

词条	香港客家话	马来西亚惠阳腔
上面	顶高	顶高、上背
今天	今日	今日/今晡日
明天	晨朝早	晨朝早/天光日/唥早
晚上	夜晚晨	夜晚时/夜晚头/暗夜（闽南话）
今天晚上	今晚夜	今晚夜/今晡夜
明天晚上	晨朝晚夜	晨朝晚夜/天光晚夜/唥早晚夜
从前	早下	旧时/旧摆（闽南话）
后来	包尾	包尾/介尾/煞尾（闽南话）
刚才	正先	正先/头先、啱啱（广州话）/把路（马来语）
看家	掌屋	掌屋/顾屋
蚂蚁（大）	蚁（li¹）公	蚁（ni¹）公/蚁（nge⁴）
蚯蚓	虫蟬	虫蟬/za²zin⁴（马来语）
黄蜂	禾蜂	禾蜂/黄蜂
稀饭	粥	粥/糜（闽南话）
眼睛	眼	眼/眼珠/目珠
年轻人（男女统称）	后生仔	后生仔/少年家（闽南话）
医师	医生	医生/老君（闽南话）
木拖鞋	屐	屐/鞋屐
赴宴	食烧酒	食烧酒/食桌（闽南话）
累（了）	劫	劫/hot⁶/sian³（闽南话）

(续上表)

词条	香港客家话	马来西亚惠阳腔
聊天	打牙骸	打牙骸/吹水（粤） sem¹bang⁴（马来语）
圆钉	揿钉	揿钉/大头针（闽南话）
完蛋	死咯	死了/死火/就恁大/死翘翘（闽南话） 了连（闽南话）
硬币	毫子/花边	银仔/散镭（创新词）/踏里（闽南话）
零钱	散纸	散纸/散镭（创新词）
车轮子	车轮	车轮/ta¹ya⁴（英语）
抬（头）	仰起	仰起/抬/担（粤）
倚（在墙上）	凭	凭/倚（闽南话）

以上各词条中，马来西亚客家话均有两项或以上的说法。在这些说法中，大部分跟香港的说法是一致的。马来西亚客家话通行的说法一般来自其他客家话口音，尤其是梅县口音，偶尔也混杂了闽南、潮州、粤语等方言。其次是马来语和英语口音。虽然如此，多数的外语借词已经融入客家话，但"明天"说"吵早"似乎是当地北马客家人发明的，其他的客家口音都没有，因此推断是珠江口一带"晨朝早"的合音。

值得注意的是，蚂蚁有两种说法，"蚁公"是珠江口一带的说法。"蚁"的发音是ni¹（香港是li¹），而马来西亚也存有另一发音——nge⁴，这是梅县的说法。当地人不知道本字一样，还以为是两个完全不同的词。

（二）义项消失

马来西亚惠阳腔的另外一个特点，是原来的一些说法的消失。由于祖先长距离的迁徙，在地理、气候、动植物等自然条件发生变化以后，祖籍地的很多事物变得陌生。18世纪中叶至19世纪中叶，第一批客家先民主要投身于锡矿业。19世纪末，锡矿也逐渐走向没落，客家人改以种植豆蔻、胡椒、甘蔗、橡胶，并以橡胶作为主要行业。比如无拉港新村、士毛月新村等第二代客家先民后来都从事橡胶业。因此我们在收集一批和农业以及动植物词条时，面对一些问题，其局限主要是年纪最大的发音人都是20世纪40年代出生的，他们只能够提供与橡胶、豆蔻和甘蔗种植香港的词汇，对于稻田种植、农具以及禽畜相关的客家词语并不知道，也没有概念。据说,稻米种植在马来西亚半岛独立早期都是当地马来人从事的主要行业,而这就是英殖民时期"分而治之"族群政策下的结果。由于研究局限,我们放弃了收集农事词条部分。

(三)义项替换

有关动植物、身体部位等的说法,发音者还是能回答,但跟香港客家话差别比较大。见表2。

表2

词条	香港客家话	马来西亚惠阳腔
明年	出嗨年	明年
锄头(锄草刨地用)	镢锄	锄头(普通话、粤语)
石榴	石榴	红毛奶奶(闽南话)
柚子(果)	碌仔	柚(普通话)
芭蕉	大蕉	打利蕉(马来语)
香蕉	牙蕉	弓蕉(潮州话)
荔枝(果)	荔果	gen^2gen^4(闽南话)
菠萝	菠萝	$mang^3ka^4$(马来语)
荆棘丛	笏蓬	塞芭(闽南话)
猫头鹰	猫头雕($diao^1$)	暗弓鸟($am^1gong^3ziau^4$,闽南话)
毛虫	黩毛虫	火车虫(闽南话)
蝙蝠	蚊鼠	蝠婆(梅县话)
壁虎	壁蛇	檐蛇(yem^3sa^2,粤语)
蜥蜴	剎哥蛇	狗嬷蛇(梅县话)
蟑螂	黄盐	蜞蚻
蟋蟀	草织	$zang^3ge^1lik^6$(cangkerik马来语)
青蛙(青皮田蛙)	蛤蟆	蛤婆(kap^4po^3闽南话)
屋檐	屋檐	五脚基(马来语kaki)
拐杖	扶手棍	$dong^3gat^4$(马来语)
零食	小口	零食(普通话)
年糕	莲蓉粄	甜粄
睫毛	目睡毛	眼毛

(续上表)

词条	香港客家话	马来西亚惠阳腔
下巴	下颔	下巴（pa²，粤语）
膝盖	膝头	膝头牯
老太婆	婆头	老伯姆
男孩儿	老弟仔	男仔（粤语）
（需要照顾的）幼儿	侥（ziau²）仔	细老哥（粤语）
弟妇	老弟心舅	老弟婶
生孩子	养阿伢	生仔（粤语）
小气	小相	小气/唔过角（闽南话）
手腕	脉门	手脉
手掌	手盘、手巴掌	手板、手掌（粤语）
偷懒	推懒	食蛇
带（孩子）	渡	顾/带
抽屉	拖箱	拖格（闽南话）
老板	侍头（粤语）	头家（闽南话）
女老板	侍头婆（粤语）	头家婆（闽南话）

有几个非常典型的闽南话词语通行于北马地区，是一批从玻璃市到北霹雳客家人借入客家话的词语，比如："可堪"表示划算或值得，"未堪"则表示不划算或者吃亏，"人车伯"比喻不事生产的人，"却拾"（kiok⁶sip⁶）带有节俭、不浪费之义，打扰说"茹溜"，唠叨说"俗溜"，理会说"插溜"，可重点是"溜"一词在马来西亚各种汉语方言里都普遍地被使用，并不是《闽南方言大辞典》所指的粗鄙语，所以在华人社区并没有避忌。

客家话在马来西亚属于弱势方言，懂客家话的人在社区交际语上一般选择使用当地强势的流行方言。他们对新生事物或者自己少见的东西，很少会重新命名，而是简单地采用其他方言或语言的说法。在香港，很多事物要么跟珠三角的客家话一致，要么借用了粤语。前者是跟粤语接触以前就广泛在珠三角一带流通的，涉及比较基本的词汇，例如称谓、身体部分、农具等，而涉及商业的词汇，一般会跟随粤语。但在马来西亚，客家人接触更多的是闽南语而非粤语，而一些动植物和日用品的名称则来自马来语。但有些跟香港客家话是不同的，部分来自其他地方的客家话，例如"明年""蜞蚆""甜粄""老伯姆"等；有些更是通过创新而造的，例如"食蛇""老弟婶"等。

（四）新义项不同命名

与此同时，客家人在新环境中接触到一批热带特有的新的地理环境、动植物、食品等不知道如何命名，所以一般都使用马来语或英语词汇。也有小部分跟随了邻近方言的说法。见表3。

表3

词条	香港客家话	马来西亚惠阳腔
菠萝蜜	大树菠萝（广州话）	尖埔嘞tsam^{3}pu^{3}lak^4（马来语）
缝纫机	衣车（广州话）	针车
短裤	短裤（广州话）	短裤/hot^{3}pen^4（英）
（衣服）口袋	衫袋（广州话）	衫袋/po^{1}ket^4（英）
领带	颈呔（客+英）	nek^{3}tai^4（英）
结领带	打颈呔	打nek^{3}呔
钢笔	水笔	pen^4（英）
橡皮筋	橡筋（广州话）	树仁带（闽南话）
相片	相（广州话）	相片/小影（闽南话）
电影	映画戏（广州话，旧）	电影/电影戏
飞机	飞机（广州话）	飞机/飞船（闽南话，旧）

以上这些都是一百多年前在珠三角还没出现的新的事物。在香港，这些词汇绝大部分都跟广州话相同，但也有一些是自己创新的。例如："领带"叫作"颈呔"，是客家话和英语的合璧词；"钢笔"叫"水笔"，估计是广州话墨水笔的缩略。在马来西亚，这些词汇的来源比较广泛，有来自马来语、英语和闽南话，也有自己创新的。最有趣的是"缝纫机"叫"针车"，"飞机"早期叫"飞船"，"身份证"叫"登记"（动词作名词用），"别墅"叫"红毛楼"，"死亡证"叫"死人字"等。另一批以当地客家话和借词构成的创新词，比如英语加客家话的马来本土创新词包括：巴士站——"bus车头"（bus+客），医院——"医生楼"或"misi楼"（miss双音节化变成"missey"），组屋——"flat楼"（flat+客），煤气炉——"gas炉"（gas+客）等。也有一批是通过马来语借词和客家话构成的新词，如：土地公"na^{2}tu^{4}公"（马来语datuk+客），男式皮鞋"batu鞋"（batu+客），警车"mata车"（取自mata-mata缩略语+客），派出所"mata寮"（mata+客）等都是有别于海外其他地区的特有创新词。在马来西亚，这些创新词的发音几乎是统一的。从当地客家话的外来借词可发现，英

语和马来语单音节词融入客家话以后一律变去声，双音节词的语音规律不外乎是1-4/3-4。

（五）词汇的简化

表4

词条	香港客家话	马来西亚惠阳腔
刮风	打风差	打风
（床）底下	脚下	（眠床）脚
（桌子）底下	脚下	（桌）脚
李子（果）	李仔	李
橘子（大）	柑仔	柑
橘子（小）	桔仔	桔仔
柳丁	橙仔	橙
门角	门角头	门角
将来	到第日	第日
前额	额门头	额头
拳头	拳头牯	拳头/拳头牯
手指	手指仔	手指
梳子	梳仔	梳/梳仔
钵子	钵头	钵

在语言混合的过程中，一个主要的现象，是原来语言的简化。马来西亚惠阳腔是以珠三角一带客家话为主体，混入了其他客家口音。我们发现，香港客家话的"仔"词缀，在马来西亚惠阳腔里已经被省略。香港客家话中带"仔"的名词，在马来西亚都不附带"仔"作为词尾。此外，很多原来是三音节的词汇，也省略为双音节。当然，部分也会受到粤语的影响，例如"打风""额头""第日""手指"等，都是跟粤语同形的，而它们之间到底是借词还是简化，这是值得深入探讨的另一个课题。

（六）人称代词差异名词的差异

人称代词方面，也跟香港客家话有些差别。见表5。

表5

词条	香港客家话	马来西亚惠阳腔
我们	吾[兜]	我[兜]/崖哋人
你们	惹兜	[惹兜]/惹兜人
他们	其兜	[其兜]/其人/其兜人

从20世纪末开始，人称代词在北马地区已经被单音节化，尤其在中青年这一代中最为明显，比如我们"厓兜"说成"ngou¹"，你们"惹兜"说成"ngie¹"，他们"其兜"说成"yeu¹"。显然，这些人称代词是在语音合流下产生的变异。

四、结语

马来西亚惠阳腔是在珠江口东岸惠阳腔的基础上，在外地发展出来的客家方言。由于它处于长期的语言接触状态，加上使用者因为地理气候和生活习惯上的改变，在约两百年间作出了重大的调整。客家话之所以能够与当地不同的语言共存，是因为它一直都在多语环境下和其他语言进行互补和竞争，使自身能够更好地适应不同时期的社会发展。香港客家话则是惠阳腔客家话在原地的代表。虽然过去50年也受到粤语和英语的冲击，但老人家口中的客家话还是基本保留了惠阳腔的原貌。通过比较发现，香港客家话的说法比较存古而且单一化，与近代生活有关的词汇很多也跟粤语和普通话一致。通过这个比较，我们可以发现马来西亚惠阳腔作为一个海外发展出的发音，它在词汇和语音上都作出了一定的调整，比原乡的更富有弹性和包容力。从语言变异的角度可以看出，马来西亚客家人有更强烈的华人意识，他们没有像多数香港人向当地主流语言文化靠拢以后放弃自己的方言。他们从移民时期至今都通过祖先崇拜、庆祝华人传统节日、参与地缘性和血缘性组织、讲祖籍方言等形式，体现他们对族群的认同(ethnic identity)以及对方言群的认同(sub-ethnic identity)。作为一个移民群体，他们经过长期的民族接触并融入当地生活，接受和学习主流语言，接受与尊重他族习俗文化，这样做实则是为了维护自己的母语、中华传统文化、宗教信仰、华文教育，因而两百多年来没有被同化。

说明：本文的客家话拼音是香港本土语言保育协会的拼音。

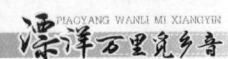

附录

马来西亚客家话在西海岸的分布

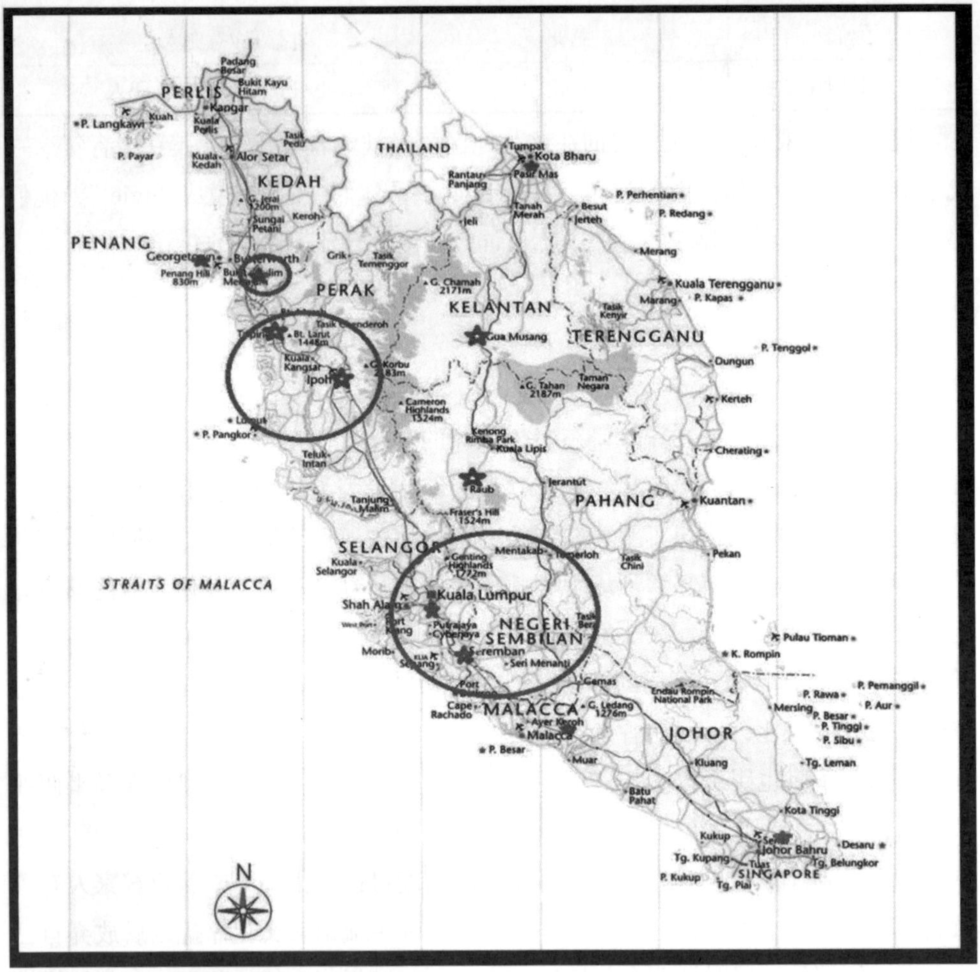

注：★ 客家新村

印尼棉兰美达村客家话词汇中的印尼语借词

吴忠伟

（嘉应学院文学院 广东梅州 514015）

【摘　要】印尼棉兰美达村客家话词汇中，有不少来自印尼语的借词，值得我们去关注。本文从词汇内容、借入原因和方式、新老差异等三个方面对美达村客家话词汇中的印尼语借词进行了探析。

【关键词】美达村客家话词汇　印尼语借词　词汇内容　借入原因和方式　新老差异

美达村（Metal）位于印尼棉兰市（Medan）东北部，是一个客家人的聚居地。该村面积约10多公顷（1公顷＝0.01平方千米），有448户口约2000多人。美达村的客家话，置身于海外居住地印尼这一自然、人文大环境中，不可避免地受到印尼语词汇的渗透影响。在美达村客家话词汇的借词中，来自印尼语的借词最多。这是美达村客家话词汇变异、不同于祖籍地客家话词汇的一个重要方面。

由于历史上荷兰对印尼长期的殖民统治以及英语在世界上的普遍影响，荷兰语和英语不可避免地对印尼语产生了渗透，印尼语对这两种语言一般是作顺应自身语音形式的吸收。我们调查记录到的美达村客家话词汇中来源于荷兰语、英语的借词，基本上属于通过印尼语的"二次转借"，数量也不多。鉴于此，我们不作细分而把它们归入印尼语借词来分析。

一、印尼语借词的词汇内容

在词汇内容上，美达村客家话词汇中印尼语借词所反映的多是有别于中国祖籍地的事物和现象，而这些事物和现象为美达村人海外居住地所常见，且多跟人

们的日常生活息息相关。如：

有关饮食的：

条目	印尼语	美达村客家话
香蕉	pisang	□□[pi^{44} saŋ^{52}]
大香蕉（个儿大皮厚的一种香蕉）	pisangraja	□□□□[pi^{44} saŋ^{44} la^{44} tsia^{52}]
小香蕉（个儿小皮薄的一种香蕉）	pisangmas	□□□□[Pi^{44} saŋ^{44} ma^{44} sɿ^{21}]
一种较小的香蕉，可熏制成香蕉干（叫pisangsaleh，亚齐特产）	pisangmonyet	□□□□[pi^{44} saŋ^{44} mɔ^{44} ŋiet^{5}]
一种香蕉，较多用来煎后食用或煮成kolak	pisangkepok	□□□□[pi^{44} saŋ^{44} ke^{44} pɔk^{5}]
一种热带水果	duku	鲁姑[lu^{44} ku^{52}]
一种芒果，较大，椭圆形	mangga harummanis	□□□□[maŋ^{44}ka^{44}a^{44}lu^{44}ma^{44}ni^{52}]
一种芒果，肉较脆	mangga ubi	□□□□[maŋ^{44} ka^{44} vu^{44} pi^{52}]
一种芒果，较大较长	mangga golek	□□□□[maŋ^{44} ka^{44} kɔ^{44} lek^{5}]
一种菠萝蜜，但味道较浓	cempedak	□□□[tsəm^{44} pə^{44} tak^{5}]
拌以甜、辣配料的水果块	rujak	鲁惹[lu^{21} tsiak^{5}]
小章鱼	cumi-cumi	□□[tsu^{44} mi^{52}]
一种海鱼	ikan kembung	甘望鱼[kam^{44} mɔŋ^{52} n^{21}]
一种肉细多刺的海鱼	ikan bandeng	□□鱼[pan^{44} təŋ^{52} n^{21}]
一种肉粗而韧的海鱼	ikan tongkol	□□鱼[tɔŋ^{44} kɔ^{52} n^{21}]
一种小海鱼	ikan teri	□□鱼[te^{44} li^{52} n^{21}]
印尼传统饮品	cendol	□□[tsen^{44} tɔ^{52}]
印尼传统饮品	escampur	□□□□[et^{2} sɿ^{44} tsam^{44} put^{5}]
印尼传统饮品	esteler	□□□□[et^{2} sɿ^{44} te^{44} let^{5}]
咖啡	kopi	□□[kɔ^{44} pi^{44}]
一种冰冻、加糖的茶	the manis dingin	甜茶冷[tʰiam^{21} tsʰa^{21} laŋ^{44}] □□□[ma^{44} ni^{44} ti^{44} ŋin^{52}]
一种热的、加糖的茶	the manis hangat	甜茶烧[tʰiam^{21} tsʰa^{21} sau^{44}] □□□[ma^{44} ni^{44} ha^{44} ŋat^{5}]
以一种叫melinjo树的果子为材料的油炸片状食物	emping	恩饼[en^{44} pian^{31}]
咖喱	kari	□□[ka^{44} li^{44}]
面包	roti	□□[lɔ^{21} ti^{52}]
一种面包	roti marie	□□□□[ma^{44} li^{44} lɔ^{21} ti^{52}]
一种面包，源自印度	roti cane	□□□□[lɔ^{21} ti^{52} tsa^{44} ne^{52}]

（续上表）

条目	印尼语	美达村客家话
一种面包，源自印度	roti jala	□□□□[lɔ²¹ ti⁴⁴ tsia⁴⁴ la⁵²]
一种蛋饼，源自印度	martabak	□□□[ma⁴⁴ ta⁴⁴ pak⁵]
一种面条状的印度小吃	putumayung	□□□□[pu⁴⁴ tu⁴⁴ ma⁴⁴ iuŋ⁵²]
一种印尼菜式，做法是把各样蔬菜用热水氽烫过后，再加上花生酱	pecel	□□[pə⁴⁴ tsə⁵²]
一种印尼菜式，做法是把各样蔬菜用热水氽烫过后，加上炸豆腐和花生酱	gado-gado	□□□□[ka⁴⁴ tɔ⁴⁴ ka⁴⁴ tɔ⁵²]
一种印尼菜式，做法把是各样蔬菜用热水氽烫过后，加上椰丝	urap	□□[vu⁴⁴ lap⁵]
一种印尼菜式，做法是把各种各样的蔬菜用热水氽烫过后，加上炸豆腐、煎葱、辣椒和酱油	tahugoreng	□□□□[ta⁴⁴ vu⁴⁴ kɔ⁴⁴ leŋ⁵²]
一种印尼菜式，做法是把各样蔬菜生吃或用热水氽烫过后，和着辣椒吃	lalap	□□[la⁴⁴ lap⁵]
烤猪肉（马达族的食物）	saksang	□□[sa⁴⁴ saŋ⁵²]
一种印尼传统小吃	lupis	□□[lu⁴⁴ pi⁵²]
一种印尼传统糕点	apem	□□[a⁴⁴ pəm⁵²]
一种印尼传统糕点	serabi	□□□[sa⁴⁴ la⁴⁴ pi⁵²]
一种印尼传统糕点	getuk	□□[kə⁴⁴ tuk⁵]
雅加达的传统小吃（鱼肉做成团，用芭蕉叶包住）	otak-otak	□□[ɔ⁴⁴ tak⁵]
巨港的传统小吃（把鱼丸、蛋、土豆等加在一起）	empek-empek	□□□□[em⁴⁴ pak⁵]

有关植物的：

条目	印尼语	美达村客家话
橡胶树	karet	加勒树[ka³¹ let⁵² su⁵²]
棕榈树	sawit	沙为树[sa⁴⁴ vi⁵² su⁵²]
松树	pinus	□□树[pi⁴⁴ nu⁵² su⁵²]
一种热带植物	pandan	斑兰[pan⁴⁴ lan²¹]
一种臭豆	pete	□□[pə⁴⁴ tə⁵²]
烟草	tembakau	□□□[təm⁴⁴ pa⁴⁴ kau⁵²]
印尼的一种传统草药	jamu	□□[tsa⁴⁴ mu⁵²]

有关房舍、地点的：

条目	印尼语	美达村客家话
用棕榈树叶做屋顶，以木板或竹片为墙的较为简陋的房子	rumah atap	阿答屋[a^{44} tap^2 vuk^2]
建在橡胶园、棕榈园里，以木板或砖为墙、铁皮为屋顶的，给守园人休息、住宿的一种房子	barak	□□[pa^{44} lak^2]
印尼风情的一种简易亭子	gubuk	□□[ku^{44} puk^5]
仓库	gudan	□□[ku^{44} tan^{52}]
印尼的肉菜、日常生活品等综合市场	pasar	巴刹[pa^{44} sat^2]
棉兰（印尼苏北省会城市）	medan	棉兰[mian^{21} lan^{21}]
农村	kampung	甘捧[kam^{44} puŋ^{31}]

有关衣着穿戴的：

条目	印尼语	美达村客家话
一种具有民族风情的印花布所制的衣服被称为印尼"国服"	batik	巴迪[pa^{44} tik^2]
峇迪布制成的围裙	sarung	纱笼[sa^{44} luŋ^{44}]
一种质地较粗的布	kain katun	Katun布[ka^{44} tun^{44} pu^{52}]
一种质地较细的布	kain kasa	Kasa布[ka^{44} sa^{44} pu^{52}]
印尼穆斯林男子的帽子	Songkok	□□[sɔŋ^{44} kɔk^5]
皮带	kaset	□□[ka^{44} set^{31}]
手镯	gelang	□□[kə^{44} laŋ^{52}]

有关称谓的：

条目	印尼语	美达村客家话
伊斯兰教王国最高统治者称号	sultan	苏丹[su^{44} tan^{44}]
印尼马达族人	orang batak	马达人[ma^{44} tʰat^5 ŋin^{21}]
大哥（泛称年长男子）	bang	阿□[a^{44} paŋ^{52}]
先生	pak	□[pak^5]

有关交通的：

条目	印尼语	美达村客家话
一种载人的小船	rakit	□□[la^{44} kit^5]
棉兰当地的三轮车	becak	□□[pe^{44} tsak^5]

从数量上看，与饮食有关的这一类印尼语借词为最多。在我们所调查到的老一辈美达村人的231个印尼语借词中，有关饮食、植物、场所、衣着、称谓、交通的，约占了所有印尼语借词的67%；而饮食类的又在以上各类中，约占了58%。

从词性类属来看，名词占了绝大多数，如前面所举的例子基本上都是名词，形容词、动词等其他词只占了少数。如：

条目	印尼语	美达村客家话
帮助	tolong	□□[tɔ³¹ lɔŋ²¹]
分配	Bagi-bagi	□□□□[pa⁴⁴ ki⁴⁴ pa⁴⁴ ki⁵²]
分成	pecah	□□[pə⁴⁴ tsa⁵²]
试试	test	□□[tet⁵ sɿ²¹]
觉得	rasa	□□[la⁴⁴ sa⁴⁴]
能够	mampu	□□[mam⁴⁴ pu⁵²]
当作	anggap	□□[aŋ⁴⁴ kap⁵]
咳嗽	batuk	□□[pa⁴⁴ tuk⁵]
保证	jamin	□□[tsa⁴⁴ min⁵²]
团结	kompak	□□[kɔm⁴⁴ pak⁵]
腐败	korup	□□[kɔ⁴⁴ lup⁵]
错	salah	□□[sa⁴⁴ la⁵²]
紧张	ngeri	□□[ŋə⁴⁴ li⁵²]
闷	suntuk	□□[sun⁴⁴ tuk⁵]
快乐	senang	□□[sə⁴⁴ naŋ⁴⁴]

相较而言，名词的发展、变化比形容词、动词快，这是与社会发展相适应的，也是符合语言的发展规律的。

二、印尼语借词的借入原因与借入方式

（一）印尼语借词的借入原因

美达村客家话与印尼语相互接触而产生渗透，是印尼语借词借入的根本原因。

印尼语是印尼各民族通用的语言，是印尼的国语。美达村虽为华人聚居地，内部通行的是汉语方言客家话，但美达村客家话毕竟受印尼语大语言环境的包围，美达村客家人与印尼大社会环境的融合与交往是他们不可回避的日常生产、生活需要。我们在调查中注意到,美达村横向三条街中的中间街道为生活市场,虽在美达村内部,但却不是封闭的,商贩、顾客均有外族印尼人自由出入其中。印尼华族客家人与外族人在生产、生活上的融合与交往,必然带来客家话与印尼语的接触,从而产生语言的互相渗透、影响。由于以印尼语为母语的印尼各族人口数量上的绝对优势、印尼的排华政策、语文教育政策上曾长期禁止华文等原因,这一渗透、影响是不平衡的,更多表现为印尼语向汉语方言输出。

如前面所举的例词,饮食、植物、场所、衣着、称谓、交通等类的借词,占了美达村客家话中印尼语借词的半数以上。这是因为这几类词是生活交际中最常碰到、最常使用的词,因此,在语言接触中也是最易发生渗透借用的词。尤其是饮食类的印尼语借词,更是占了其中的多数。"民以食为天",饮食是人们日常生活第一需要,与其相关的词语必然是词汇中最基本和常用的部分。印尼棉兰地处热带沿海,港口物资进出繁忙,各种热带水果和海产非常丰富。加之地理位置和历史上的原因,不少源自印度、西方的饮食传入棉兰,丰富了棉兰的饮食,为棉兰赢得印尼"美食天堂"之称。具有当地特色的饮食在语言词汇上给美达村客家话带来的影响,使印尼语饮食类词语大量进入美达村客家话词汇中。在美达村客家话中,有着大量的与祖籍地不同而颇具棉兰当地特色的饮食类印尼语借词。以上所举的例子只是其中的一部分,我们还记录到了不少这方面的其他印尼语借词。

(二)印尼语借词的借入方式

关于美达村客家话中印尼语借词的借入方式,我们主要从翻译方式、语音转换和语素构词方式等三个方面阐析。

1. 印尼语借词的翻译方式

美达村客家话中印尼语借词的翻译方式,主要有以下几种:

(1)音译

美达村客家话词汇中的印尼语借词绝大多数是全音译的。此类词借音也借义。如:bemo(瓢虫)、masak(难道)、lontong(饭团),美达村客家话印尼语借词依次对应全音译作□□[be^{44} mɔ^2]、□□[ma^{44} sak^5]、□□[lɔn^{44} tɔŋ^{52}]。

(2)省译

省译是指只音译外族语词的部分音节,而不全音译整个词。如:cumi-cumi(一种小章鱼)、otak-otak(一种来自雅加达的印尼传统小吃)、empek-empek(一种来自巨港的印尼传统小吃），进入美达村客家话中，只音译这个词的一半，读作：□□[tsu⁴⁴ mi⁵²]；themanisdingin（一种冰冻、加糖的茶），音译时去掉了第一个音节，省译为□□□□[ma⁴⁴ ni⁴⁴ ti⁴⁴ ŋin⁵²]，而在日常交际中，往往习惯更进一步省译读为：□□[man⁴⁴ ti⁵²]。有的是省译成字母简称，如来源于英语的air condition（空调），音译时只取各词的第一个字母，字母简写为A.C.，读作：阿细[a⁴⁴ sei⁵²]。

（3）音译加上意译

有些印尼语借词是音译了整个词后，再加上一个表示意义类属的名称。如：

条目	印尼语	印尼语借词
八哥	beo	□□鸟[pei⁴⁴ ɔ⁴⁴ tiau⁴⁴]
松树	pinus	□□树[pi⁴⁴ nu⁵² su⁵²]
棕榈园	sawit	□□园[sa⁴⁴ vi⁵² ian²¹]
糯米做成的一种糕点	lemper	□□板[ləm⁴⁴ pet⁵ pan³¹]

有些是对原词一部分音译，另一部分意译。如：ikan teri（一种小海鱼），前一部分ikan意译为"鱼"，后一部分音译成"□□鱼[te⁴⁴ li⁵² n²¹]"；rumah atap（一种以棕榈叶为屋顶的简陋房子），前一部分rumah意译为"屋"，后一部分音译成"阿答屋[a⁴⁴ tap² vuk²]"；daun pandan（斑斓叶，可做成调味香菜），前一部分意译为"叶（子）"，后一部分音译成"斑兰叶[pan⁴⁴ lan²¹ iap⁵]"；kain katun（一种质地较粗的布），前一部分kain意译为"布"，后一部分音译成"□□[ka⁴⁴ tun⁴⁴]布"。

（4）音义兼译

这类印尼语借词很少，我们只录得一例"sukun"，指一种外形像树木、棍子的食物，译为"树棍[su⁵² kun⁵²]"，既是音译，从意义上看，也形象贴切。

（5）意译

在我们的调查中，有两个既有全音译也有全意译词形的印尼语外来词。如：

条目	印尼语	印尼语借词
一种冰冻、加糖的茶	the manis dingin	甜茶冷[tʰiam²¹ tsʰa²¹ laŋ⁴⁴]
		□□□□[ma⁴⁴ ni⁴⁴ ti⁴⁴ ŋin⁵²]
一种热的、加糖的茶	the manis hangat	甜茶烧[tʰiam²¹ tsʰa²¹ sau⁴⁴]
		□□□□[ma⁴⁴ ni⁴⁴ ha⁴⁴ ŋat⁵]

以上两例，在"甜茶冷[tʰiam²¹ tsʰa²¹ laŋ⁴⁴]"中，"甜""茶""冷"对应意译印尼语"tehmanisdingin"中的语素"manis""teh""dingin"；在"甜茶烧[tʰiam²¹ tsʰa²¹ sau⁴⁴]"中，"甜""茶""烧"对应意译印尼语"tehmanishangat"中的语素"manis" "teh""hangat"。

2. 印尼语借词的语音转换

印尼语是拼音文字，共有26个拉丁字母，其语音系统与客家话的相比有很大的不同。客家话音译印尼语借词时，必然碰到语音转换的问题。下面，我们主要是从声调、音素、音节方面考察印尼语借词进入美达村客家话后，产生语音对应变化的一般规律。

（1）印尼语是没有声调的语言，而汉语具有声调，这是汉语语音上的主要特点之一。美达村客家话在音译印尼语借词时，每个音节都顺应汉语语音特点，加上了声调。如：

条目	印尼语	印尼语借词
一种矿泉水	akua	阿挂[a^{44} kua^{52}]
但是	tapi	□□[ta^{31} pi^{52}]
这个	ini	□□[i^{44} ni^{52}]
闷	suntuk	□□[sun^{44} tuk^5]
帮助	tolong	□□[tɔ^{31} lɔŋ^{21}]

（2）印尼语中的b[b]、d[d]、g[g]、j[dʒ]这几个浊辅音，在客家话中都没有。美达村客家话音译含有这几个浊辅音的印尼语借词时，其语音变化情况如下：

b[b]→p[p]，g[g]→k[k]

印尼语中的b[b]、g[g]这两个浊辅音，在美达村客家话的印尼语借词中将其清化，分别读作与其发音方法、发音部位相同的p[p]和k[k]。如：

条目	印尼语	印尼语借词
苋菜	bayam	巴淹[pa^{44} iam^{44}]
配料	bumbu	□□[pum^{21} pum^{44}]
手镯	gelang	□□[kə^{44} laŋ^{52}]
一种印尼传统糕点	getuk	□□[kə^{44} tuk^5]
印尼风情的一种简易亭子	gubuk	□□[ku^{44} puk^5]

d[d]→t[t]，d[d]→l[l]

印尼语中的浊辅音d[d]，在美达村客家话的印尼语借词中的变化有两种情况：有的清化为相同发音方法、发音部位的t[t]，有的读作相同发音部位的浊边音l[l]。如：

条目	印尼语	印尼语借词
印尼传统饮品	cendol	□□[tsen⁴⁴ tɔ⁵²]
癞蛤蟆	kodok	□□[kɔ⁴⁴ tɔk⁵]
一种热带水果	duku	鲁姑[lu⁴⁴ ku⁵²]
榴莲	durian	榴莲[liu²¹ lian²¹]
钱	duit	□[lui⁴⁴]

j[dʒ]→z[ts]

印尼语中有个舌叶浊塞擦音 j[dʒ]，在美达村客家话的印尼语借词中改变成舌尖的清塞擦音 z[ts]。如：

条目	印尼语	印尼语借词
玉米	jagung	□□[tsa⁴⁴ kuŋ⁵²]
番石榴	jambuklutuk	□□□□[tsam⁴⁴ pu⁴⁴ lu⁴⁴ tuk⁵]
保证	jamin	□□[tsa⁴⁴ min⁵²]

（3）客家话音位系统中没有颤音，而印尼语中有个舌尖中浊颤音 r[r]。印尼语中有颤音 r[r] 的词汇，被借用进入美达村客家话时，一般以相同发音部位的浊边音 l 替代。当它出现在词语末尾时，则常见为相同发音部位的清塞音 t[t] 所替代。如：

条目	印尼语	印尼语借词
觉得	rasa	□□[la⁴⁴ sa⁴⁴]
面包	roti	□□[lɔ²¹ ti⁵²]
一种印尼传统糕点	serabi	□□□[sa⁴⁴ la⁴⁴ pi⁵²]
市场	pasar	巴刹[pa⁴⁴ sat²]
印尼传统饮品	esteler	□□□□[et² sə⁴⁴ te⁴⁴ let⁵]

（4）印尼语中的喉音清擦音 h，当其处在两个不同的元音中间时是声门擦音，气流很弱；其处音节末尾时则不发擦音，只需在元音发完后再加一股送气。美达村客家话对译这个辅音时，该音脱落。如：

条目	印尼语	印尼语借词
一种印尼菜	tahugoreng	□□□□[ta⁴⁴ u⁴⁴ kɔ⁴⁴ leŋ⁵²]
一种热带水果	buahnona	□□□□[pu⁴⁴ a⁴⁴ nɔ⁴⁴ na⁵²]
火龙果	buahnaga	□□□□[pu⁴⁴ a⁴⁴ na⁴⁴ ka⁵²]
一种个头较小的蛤蜊	kepah	□□[kə⁴⁴ pa⁵²]
错	salah	□□[sa⁴⁴ la⁵²]

（5）客家话没有两个以上辅音相连的音节，而印尼语有复辅音。印尼语中的复辅音在美达村客家话的印尼语借词中有两种变化：添加元音增加音节，或是失去其中某个辅音。添加元音增加音节的，如：angklung（印尼的一种传统乐器），借入后在复辅音[kl]之间添加了元音[u]，读作□□□[aŋ⁴⁴ ku⁴⁴ luŋ⁴⁴]；krupuk（虾饼），借入后在复辅音[kr]之间添加了元音[u]，读作□□□[ku⁴⁴ lu⁴⁴ puk⁵]。丢失其中某个辅音的，如：jambuklutuk（番石榴），借入后省去了复辅音[kl]中的k，读作□□□□[tsam⁴⁴ pu⁴⁴ lu⁴⁴ tuk⁵]；alpukat（一种热带水果），借入后省去了复辅音[lp]中的[l]，读作□□□[a⁴⁴ pu⁴⁴ kat⁵]；martabak（源自印度的一种蛋饼），借入后省去了复辅音[rt]中的[r]，读作□□□[ma⁴⁴ ta⁴⁴ pak⁵]。

此外，印尼语中浊边音[l]和舌尖前清擦音[s]，出现在音节的末尾时，在美达村客家话的印尼语借词中，往往出现脱落现象。这应该是受客家话入声韵只以"[p]""[t]""[k]"收尾影响所致。如：spidol（白板笔），借入后在复辅音[sp]之间添加了舌尖前高元音i[ɿ]，同时，词尾的[l]脱落，读作□□□[sɿ²¹ pi⁵² tɔ³¹]；ikanpepes（一种烤鱼），借入后词尾的[s]脱落，读作□□□□[i⁴⁴ kan⁴⁴ pe⁴⁴ pe⁵²]；dodol（一种糯米糕点），借入后词尾[l]脱落，读作□□[tɔ⁴⁴ tɔ⁵²]。

（6）有的印尼语借词，其音节的辅音出现了同化的音变现象：前一音节的最后一个辅音顺同于后一音节的第一个辅音。这是语音顺同化改造的结果。如：

条目	印尼语	印尼语借词
印尼的一种糕点	putubambu	□□□□[pu⁴⁴ tu⁴⁴ pam⁴⁴ mu⁵²]
一种海鱼	ikankembung	甘望鱼[kam⁴⁴ mɔŋ⁵² n²¹]

（7）印尼语中的舌面央、中、不圆唇元音e[ə]，为客家话所没有。在美达村客家话的印尼语借词中，有的变为开口度略大、舌位相对低的a[a]；有的变为舌面后、高的圆唇元音u[u]。前者如：ikankembung（一种海鱼）中音节kem[kəm]，借入后读为[kam]；后者如：semuanya（全部）中的音节se[sə]，借入后读作su[su]。后者的情况，也跟受到后一音节mu[mu]中u[u]的影响而产生了元音的趋同这一现象有关。

以上的语音转换各类各例，主要说明了美达村客家话中的印尼语借词，顺应了客家话的语音系统而产生相应的变化，这是印尼语词汇进入美达村客家话词汇后语音转换的一般规律，也就是美达村客家话在接收印尼语外来词进入自己的语言系统时，按自己的语言特点对外来词进行改造的结果。不否认，我们也记录到了打破客家话语音规则的例子，如：pecel（印尼语）——□□[pə⁴⁴ tsə⁵²]（一种印尼菜式，做法是把各样蔬菜用热水氽烫过后，再加上花生酱）中的cel；deren（印尼语)——□□[le⁴⁴ len⁵²](开赌人给望风的人的酬劳)中的音节len[len⁵²],是梅县客家话没有的。在老一辈美达村人的印尼语借词中,如此打破客家话语音规则的例子,我们记录到的很少。

3. 印尼语借词的语素构词方式

有些印尼语词,借入美达村客家话词汇后,语素的结构方式作了改变。

中心语素在前,修饰性语素在后,这种正偏结构是印尼语词典型的语素构成方式,与汉语的偏正结构完全相反。这类词作为借词进入美达村客家话词汇后,往往都会改变成中心语素在后、修饰性语素在前的偏正结构。如:

编号	条目	印尼语	印尼语借词
1	一种肉细多刺的海鱼	ikan bandeng	□□鱼[pan⁴⁴ təŋ⁵² n²¹]
2	一种肉粗而韧的海鱼	ikan tongkol	□□鱼[təŋ⁴⁴ ko⁵² n²¹]
3	一种小海鱼	ikan teri	□□鱼[te⁴⁴ li⁵² n²¹]
4	一种植物的叶子	daun pandan	斑兰叶[pan⁴⁴ lan²¹ iap⁵]
5	以棕榈叶为屋顶的房子	rumah atap	阿答屋[a⁴⁴ tap² vuk²]
6	新农村	kampong baru	新甘捧[sin⁴⁴ kam⁴⁴ puŋ³¹]

以上各例都是音译加上意译的词。例1至例3的中心语素ikan(鱼)、例4的中心语素daun(叶子)、例5的中心语素rumah(屋)、例6的中心语素kampong(农村),印尼语中依次分别位于修饰性语素bandeng、tongkol、teri、pandan、atap、baru之前,而在美达村客家话的印尼语借词中,都位于修饰性语素之后,构成前偏后正结构。这也是按现代汉语词汇结构的基本特点改造外来词的规律之一。

但是,在三个语素构成的"甜茶冷[tʰiam²¹ tsʰa²¹ laŋ⁴⁴](一种冰冻、加糖的茶)"和"甜茶烧[tʰiam²¹ tsʰa²¹ sau⁴⁴](一种热的、加糖的茶)"意译词中,则保留了正偏结构。具体表现为,二层的结构关系中,小一层的改变成偏正结构,大一层的与印尼语同,也是正偏结构。图解如下:

```
          印尼语                              印尼语借词
      teh   manis   dingin                甜    茶    冷
第一层:teh   manis    (正偏)        第一层:甜    茶    (偏正)
第二层:teh manis      dingin (正偏)  第二层:甜茶         冷(正偏)

          印尼语                              印尼语借词
      teh   manis   hangat                甜    茶    烧
第一层:teh   manis    (正偏)        第一层:甜    茶    (偏正)
第二层:teh manis      hangat (正偏)  第二层:甜茶         烧(正偏)
```

正偏结构关系在美达村客家话的印尼语借词中的保留,打破了现代汉语词汇结构的一般规则,但在客家话中却是可能的,因为客家话中本来就有像"人客""鸡公""鸭嫲"这样正偏结构关系的词语。

三、印尼语借词的新老差异

美达村客家话中的印尼语借词,存在着明显的新老差异。

客家人向来有"宁卖祖宗田,不卖祖宗言""宁卖身,不卖言"的尊重传统、恪守古训的观念,海外的客家人亦如此。在印尼,这一情形在19世纪60年代开始受到严重的冲击。1966年前后,印尼总统苏哈托政府关闭华文学校,全面禁止华文,直至1998年开始解禁,长达32年之久,形成一个华文断层。这一个断层的年龄界线大概以50岁为基准。我们称50岁以上的为老一辈华人,50岁以下的为新一辈华人。在美达村,50岁以上的居民在禁止华文时期,不能随意、公开的说客家话,加上他们也不愿接受印尼语教育,因此印尼语水平普遍不高;50岁以下的居民则对印尼语熟悉的程度较前者明显偏高,他们更多地受到印尼语的教育及影响。这一不同情况明显地表现在他们所说的客家话的印尼语借词中。

美达村客家话中印尼语借词的新老差异,主要表现在两个方面:

1. 新一辈的美达村客家话中的印尼语借词较之老一辈明显增多

在我们的调查中,除前面所举的印尼语借词外,新一辈美达村人的客家话夹带的印尼语词的数量,明显地比老一辈的多。好些在老一辈身上仍习惯沿用的固有的客家话词语,在新一辈的身上已完全用印尼语词取代。如:

条目	印尼语	棉兰客家话	
		新一辈	老一辈
簸箕	tampah	tampah	簸箕[pai^{52} ki^{44}]
陶瓷	keramik	keramik	陶瓷[t^hau^{21} $ts^h\eta^{21}$]
纱布	kainkasa	kainkasa	纱布[sa^{44} pu^{52}]
字典	kamus	kamus	字典[$s\eta^{52}$ $tian^{31}$]
请帖	undangan	undangan	请帖[ts^hian^{31} t^hiap^2]
邮票	prangko	prangko	邮票[iu^{21} p^hiau^{52}]
螺丝钉	pakusekrup	pakusekrup	螺丝钉[$lɔ^{21}$ $s\eta^{44}$ $taŋ^{44}$]

(续上表)

条目	印尼语	棉兰客家话	
		新一辈	老一辈
排球	voli	voli	排球[pʰai²¹ kʰiu²¹]
证人	saksi	saksi	证人[tsən⁵² ŋin²¹]
城市	kota	kota	城市[saŋ²¹ sɿ⁵²]
奇怪	heran	heran	奇怪[kʰi²¹ kuai⁵²]
支持	dukung	dukung	支持[tsɿ⁴⁴ tsʰɿ²¹]

对于新一辈中的年长者来说，他们大多要出门工作，与印尼各族人接触多，说印尼语的机会也相对多；而对于更年轻的来说，他们多数还在上学阶段，印尼语课是他们必修的课程。因此，较之老一辈，新一辈所说客家话中的印尼语借词更多。另外，新一辈接触、了解和接受更多新的事物和现象，一些指称较新事物的印尼语借词，在有些老一辈的身上，不知如何称说，如"printer（打印机）""flasdis（移动盘）"等。我们记录到的新一辈的印尼语借词，比老一辈的多了62个。

2. 新一辈的美达村客家话的印尼语借词中，对语音的借用更加彻底

在前面，我们谈了印尼语借词的语音转换情况，这主要发生在老一辈美达村人的客家话中；而对新一辈来说，他们在印尼语借词的语音方面，基本上是"全盘接受"过来的，读音上基本与印尼语一致，未经客家话的改造，故我们称之为"拿来词"。在我们记录到的印尼借词中，只有如下少数几个语音转换与老一辈相同的词语。请看下表：

条目	印尼语	棉兰客家话	
		老一辈	新一辈
棉兰（印尼苏北省会城市）	medan	棉兰[mian²¹ lan²¹]	棉兰[mian²¹ lan²¹]
印尼的肉菜、日常生活品等综合市场	pasar	巴刹[pa⁴⁴ sat²]	巴刹[pa⁴⁴ sat²]
面包	roti	□□[lɔ⁴⁴ ti⁵²]	□□[lɔ⁴⁴ ti⁵²]
咖喱	kari	□□[ka⁴⁴ li⁴⁴]	□□[ka⁴⁴ li⁴⁴]
咖啡	kopi	□□[kɔ⁴⁴ pi⁴⁴]	□□[kɔ⁴⁴ pi⁴⁴]
钱	duit	□[lui⁴⁴]	□[lui⁴⁴]

其他的印尼语借词，在颤音r[r]方面，与老一辈的转换成l[l]不同，在新一辈的发音中，已带上了颤音，只是不如印尼语中那么明显。可以说，是处于由不颤到颤动的过渡阶段。

【参考文献】

[1] 陈晓锦. 马来西亚的三个汉语方言[M]. 北京：中国社会科学出版社，2003.

[2] 陈晓锦. 试论词汇研究在海外汉语方言研究中的重要性[J]. 暨南学报，2013（9）.

[3] 陈晓锦，张双庆. 首届海外汉语方言国际研究会论文集[C]. 广州：暨南大学出版社，2009.

[4] 甘于恩，李明. 印尼汉语方言的分布、使用、特点及影响[J]. 南方语言学，2012（4）.

[5] 黄雪贞. 梅县方言词典[K]. 南京：江苏教育出版社，1995.

[6] 王建设，孙汝建. 第二届海外汉语方言国际研究会论文集[C]. 昆明：云南大学出版社，2012.

[7] 张维耿. 客家话词典[K]. 广州：广东人民出版社，1995.

香港三种闽南方言词汇的通语化与粤语化

徐宇航[1]　张双庆[2]

（1. 中山大学　广东中山　510275；2. 香港中文大学）

【摘　要】 本文分析香港泉州、潮阳、海丰方言常用词汇的通语化、粤语化程度，讨论其通语化、粤语化特征，探究这种演变与词频、语义、语用因素的关系。

【关键词】 香港闽南方言　词汇　通语化　粤语化

一、引言

香港有逾两百万闽南人及其后裔，部分闽系人士的家庭语言仍为闽南方言。远离本土的闽南方言与粤语、通语等多种方言共存，无论语音还是词汇、语法，皆有互相沾染的可能。因具有开放性、可再生等特点，词汇研究难以如音系研究一般以系统描写和总结。然而，在语言接触中，词汇最容易受到其他方言影响而改变，因此词汇比较研究，是研究语言接触最直观的方式。目前仍存于香港的泉州、潮阳、海丰方言，其词汇已与在泉州、潮阳、海丰本土的闽南方言存在差异，观察这种差异，并联系香港粤语，通语普通话，可获悉语言接触之于词汇的趋势。我们借三个方言的词汇比较，讨论方言词汇的"粤语化"与"通语化"，分析这种变化是否与语义分类、使用频率相关，并描述香港闽南方言词汇的生态现状。

二、香港泉州、潮阳、海丰方言词汇的"粤语化"与"通语化"

比较本土闽语词汇调查结果，香港闽南方言异于本土闽语而同于通语普通话的词汇谓之"闽南方言向通语演变"词汇，异于本土闽语而同于香港粤语的词汇谓之"闽南方言向粤语演变"。根据上述规则，我们参考中国社科院语言研究所1981

年制定的《方言调查词汇表》及香港中文大学张双庆教授研究团队的"中国五省及东南亚闽方言词汇调查",剔除与城市生活关系疏远的"农业/农具"类词汇,我们制定了香港闽南方言生态调查词汇1822个,并以语义分类排列。我们的关注点为三种来源不同的闽南方言在香港这个多语多方言都市里的存现情况,并非寻找方言为本土、最地道的层次,因此调查不刻意要求发音人思考最地道的词汇,反而希望他们能就认知直觉,说出最常用的词汇。以下展示香港泉州、潮阳、海丰方言词汇的"粤语化"与"通语化"。

表1 香港泉州、潮阳、海丰方言词汇的"粤语化"与"通语化"

词汇	通语化/粤语化
天文	旋风——潮阳、海丰用"旋风"同于通语。 大雨——潮阳、海丰皆与通语一致用"大雨"。 暴雨——潮阳、海丰与通语一致用"暴雨"。 天气——闽南方言本为"天时",泉州、潮阳皆有"天气"的通语说法。 晴天——海丰已同于通语"晴"。 凉快——潮阳、海丰同于通语"凉",异于泉州"秋清天"。
地理	平地——潮阳、海丰与通语一致称"平地"。 荒地——海丰"荒地"同于通语。 大河——潮阳方言则称"河"同于通语。 水泥——海丰称"水泥"为与通语共有的层次。 南洋——海丰称"南洋"为与通语一致的层次。 乡下——泉州"乡下"同于粤语。 水坑——海丰方言的"水坑"与通语一致。 潮水——潮阳称"潮水",海丰的"潮"属于与通语共有的说法。 沙滩——潮阳的"沙滩"为借入通语词汇的层次。
时间	先前——潮阳、海丰"先前"同于通语。 现在——潮阳"现在"为通语借入层次。 大年初一——海丰"年初一"同于粤语。 明年——海丰"下年"同于粤语。 历书——海丰"通书"同于粤语。
农事	年成——海丰"收成"同于通语。
植物	玉米——泉州"玉米",同于通语。 豆芽菜——潮阳、海丰"豆芽"同于通语。 辣椒——海丰称"辣椒"同于通语。 胡萝卜——泉州"胡萝卜"同于通语。 牵牛花——潮阳、海丰"牵牛花"同于通语。 芦苇——潮阳、海丰"芦苇"同于通语。 豌豆——潮阳称"青豆"同于香港粤语。 丝瓜——海丰称"丝瓜"同于粤语。 柿子椒——海丰称"青椒"同于粤语,潮阳"甜青椒"有粤语影响因素。 油菜——潮阳、海丰称"菜心"同于粤语。 水果——海丰"生果"同于粤语。 香菇——海丰"冬菇"同于粤语。

（续上表）

词汇	通语化/粤语化
动物	喜鹊——潮阳、海丰"喜鹊"同于通语。 鱼子——泉州"鱼子"同于通语。 野鸡——海丰"野鸡"同于通语。 疯狗——海丰"癫狗"同于粤语。 壁虎——海丰"檐蛇"同于粤语。
屋舍	厨房——海丰"厨房"同于通语。 厕所——三地皆同于通语。 洋房——海丰"楼"同于粤语。
器具	茶杯——潮阳、海丰"茶杯"同于通语。 梳子——潮阳、海丰"樵梳"有通语影响因素。 电池——泉州、潮阳"电池"同于通语。 锥子——海丰"尖锥"有通语影响因素。 毯子——潮阳、海丰"毡"同于粤语。 茶盘——潮阳"茶碟"受粤语"盘子称谓碟"之影响形成。 缝纫机——潮阳、海丰"衣车"同于粤语。 熨斗——三地皆称"烫斗"同于粤语。 澡盆——潮阳"浴盆"有粤语影响因素。 手电筒——潮阳"电筒"同于粤语。 手提包——潮阳、海丰"手袋"同于粤语。
人品	囚犯——海丰"囚犯"同于通语。 老板——海丰"老板"同于通语。 老板娘——海丰"老板娘"同于通语。 伙计——潮阳、海丰"伙计"同于通语。 学徒——潮阳、海丰"学徒"同于通语。 顾客——潮阳"顾客"同于通语。 小贩——潮阳"小贩"、海丰"路边摊"同于通语。 医生（中医）——三地皆称"医生"，同于通语。 裁缝——泉州、潮阳直接称"裁缝"，同于通语。 厨师——泉州、海丰"厨（房）师"有通语影响因素。 接生婆——潮阳、海丰"接生婆"同于通语。 道士——潮阳直接称"道士"同于通语。 顾客——海丰"客"同于粤语。 铁匠——海丰"拍铁佬"同于粤语。 女佣——潮阳"工人"同于香港粤语。
亲属	平辈——泉州"平辈"同于通语。 子女——泉州"子女"同于通语。 子孙——泉州"子孙"同于通语。 样子——海丰"样子"同于通语。 侄子——海丰"侄团"有通语影响因素。 曾祖父——海丰"太公"同于粤语。 曾祖母——海丰"太嫲"同于粤语。

（续上表）

词汇	通语化/粤语化
身体	头顶——海丰"头顶"同于通语。 后脑勺子——泉州、潮阳"后脑勺子"同于通语。 牙——海丰"牙"同于通语。 虫牙——海丰"蛀牙"同于通语。 手背——泉州、海丰"手背"同于通语。 小拇指——潮阳、海丰"尾指"同于通语。 脚后跟——泉州"脚后跟"同于通语。 斗——潮阳"斗"同于通语。
医疗	中暑——泉州、潮阳"中暑"同于通语。 种痘——泉州"种痘"同于通语。 看病——泉州、海丰"看病"与潮阳"睇先生"形成区别，这种区别应为新旧词汇差异。"看病"为通语影响结果。 生病——泉州、潮阳"病"与海丰"侬孬"形成区别，这种区别应为新旧词汇差异。"病"为通语影响结果。 上火——海丰"燥热"有粤语影响因素。
服饰	毛线——潮阳"毛线"同于通语。 棉背心——潮阳、海丰"背心"同于通语。 衬衫——潮阳、海丰"恤衫"同于粤语。 内衣——海丰"底衫"同于粤语。
饮食	油条——海丰"油条"同于通语。 鸡杂儿——海丰"鸡杂"同于通语。 松花蛋——泉州"皮蛋"同于通语。 菜——泉州"菜"同于通语。 银耳——海丰"雪耳"同于粤语。 茶叶渣——海丰"茶箬渣"同于粤语，本土海丰方言仍有"茶箬粕"说法。
风俗	丧事——泉州、潮阳"丧事"同于通语。 孝服——潮阳"孝服"同于通语。 纸钱——泉州、潮阳"纸钱"同于通语。 灵牌——潮阳"灵位"同于通语。 信教——海丰"信教"同于通语。 灵牌——泉州"神主牌"同于粤语。
起居	钉扣子——海丰"钉扣"同于通语。 吃零食——泉州"吃零食"同于通语。 剥衫——海丰"剥衫"同于粤语。 起身——海丰"起身"同于粤语。
交际	受贿——海丰"收钱/受贿"同于通语。 纳税——海丰"交税"同于通语。 答应——潮阳"答应"同于通语。 骗——泉州、海丰"骗"同于通语。 看望——泉州"探朋友"同于粤语。

（续上表）

词汇	通语化/粤语化
商业	旅馆——泉州"旅馆"同于通语。 卖米——海丰"卖米"同于通语。 开张——潮阳"开张"同于通语。 开价——潮阳"开价"同于通语。 掉价——海丰"降价"同于通语。 钞票——海丰"纸币"同于通语。 轮船——潮阳、海丰"轮船"同于通语。 公路——潮阳"公路"同于通语。 码头——潮阳"码头"同于通语。 抵数——泉州"抵数"同于通语。 掉价——潮阳"减价"同于粤语。 客车——潮阳、海丰"巴士""大巴"有粤语影响因素。 小轿车——潮阳"私家车"有粤语影响因素。
文娱	上学——泉州"上学"同于通语。 上课——泉州、潮阳"上堂"同于通语。 古籍——潮阳"古籍"同于通语。 写白字——潮阳、海丰"写错字"同于通语。 变戏法——泉州"变魔术"同于通语。 头名——海丰"第一"同于粤语。 教室——三地"教室"称"课室"同于粤语。 划拳——潮阳"猜拳"同于粤语。
动词	抬头——潮阳"抬头"同于通语。 低头——泉州"低头"同于通语。 掸——潮阳"掸"同于通语。 解——潮阳"解"同于通语。 缝——泉州"缝"同于通语。 溅——泉州"溅"同于通语。 遮——潮阳"遮"同于通语。 遇到——潮阳"遇"同于通语。 主张——潮阳"主张"同于通语。 留神——潮阳"小心"同于通语。 讨厌——泉州"讨厌"同于通语。 喜欢——泉州"爱"同于通语。 舔——潮阳"lap^{11}"同于粤语。 甩——潮阳"落"同于粤语。 混——海丰"沟"同于粤语。 主张——海丰"揸主意"同于粤语。 着急——海丰"紧"有粤语影响因素。 发火——海丰"发脾气"同于粤语。

(续上表)

词汇	通语化/粤语化
形容词	凌乱——泉州"乱"同于通语。 刺眼——海丰"刺眼"同于通语。 舒服——潮阳、海丰"舒服"同于通语。 乖——泉州"乖"同于通语。 懒惰——泉州"懒惰"同于通语。 懒惰——海丰"懒"同于通语。 大方——潮阳、海丰"大方"同于通语。 容易——海丰"容易"同于通语。
位置	外面——泉州"外面"同于通语。
代词	0
数字	0
量词	一口井——海丰"口"同于通语。 一只箱子——潮阳、海丰"个"同于通语。 一台戏——海丰"台"同于通语。 一只鸡蛋——泉州、潮阳"只"同于粤语。 一行字——海丰"列"同于粤语。

三、香港泉州、潮阳、海丰方言词汇通语化、粤语化比较

根据上述词汇调查结果及对其与通语、粤语接触关系的分析，泉州、潮阳与海丰方言在与通语和粤语的接触度上各有不同，具体的统计结果详见表2。

表2 泉州、潮阳、海丰方言词汇通语化、粤语化比较[①]

词汇	泉州		潮阳		海丰	
	通语化	粤语化	通语化	粤语化	通语化	粤语化
天文	2%	0	10%	0	10%	0
地理	4%	2%	9%	0	11%	2%
时间	0	0	3%	0	1%	4%
农事	0	0	0	0	4%	0
植物	2%	0	3%	3%	6%	5%
动物	1%	0	3%	0	3%	2%
屋舍	12%	0	4%	4%	8%	4%

① 表2统计包括演变因素不单一的词汇，如既有通语/粤语化因素，又体现闽语内部差异的词汇也纳入统计，这部分词汇未展现于表1，特此说明。

（续上表）

词汇	泉州		潮阳		海丰	
	通语化	粤语化	通语化	粤语化	通语化	粤语化
器具	2%	1%	2%	7%	5%	6%
人品	7%	0	15%	2%	15%	3%
亲属	4%	0	0	0	4%	2%
身体	3%	0	4%	0	6%	0
医疗	5%	0	3%	1%	4%	1%
服饰	0	0	4%	2%	2%	4%
饮食	3%	0	1%	0	3%	4%
风俗	5%	2%	8%	0	2%	0
起居	2%	0	0	0	3%	3%
交际	6%	2%	6%	0	6%	2%
商业	3%	0	8%	5%	7%	2%
文娱	2%	2%	5%	3%	3%	3%
动词	2%	0	3%	1%	0	2%
形容词	2%	0	1%	0	4%	0
位置	5%	0	0	0	0	0
代词	0	0	0	0	0	0
数字	0	0	0	0	0	0
量词	0	1%	1%	1%	4%	4%
均值	3%	0.4%	4%	1.2%	4%	2.1%

据表1统计结果，联系上文词汇调查情况，香港泉州、潮阳、海丰闽南方言通语化、粤语化的演变特征有如下四点：

第一，泉州、潮阳、海丰方言通语化、粤语化情况并不显著。相比之下，三个闽南方言通语化程度比粤语化程度更明显。

第二，三个闽南方言通语化、粤语化程度最高词类各异：

泉州方言	通语化程度最高项	屋舍>人品>交际
	粤语化程度最高项	地理/风俗/交际/文娱
潮阳方言	通语化程度最高项	人品>天文>地理
	粤语化程度最高项	器具>商业>屋舍
海丰方言	通语化程度最高项	人品>地理>天文
	粤语化程度最高项	器具>植物>时间/屋舍/服饰/饮食

通语化与粤语化并不遵循客观世界、主观世界等以往研究所展现的词汇演变规律，而是与使用者个人的生活情况、职业范畴、文化程度等因素相关。简言之，香港闽南方言通语化、粤语化的演变主要为外部因素。

第三，联系词汇调查结果可知，香港闽南方言通语化、粤语化演变与语义相关性的联系不紧密。如语义相关性较强的词汇"开水、热水、温水"。在这组语义相关的词汇群中，"开水""热水"依旧可保持闽南方言一致的"滚水""烧水"说法，而"温水"则在泉州、潮阳方言中表现为通语化"温水"说法，在海丰方言中表现为"暖水"的粤语说法。因此，语义相关与词汇通语化、粤语化演变无关。

第四，联系词汇调查结果亦可知，香港闽南方言的上下位概念通语化、粤语化发展也不平衡。如词汇"柜子"与"衣柜"，"柜子"属"衣柜"的上位概念，但是，调查结果显示，"柜子"受通语、粤语影响称"柜"而非闽南方言的本有说法"橱"，但其下位概念"衣柜"仍保持闽语的说法"衣橱"。又如"石头"与"小石块"，前者是后者的上位概念。泉州与潮阳方言受到通语、粤语影响而有"石头"的说法，其下位概念"小石块"泉州方言则仍有"细石团"的说法，而非与潮阳发音人一样的"石头团"。

由通语化、粤语化的演变特征可知，香港闽南方言词汇为离散式演变。这种离散式演变与方言使用者所处生活环境、职业归属、教育程度等因素关系密切，与词汇本身的性质、结构及语义范畴关系不密切，其演变的主要原因为社会语言学原因。

四、小结

本文描写与分析香港泉州、潮阳、海丰方言常用词汇的通语化、粤语化程度，讨论三种方言通语化、粤语化的演变特征，明确了香港泉州、潮阳、海丰方言词汇的通语化、粤语化程度不高，词类频率各异，与语义关联、词汇上下位概念相关性不大，是典型的离散式演变模式，这种演变与方言使用者所处生活环境、职业归属、教育程度等社会因素关系密切。

【参考文献】

[1]中国社科院语言研究所. 方言调查词汇表[J]. 方言，1981（3）：161-205.

[2]张双庆. 中国五省及东南亚闽方言词汇调查. 香港政府研究资助局资助研究项目，2002，3.

客家移民在台中有关节日活动与宗教信仰的文化词汇调查

江俊龙

(台湾中央大学客家语文暨社会科学学系 台湾桃园)

【摘　要】台湾客家语言和客家文化已有甚高成分与性质在地化,此在地化的过程使得词汇中的文化意涵更与当前的土地与生活产生连结。其中,有关节日活动与宗教信仰方面的词汇,有着浓厚"在地"的关怀成分,本文藉此探析相关文化词汇的当代内涵。

本文透过16个有关节日活动与宗教信仰的文化词汇的深究考察,探索这批有聚合关系的词汇所蕴含的文化意义,同时也导引出一系列相关的词汇,扩大了客语词汇的搜罗方向,如此又更加深了我们对客家文化的理解程度。特别对客语从中国大陆来到台湾台中山城东势一带的发展有相当细致的描写和记录。

【关键词】客语词汇　客家文化　民俗节庆　宗教信仰

一、前言

客语研究多年来虽说累积了相当丰富的调查研究成果,但仍有所偏。钟荣富教授在《台湾客家语音导论》中提出:"构词的研究必须仰赖有系统的语汇采集,在这方面而言,未来客家话的研究似乎有必要更加留意语汇的搜集、分析和比较。语汇直接反映文化生活,也直接反映句法的结构单位,而这两个层面便是社会语言学与句法学的主体。"[①]如此主张,即是提醒语言研究者,除了句法结构的研究,语汇所反映出来的文化生活,更是不该被忽略的一个研究方向。20世纪初,美国语言学家萨丕尔(Edward Sapir)和沃尔夫(Benjamin Lee Whorf)在对美洲印第安

---

① 钟荣富(2004:51)。

社会文化与语言关系的研究中也曾揭示类似的主张。他们指出,调查研究任何一种语言,都应该同时了解被研究对象的社会文化、经济结构、宗教信仰、地理环境、风俗习惯等等。换言之,其意图同样也在于将词汇的文化底蕴之重要性予以揭示。是以,笔者认为:如果文化意涵与词汇研究两者不能联系起来关照,都将使语言研究这一学科的发展受到很大的局限。语言学家应该深入田野,不仅仅调查语言、搜集语料,更应该去挖掘藏在语言背后丰富的文化宝藏。

笔者在近年进行客语民间故事的采集与整理时,从田野调查中搜集而来的口语语料与民间故事中取得为数不少的客家文化词汇。本研究除了向客家社群的耆老搜集语料,并且将之文字化与资料库化,更应拓展词汇与词汇之间的联结,深化客家文化词汇的丰富内涵。

语言和文化的关系至为密切,社会语言学家和人类语言学家做了许多理论分析,提供了关注的大方向。然而方言学界对于语汇的文化内涵的诠释和田野调查工作进行得还很浅薄,许多工具书、类书对于语汇的说明仅止于简单的释义和造句,以目前的成果,不论是客语或其他语言,都不足以深入说明语言和文化之间的紧密关联。因此,本研究挑战此一课题,规划出一套完整的田野调查和记录的方法,着重将客语词汇的产生背景、来龙去脉、传说典故,以及延伸的相关年代、人物事迹等,将关键字眼用客语汉字书写并以台湾教育主管部门"客家语拼音方案"系统标音的记录方式,将客家的文化词保留下来,留下地道完整的客语语料,并针对语料内容中的特殊音读、词义再做进一步的注解说明或补充。此一调查整理工作难度颇高,必须投入数名具备客语书写及标音专业能力的人才,以数倍于汉语书写的时间进行撰稿,并深入田野访问调查,探索语汇的深层文化。

二、研究目的

客家话在台湾都是融合杂混后的变体。过去20年,在许多学者"单打独斗"的努力下,累积了相当丰富的单点田野调查方面的研究成果。例如:徐贵荣(2002,2005)、张美娟(2010)对台湾饶平客家话的研究;陈秀琪(2000)、廖烈震(2002)、廖伟成(2007)对台湾诏安客家话的研究;彭盛星(2004)、徐泛平(2010)对台湾五华(长乐)客家话的研究;温秀雯(2003)、赖文英(2004)、苏轩正(2009)对丰顺客家话的研究;吴中杰(2007)、李瑞光(2011)、钟荣富(2011)对台湾河婆客家话的研究;江俊龙(1996,2003)、江敏华(1998)对台中东势客家话的研究;

徐瑞珠（2005）对苗栗卓兰客家话的研究；赖淑芬（2004）对屏东佳冬客家话的研究；钟丽美（2005）、赖维凯（2008）对屏东内埔客家话的研究。这些分布在台湾各地的客家话，腔调种类繁多，但已不是原乡面貌。目前的分布及发展态势或集中居住，或零星分散，有的尚有旺盛的生命力落地生根发展，有的四分五裂随时有被邻近语言侵蚀消灭的危险。

台湾应该提供一个健康的语言环境，尊重多元族群及其语言，让每个人的母语都能自信自尊自重地被使用，果能如此，那么，包括客家话在内的所有台湾本土语言就可以自然地接受来自家族或族群长辈的语言智慧，继承前人的文化遗产。另一方面，语言的使用者也可以自然而然地接受来自外部其他语言的资讯养分，像海纳百川一样吸收各种外来文化，将之纳入自己的语言系统之内，久而久之加以"驯化"。过程之中，语言变化是必然的，但是，只要体制够健全，没有不当的外力干预，语言的生机其实是生生不断的。

有鉴于现有的客语工具类书对于客语词汇大多仅止于简单的释义与造句功能的编写方式，对语言所负载的深厚文化阐释往往仅述及皮毛。本研究的执行以台中大埔腔为主，如实记录。呼应前述提及客语未来研究方向，有系统的语汇采集将是重要的基础工程，本研究除了细分类别采录之外，更加强语料中大量出现的相应类别的相关词汇，即"以文引文"或"以词引词"，达到相乘的效果。

台湾客家语言和客家文化已有甚高成分与性质在地化，此在地化的过程使得词汇中的文化意涵更与当前的土地与生活产生联结。其中，有关节日活动与宗教信仰方面的词汇，有着浓厚"在地"的关怀成分，本文藉此探析相关文化词汇的当代内涵。

本研究最主要的执行目的，则是阶段性地将采集得来的语料加以文字化和研判，再往这些搜集而来的语料及耆老解读的内容深度考掘，将解读内容中的文化意涵取出并重新作为提问，请求耆老再深入说解这些词汇的文化意义。如此进行，不仅可以确保语料整理过程不失真，同时也因为重复聚焦而可以得到更深层的意蕴。

三、研究方法

本研究采用语料搜集与分析比较之研究法，以及田野调查法为主要研究方法。对于词条的搜集来源和内容的比对增删大抵采用以前者；对于文化礼俗的考证工作限于文献不足，以及年轻学者或研究生对传统习俗的了解不够，因此必须仰赖实地考察，访问耆老。所谓"礼失求诸野"，虽是至理名言，但很少人能积极主动地、有计划性地去做这种田调工作。简言之，本研究的具体做法为：搜集所有关于大埔客家话的文献语料和工具书，包括目前已经出版之客家辞典、台湾中部（以客家文化聚落代表之东势地区为主）客家耆老或地方文史工作者的口述语料，以及笔者近年调查整理与出版的东势民间故事集等，建立客家词汇的文化辞典资料库。

四、结果与讨论

综上所述，我们不难发现，所谓的"文化"并非只是特定阶级所认为的文学作品、音乐、绘画才是文化活动。文化其实更具包容性：只要与生活经验相关者，皆有可能是"文化"。在本研究采集得到的词汇及其解读资料中，也很容易发现：客家词汇的文化解读并非一味地描述"过去"的物事；不少现代社会的思想与物件，也在客家耆老的词汇解释中被提及。或作为新旧生活方式的比较，或作为旧有价值观的反思，都为客语词汇发展的兼容并蓄的性格做了见证。换言之，客家语言的发展过程，一方面保留、继承了传统语言文化；一方面吸收了外来语言文化来丰富自身的条件，并且不断在地化，藉以创造新的语言文化。

台湾大埔客语现在完全可以用汉字书写、创作，可以用标音工具来记音，语言的记录和教学已具备好配套的条件了，它在台湾中部地区有聚居的客家人口和地域，语言的整理工作已经十分系统化。本研究所做的采录，保留了完整的口语语料，是"原汁原味"的耆老讲述记录。透过观察由人所组成的语言社会，丰富的文化精髓自然而然孕育其中，俯拾皆是。不仅如此，在地化的客语文化词汇还有相当程度发展出相关歇后语或谜语。以下逐条讨论与本课题相关的文化词汇：

（一）戴絭

➢ 标音　dai ﹨ kien ﹨

➢ 释义　配戴护身符，以求神明保佑避邪。

➢ 说明

客家话的"絭"与一般寺庙的平安符在外型上是截然不同的两样东西。"絭"用的是印有雍正、乾隆、顺治、道光、嘉庆通宝等年号的古钱，一般都是仿古铸成的；也有用日本锡币的。中央有正方形或圆形的孔，将其用红色棉线穿过，打结挂在脖子上保平安用，这就是客家人所说的"絭"。套在脖子上保平安就叫做"戴絭"，与配戴一般寺庙平安符的作用类似，但有专指。

为何要"戴絭"？原来，婴儿出生后大部分家庭都会替婴儿"排八字"（音：baiˇbadˆsiiˋ，算八字命盘），命盘中若显示婴儿须认义父、义母方能顺利成长，或成长过程会较坎坷者（如夜哭、多病……），亲人就会准备三牲祭品，到土地公或当地寺庙中祭拜神明，并掷筊"求絭"（音：kiuˇkienˋ），若求得神明"圣筊"（音：shinˋgauˋ，把二只杯筊掷出，呈一正一反，表示应允之义），则认该神明为义父或义母，身上配戴此义父或义母的"絭"，祈愿神祇庇佑婴儿平安长大。东势客家地区的神明很多，所以太阳公、王爷公、关圣帝君、观世音菩萨、石公、石母、各地的土地公等都会照护幼儿。

求得的"絭"当天即要挂上脖子，系在衣服上亦可，且须连戴三天方可取下，并置于洁净处，待来年"换絭"时再取出，有些人则长年戴着，直至成年，这就是"戴絭"。

（二）换絭

➤ **标音**　vanˋkienˋ

➤ **说明**

婴儿认某神明为义父或义母后，经年配戴的"絭"，每年须更换"絭"的旧红丝线或红棉线，这个仪式即称"换絭"。

从"戴絭"的那天起，每年的同一天（大都为该神明的生日或升天得道日当天），都要准备三牲祭品祭拜神明，感谢神明一年来的庇佑，并祈求来年也能平安健康。若戴"石哀絭"（音：shagˋoi+kienˋ，石母絭）者，则于石母生日中秋节[①]当天准备月饼祭拜石母并"换絭"。东势地区大部分的孩童都戴石母"絭"，想必是与母性育儿有关。如鲤鱼伯公庙的石母神，土牛大甲溪畔的石母，每至中秋节当天，大批义子、义女及其父母蜂拥而来，每每将小小庙宇挤得水泄不通，可说是一年一度的盛事。

如何"换絭"？将旧"絭"与祭品同摆祭桌上，待祭拜完毕后，将旧的红丝线

[①] 土地公的生日一般说来有两种：土地诞（农历二月初二）、得道日（农历八月十五日）。这里严格来说应为升天得道日，石母也是土地神，民众还愿多在农历八月十五日中秋节当天，或八月十六。

或红棉线卸下，连同金纸一起放入烧金纸的炉中火化，"絭"再串入新准备的红丝线或红棉线系好，让幼儿戴，这就是"换絭"。换好"絭"一样得戴三天或长年戴着。

（三）脱絭

- 标音　todˆkienˋ
- 说明

"脱絭"就是除下经年守护着的"絭"，亦即表示孩童已脱胎换骨变成成人之义，也可说是一种成年礼。

当孩童成长至十六岁那一年，神明义父或义母生日当天，父母须准备三牲祭品祭拜，东势地区大多利用中秋节"伯公"（音：bagˆgung+，土地公、土地神）、"石哀"生日当天准备月饼至义父、母面前，掷筊求应允"脱絭"。得"圣筊"应允，表示已经成人，可独立自主，此时便可脱去所戴的"絭"。若不得"圣筊"，则表示灾厄未过仍需照管，"絭"也就继续戴着，等来年再试试，直至神明应许"脱絭"为止。所以说每人"戴絭"的时间长短不一，有些人到学业完成后方"脱絭"，更有些人要一直到结婚才"脱絭"。

（四）新丁粄

- 标音　sin+den+banˆ
- 说明

"粄"是客家人对米食的称呼。"新丁"则指家人新添的男丁。"新丁粄"是为庆贺新添男丁所制作的糯米米食。传统客家社会十分需要人力从事耕作，生男称为"添丁"（音：tiam+ den+），邻居亲友祝贺主家"出丁"（音：chudˆden+），说他们家"已出丁"（音：iˋchudˆden+，人丁很旺），主家要做"新丁粄"表示感谢；若生女，旁人问起是否出丁，主家则自我解嘲说"出半丁"（音：chudˆbanˋden+）或"毋成丁"（音：mˇshangˇden+），另做"桃粄"（音：toˇbanˆ）或"千金粄"（音：cien+ gim+ banˆ）答谢。

其实新丁粄就是红粄，家里添丁就会在元宵节时"拜天公"（音：baiˋtien+ gung+），以感谢上天赐男丁之福，这时候的红粄就叫做"新丁粄"。将"新丁粄"叠成塔状拿到庙里祭拜，祈求小孩平安长大，并和大家说家中添丁情况，拜完后新丁粄就要分送给亲朋好友，分享添丁的喜悦。

在现代，新丁粄的意义则代表家中有新添的人口。简单分成男丁和女丁，分别做"龟粄"和"桃粄"来庆贺。"丁"字在古汉语中本就有"人口"的义项，不一定专指男丁，如西晋"占田制"中对人口的分区：男、女16岁以上至60岁为"正丁"，男、女15岁以下至13岁及61岁以上至65岁为"次丁"。又《南史·卷三十三·何承天传》："计丁课仗，勿使有阙。"男女皆可算丁，只要长大成人就是丁，现代新丁义正好还原古义。

（五）拈米卦

➢ 标音　ngiam+ mi^ gua﹨

➢ 说明

米卦是以当事者所抓米的粒数来卜卦，流行于市井间。当事者在一盘米上抓三撮米，交由主事者数出每撮米的粒数，第一撮为下卦，第二撮为上卦，第三撮为变卦，由此推断吉凶。

平时乖巧的孩子，最近莫名其妙整夜哭闹不已，怎么办？又连续高烧不退，吃遍各种药物也不见退烧，该如何是好？又或者心神不宁、"心肝头拶拶"①，该找谁舒缓？遇到这些稀奇古怪、医学难以解决的问题，老一辈人会指引你"去抓个米卦看看"。说也奇怪，抓个卦，烧过符水一喝，症状果真舒缓了。这种情形很难用科学解释。

如今虽说科技一日千里，但是一旦遇上科学不能解决的问题，民间仍多有求助乡野市井的小门小道，而问题或可就此解决了，这就是"拈米卦"得以历久不衰的原因。

（六）行春

➢ 标音　hang∨ chun+

➢ 说明

每年的农历春节（年初一）大都会在二十四节气的"交春"前后。在这一天，东势的客家人习惯于用过早斋后，家人或左邻右舍一起结伴到住家附近的庙宇烧香拜拜，俗称"行春"。意思是年初一早起多走走，这一年就会多"伸钱"②之义。

---

① 心肝头拶拶：音 sim+ gon+ teu∨ zad﹨ zad﹨，郁闷，心中有如大石头压着。
② 伸钱：音 chun+ cien∨，存下多余的钱。

在这天，较讲究的客家人，会挑吉时开门，要"行春"走动时也会选吉时出门，并往"利方"走，以期讨个好彩头，祈求全年顺利、平安、赚大钱。"行春"时碰到熟人，会互道恭喜、发财之类的吉祥话，至于"死"或"病"之类的字眼则绝对要避免。

（七）石哀

➢ 标音　shag丶oi+

➢ 说明

"石哀"（石头伯公）是民间的一种自然神，有的是土地公庙里的附神，如东势鲤鱼伯公庙里的"石哀"；有的是独立的土地神，如东势大茅埔的"石头哀"[①]。从前小孩子若爱哭闹，做父母的就会到石头伯公那儿掷筊，祈求石头伯公认小孩为契子，为其"求絭"，配戴在身上，让小孩能平安健康长大。

每年的农历四月初八或"八月半"中秋节"伯公生"[②]，孩子配戴的絭要拿回去

[①] 大茅埔的"石头哀"位于东关路副君伯公旁，受庄民膜拜早于附近的土地公（伯公），信众祭拜时都另份金香，目前尚未置令旗（据当地耆老张圭荧先生所言）。大茅埔的"石头哀"系老圳旁大榕树下的一块大石头，原址在目前所在的右前方，恰好就在老圳的圳道中，因为会阻碍到水流，因此雇工把石头吊起，置于水旁；尔后，庄民建有香案祭拜。庄中若有出生婴儿不好养育，常会哭闹，社区的居民就会备牲礼、四果来央请石头母收婴儿为"契子"。

[②] 农历四月初八为释迦牟尼佛圣诞，又称佛诞节、浴佛节。但此处指土地公生日，或称土地公圣诞千秋。"伯公生"在台湾或是中国各地普遍以农历二月初二为基准，也有为数不少的伯公祠庙一年二祭，也做八月十五土地公生日。土地神祭祀源自于古代对天地之崇祀，而逐渐演变成祭社稷礼的规制，上自都城、下至府州县，都会设坛，每年行春、秋二祭礼，时间都是在仲月上戊日，主祭官还需在祭前三日开始斋戒，其慎重程度由此可知。

在台湾自清代起已经演变成为春秋二季的祈福，所谓春祈秋报，《台湾府志》便有记载："中秋祀当境土神。盖古者祭祀之礼，与二月二日同……。"二月二日祭土神的仪式在各地历年方志中更有普遍记载："二月二日，家家具牲礼为土地庆寿，鸠金演戏，张灯结彩，无处不然。"也因此，在台湾民间有农历二月二日是土地神诞辰日，而八月十五日是土地神得道升天成神之日的普遍说法。

客庄地区土地伯公生日主要仍以二月二日为主，八月十五日次之，但也有其他生日说法者，例如台北北投庄顶八仙土地祠祭十月初十，杨梅月眉山下伯公祭九月十四日，另外苑里邓家伯公则是同祭二月二日与四月八日者，前者属农家祭祀，后者则是一般民家祭祀，说法较为特殊。在广东陆丰罗村黄大仙庙旁伯公祠其土地诞辰是六月初六日，苏州则为正月初十，土地伯公生日逐渐发展成为地方上特殊的节庆时间，此外台湾客庄在新竹、东势一代也有将土地公生日并为一年四季(祭)的型态，例如桃园石门庄福德祠大伯公一年四祭，有二月二日、四月八日、八月二日及十二月十五日等，集合了土地伯公圣诞、完福等祭典。

（引自客家委员会"台湾客庄文化数位典藏" http://archives.hakka.gov.tw/topic_detail.php?id=10）

换絭，年年如此，直到孩子长到16岁成年，再准备三牲、红粄回去脱絭，感谢"石哀"的庇佑。

（八）作伯公福

> 标音　zogˆ bagˆ gung+ fugˆ

> 说明

这是一种流传在农村的土地公祭典，简称"作福"。由福班成员轮流做"福首"。成员最少要有4个，一般成员数约有10至12人。

以石冈沙连墩为例，有两班（两个家庭），每一班有10人。祭拜日期为农历的二月初二、三月初二、四月初八、五月十五、六月三十、八月初二、九月初二、十月十五以及冬至（11月）与尾牙（12月）。

祭拜方式：早期农业时代，"福首"会准备"牲仪"拜土地公。到晚上，就将祭拜过的"牲仪"做成菜肴，请班员吃晚餐，称之为"食福"，或称"食伯公福"。"食福"的时间与地点，由"福首"决定，吃午餐或吃晚餐都可以，"福首"方便即可。现代社会，大部分已变成到街上餐厅订桌请吃饭了。

轮流方式：早期农业时代，"福首"的产生方式是像标会模式，用投标的方式产生，标到的人就是下一次的"福首"。班员去"食福"的同时要准备"食福钱"去给作福的"福首"。今现代社会，已很少人竞标，演变至今，改用抽签的方式产生。

（九）做牙祭

> 标音　zoˋ ngaˇ ziˋ

> 说明

早期社会有钱人家或地主雇有长工在家工作，平时这些长工只能求得三餐温饱，鲜有大鱼大肉。较体贴的"头家"，就会利用每个月初二、十六①祭拜土地公的祭品为长工加菜，这就叫做"做牙祭"或简称"做牙"。现代社会，老板不时会邀请员工吃饭，或员工自己邀约同事一起吃饭，现在我们称之为"聚餐"，但已不限定初二、十六了。普通话也有类似的语词叫"打牙祭"。

> 实际应用范例

今晡系八月二，有拜伯公，暗夜共下来做牙祭，六点半开桌，爱记得哦。（今

---

①祭拜土地公一般民家是利用初一、十五，以素食为主；做生意的人家往往于初二、十六祭拜，可以用荤食。

天是农历八月初二,有祭祀土地公,晚上一起来聚餐,六点半开桌,要记得哦。)

(十)挂纸

➢ 标音　gua﹨zhi︿

➢ 说明

东势地区客家人扫墓,一定在清明节以前,不能在清明节后。而且有"新地不过社"的习俗,意思是新完成的坟墓,第一次扫墓不能超过"春社日"[①]。

对于新墓,第一次扫墓要用滴有雄鸡血的黄孤纸12张,旧墓就不用,直接用黄孤纸就可以。若是当年逢闰月就要加一张变13张,再用石头压在墓碑上,也因为如此才叫做"挂纸"。

扫墓除了准备三牲、集碗、红粄、丁粄、艾粄、酒等祭品外,还要用黑伞遮住墓碑,并在墓的四周遍撒银纸,意思是用银纸重屋,以新钞票重新为祖先盖一层屋顶之义。

(十一)祭祀公业

➢ 标音　zi﹨sii﹨gung+ giab﹨

➢ 说明

一种对祖先或者贤者的祭拜组织。又称为"蒸尝""公尝""祖尝"。一般是设定不处分的独立财产(可以是田产、屋产、林产等等),用来出租产生固定收入,以之办理对祖先或者贤者的祭祀事务,达到永久对祖先或者贤者祭祀的目的。

以东势地区为例,根据日治时代东势郡守武田驹吉之调查,在大正十三年(1924年),东势郡有108个以祭祖为目的之祭祀公业(石冈庄有26个,新社庄有7个,其他75个在东势庄)。最近几年来,因为土地使用问题,祭祀公业相关法律的修订,办理派下员证明难度越来越高,导致祭祀公业有渐渐减少的趋势。

一般祭祀公业是后代子孙为了管理共同祭祀财产而成立之组织。但是,也有为了祭祀对当地有功,但已往生的贤者,而创立之祭祀公业。由不同姓的人出资,共同买下一块土地供出租,产生固定收入,来办理对贤者之祭祀事务。东势地区之秋大人祭祀公业,即是一个案例。秋大人祭祀公业祭祀地点在东势先师庙。祭祀日期在每年农历三月十八日。

---

①立春之后的第五个戊日称为春社日,约在春分前后。

（十二）打虎

➢ 标音　daˆ fuˆ

➢ 说明

1980年以前，东势山城村内在过农历年时，从除夕到元宵，很多会赌博的人家，会让邻舍或亲友到家里赌博。当时，赌博花样很多，比较流行的有"跌三覆""搞四色""玩十点半""打四支五""打虎"5种。

"打虎"是比较简单又有趣的赌博方式。一张桌子可坐4至6个人一起玩，用象棋作赌具。象棋有32子，若是4个人，则一人取8子。若是5人一起玩的话，则除去兵卒，一人持6子。

玩以前先说好一子多少钱，通吃叫"半骂"，如果未约定就赢双倍，且规定离手之后不能再换子。玩法是红吃黑，大吃小，上手吃下手，轮流做庄。黑"将"称"乌王"，最怕遇见"红王"，所以黑王就叫"青惊王"，拿到的人怕被"红王"砸到，有时手会抖个不停，很容易被看出来。拿到"红王"的人都会吓大吓小，较有智谋的人一路说要出"红王"，让手中握有"乌王"的人不敢出，就一路骗吃。但拿到红王的人，也有可能被人捉对、捉三只去"蹲屎缸"，变"屎缸王"，就像被鬼咬到一样。

现代流行"打麻将"，过年、平常都有人在玩。现在"跌三覆"已经很少人在玩，"打虎"和"打四支五"现在几乎没有人在玩了，年轻人也不太知道怎么玩，虽然赌博不好，但民俗娱乐可能从此失传，有点可惜。

（十三）跌三覆

➢ 标音　diedˆ sam+ pugˆ

➢ 说明

早期农业社会时，人民纯朴、勤劳，整年都在工作，没什么娱乐。过新年期间，大家闲着没事，荷包满满、口袋饱饱，就会想找点有趣、刺激的活动来消遣。

"跌三覆"可以说就是过新年的应景娱乐。每年一"入年假"（音：ngibﾑngienﾚgaﾑ，农历十二月廿五日），就有人蠢蠢欲动，开始玩起来。到了除夕夜和正月初一、初二，达到最高峰，不管是大街小巷，还是村庄里、村庄外，大大小小、老老少少的民众，几乎全部都参加。直到"开年假"（音：koi+ ngienﾚgaﾑ，正月五日）以后，就很少再玩了。

"三覆"的赌具很简单，准备三枚古时候的穿孔铜钱，一面磨光，一面不磨，保持原字样。另外准备薄砖（约1.3尺见方）或磨平的石板，放在地面。开始时，要参加的人围坐在薄砖或石板的周围，轮流做庄，大家就与庄家"输赢"（音：shu+ rhiang∨，比赛、比输赢）。轮到做庄的人，往往会站起来，将三枚铜钱排在手掌上，有文字的一面向上，等大家把赌注分别押成前后两注，押好后，大喊一声"三覆啊！"同时将铜钱掷在薄砖或石板上，让它反弹、翻滚，等三枚铜钱静止，就决定输赢。如果三枚平滑面都向上，就是"三覆"，庄家赢，前后注通吃。如果光滑面只有二面向上，就是"二覆"（音：ngi丶pugˆ），庄家还是赢，但只吃前注。相反的，如果三枚文字面都朝上，那是"三字"（音：sam+ sii丶），庄家输，前后两注全赔。如果二枚文字面向上，就是"二字"（音：ngi丶sii丶），也是庄家输，但只赔前注。游戏就这么有趣、简单而且公平。

"跌三覆"虽然也是赌博的一种，但是盛行的时间短，游戏规则简单，一讲就会。参赌的人不限，十个八个都可以，二人对赌也可以，而且，下注的金额不限，押多押少都可以。还有，参赌的时间很自由，随时可以加入，也随时可以退出。就因为简单、自由、有趣，所以在当时几乎要变成全民运动。

（十四）正月半擎灯笼

> 标音　zhang+ ngied丶 ban丶 kia∨ den+ lung∨/nung∨

> 说明

"正月半"是正月十五，也就是元宵节。"擎灯笼"就是提灯笼。

东势客家人非常重视元宵节这个热闹的节庆。当天庙宇的活动中，重头戏即是"新丁粄"的观摩和比赛。案上的"大粄"一块比一块大，来凑热闹"看大粄"（音：kon+ tai丶banˆ）的人潮络绎不绝，自农业社会至今，年年塞爆庙旁的路，尤其是晚上，可说是万人攒动。华灯初上，夜晚降临，大人会领着小孩，一间庙、一间庙逛。在路灯并不普及的年代，夜晚时候，四周黑漆漆，手上提个照明的东西，会多一份心安，于是就地取材，做个照路的手提灯。最初，人们用空的铁罐头，两边以铁钉打洞，铁线拴住后用棍子吊着，再在里头点根小蜡烛，就是个手提灯笼。这种灯笼不怕蜡烛倾倒，就怕被风吹熄。后来，也有另一种制作方式：取细条状的竹子，用棉线绑定骨架，再糊上纸，画上图，就是简易的纸灯笼。因是自制，底座不稳，蜡烛常会倾倒。蜡烛一倒，就火烧灯笼了。再后来，坊间开始卖起长形、可伸缩的纸灯笼。它的底座是较厚的纸板，再加上一个小铁片黏在底座纸板上，竖起它就可插置蜡烛。色彩鲜明的图案配上灿烂的童心，一盏盏小灯笼点缀着元宵节的夜，更是璀璨温馨。案上的"大粄"是大人的事，提灯笼游街则是小孩子最兴奋的事。一趟下来，若灯笼没烧破，可压缩后存放，隔年可以再度使用。艰困的年代，孩童都懂得惜福，要花钱购买的灯笼不能随便浪费。反观现今社会，灯笼已进化成又酷又炫的电子化产品，更多耀眼的物事吸引了孩童，因此，渐渐地，孩童已不再视提灯笼为乐事。"擎灯笼，看大粄"的温馨画面，如今也仅存留在老一辈的记忆中。

（十五）咒鬼

> 标音　zhiuˋ guiˆ

> 说明

所谓"咒鬼"，也就是在神明面前发毒誓。通常是在传授一项绝学或赋予一项重大任务时，传授者为让学习者善用这项绝学去帮助人或单纯传承绝学，不致学了这项绝学而去害人，都会要求学习者在神明面前发毒誓。这样的仪式被称为"咒鬼"。如果是传承绝学时（如学画符咒），咒鬼仪式除了毒誓之外，通常还会伴随要求发誓者选择"孤、夭、贫"（即孤寡、早夭、贫穷）三种人生结果中的一种作为学习的代价。即除了违反誓言会遭诅咒外，平常还须选择过"孤、夭、贫"之中的一种生活。

> 实际应用范例

阿明在学画符诰进前，厥师父斯先喊佢去城隍爷面前咒鬼。爱佢学会了后谨守做人个本分，同时选择贫、孤、夭其中一种生活来过。（阿明在学画符咒之前，他的师父就先要求他去城隍爷面前发毒誓。要他学会后谨守做人的本分，并且选择贫、孤、夭其中一种生活来过。）

（十六）放符诰

> 标音　biongˋ puˇ gauˋ

> 说明

"符诰"即符咒，"放符诰"即施展符咒神力，通常指利用符咒的无形神力来控制别人，让被施以符咒的一方依施展符咒者的意念行事。在实际生活当中，如果有人怀疑自己被别人放符诰，意思就是说他彷佛被别人用符咒控制或陷害，以至于诸事不顺，或生了病（尤其是精神上的疾病）。

> 实际应用范例

老虎伯婆学人放符诰，挑挑用符诰水捻在饭甑项，分厥心臼看，害厥心臼归礼拜无敢在屋家装饭食。（老虎婶婆模仿人放符咒，故意用符咒水洒在饭锅上，让她儿媳妇看到，害她儿媳妇整个礼拜不敢在家装饭吃。）

五、结语

本文通过16个有关节日活动与宗教信仰的文化词汇的深究考察，探索这批有聚合关系的词汇所蕴含的文化意义，同时也导引出一系列相关的词汇，扩大了客语词汇的搜罗方向，如此又更加深了我们对客家文化的理解程度。特别对客语从中国大陆来到台湾台中山城东势一带的发展有相当细致的描写和记录。

在采录、访谈与整理工作上，特别感谢发音合作人徐登志女士、刘玉蕉女士、徐姿华女士、马水金先生、郭鹤琳先生及邓锦华先生。

文化词汇的研究工作，一经开挖便有无穷无尽的宝藏取之不竭，虽然辛苦但值得投入，否则，永远在皮毛上谈语言词汇，永远不能将方言与文化真正结合在一起深入观察和理解。

【参考文献】

[1]江俊龙．台中东势客家方言词汇研究[D]．中正大学中文研究所硕士学位论文，1996．

[2]江俊龙．两岸大埔客家话研究[D]．中正大学中文研究所博士学位论文，2003．

[3]江俊龙主编．新编台中东势客语故事第一辑[M]．台中：文学街出版社，2011．

[4]江俊龙主编．新编台中东势客语故事第二辑[M]．台中：文学街出版社，2012．

[5]江敏华．台中县东势客语音韵研究[D]．台湾大学中国文学系硕士学位论文，1998．

[6]江敏华．东势客家话的重迭结构与变调[J]．语言暨语言学，2002，3(3)．

[7]李中生．中国语言避讳习俗[M]．西安：陕西人民出版社，1991．

[8]李厚忠．台湾永定客家话研究[D]．台北教育大学应用语言学研究所硕士学位论文，2003．

[9]李瑞光．屏东市林仔内河婆话之音韵研究[D]．高雄师范大学台湾语言及教学研究所硕士学位论文，2010．

[10]邱仲森. 台湾苗栗与广东兴宁客家话比较研究[D]. 新竹教育大学台湾语言暨教学研究所硕士论文, 2006.

[11]邱美颖. 台湾客家话时间副词研究[D]. 中央大学客家语文研究所硕士学位论文, 2009.

[12]徐泛平. 广东五华客家话比较研究[D]. 中央大学客家语文研究所硕士学位论文, 2010.

[13]徐建芳. 新屋海陆客家话词汇研究[D]. 新竹教育大学台湾语文研究所硕士学位论文, 2008.

[14]徐贵荣. 台湾饶平客家话[M]. 台北：五南出版社, 2005.

[15]徐贵荣. 台湾饶平客家话研究[D]. 新竹教育大学台湾语言暨教学研究所硕士学位论文, 2002.

[16]徐瑞珠. 苗栗卓兰客家话研究[D]. 高雄师范大学台湾语言暨教学研究所硕士学位论文, 2005.

[17]涂春景. 苗栗卓兰客家方言词汇对照[M]. 台北：国家文化艺术基金会, 1998.

[18]涂春景. 台湾中部地区客家方言词汇对照[M]. 台北：国家文化艺术基金会, 1998.

[19]张屏生. 东势客家话的语音与词汇[C]//第16届全国声韵学学术研讨会论文, 1998.

[20]张美娟. 新竹饶平客语词汇研究[D]. 中央大学客家语文研究所硕士学位论文, 2010.

[21]张素玲. 关西客家话混同关系研究[D]. 新竹教育大学台湾语言与教育研究所博士学位论文, 2005.

[22]许文彬. 台中县丰原区古迹巡礼暨史料汇编[M]. 台中：台中县古风游艺学会, 1998.

[23]陈子祺. 新竹海陆腔客家话研究[D]. 新竹教育大学台湾语言暨教学研究所硕士学位论文, 2001.

[24]陈秀琪. 台湾漳州客家话研究——以诏安话为代表[D]. 新竹教育大学台湾语言暨教学研究所硕士学位论文, 2000.

[25]陈淑娟. 桃园大牛栏方言的语音变化与语言转移[D]. 台湾大学中文系博士学位论文, 2002.

[26]彭秀媛.台湾客家话副词研究[D].新竹教育大学台湾语言暨教学研究所硕士学位论文,2006.

[27]彭盛星.台湾五华(长乐)客家话研究[D].新竹教育大学台湾语言暨教学研究所硕士学位论文,2004.

[28]黄佳文.台湾东势客语表性状词的语义分析[D].新竹教育大学台湾语言暨教学研究所硕士学位论文,2004.

[29]黄雯君.台湾四县海陆客家话比较研究[D].新竹教育大学台湾语言暨教学研究所硕士学位论文,2005.

[30]温秀雯.桃园高家丰顺客家话音韵研究[D].新竹教育大学台湾语言暨教学研究所硕士学位论文,2003.

[31]廖烈震.云林仑背地区诏安客家话音韵研究[D].台北市立师范学院应用语言研究所硕士学位论文,2002.

[32]邓盛有.台湾四海话的研究[D].新竹教育大学台湾语言暨教学研究所硕士学位论文,2000.

[33]赖文英.新屋乡吕屋丰顺腔客话研究[D].高雄师范大学台湾语言暨教学研究所硕士学位论文,2004.

[34]赖淑芬.屏东佳冬客家话研究[D].高雄师范大学台湾语言暨教学研究所硕士学位论文,2004.

[35]钟荣富.大陆原乡、新加坡与台湾大埔客家话之比较研究[M]//族群、历史与文化:跨领域研究东南亚与东亚.新加坡:八方出版社,2010.

[36]钟丽美.屏东内埔客语的共时变异[D].高雄师范大学台湾语言暨教学研究所硕士学位论文,2005.

[37]罗肇锦.台湾的客家话[M].台北:台原出版社,1990.

[38]罗肇锦.台湾客家族群史——语言篇[M].台湾省文献委员会出版,2000.

[39]苏轩正.大埔、丰顺客家话比较研究[D].中央大学客家语文研究所硕士学位论文,2009.

东南亚汉语方言"芭"词源考①

刘 莉

(广西大学文学院 广西南宁 530004)

【摘 要】文章对东南亚汉语方言"芭"的音义进行了全面考察,指出该词是借自南岛语和侗台语中"石头"一词的音译词。文章还深入分析了"芭"成为汉语外来单音语素的过程,证明《全球华语词典》把"芭"看作是"山芭①"的简称的看法应当修正。

【关键词】东南亚汉语方言 芭 外来词

一、问题的提出

"芭"是东南亚汉语方言中较常见的一个词,其词义与本土汉语中的"芭"毫无关联。前人对其来源多有讨论。

(一)前人对"芭"来源的看法

关于"芭"的来源,学界主要有三种看法:

(1)认为"芭"是外来词,但对其外语源词有不同看法。如李泰盛(2001)②明确指出"芭"来自泰语"森林"一词。他指出"芭"是用汉字代表潮州语音来记录泰语词"森林"的。李国正(2002)③认为"芭"来自东南亚当地的语言,东南亚地

---

① 【基金项目】国家社科基金重大项目"海外华人社区汉语方言与文化研究"(项目批准号:14ZDB107)阶段性成果。林亦、覃凤余、田春来老师对文章提出了宝贵的意见,学生梁桂华、刘福朝、方子雅(印尼籍)提供泰语、马来语资料,谨此致谢。文中错误,概由作者本人负责。本文在记录汉语语音的声调时只记调类,但转引的材料除外。

② 李泰盛:《泰国华文语言特点研究:兼论潮州方言和泰语的接触交融》,南京大学博士学位论文,2001年,第56页。

③ 李国正:《面向21世纪的东南亚华文文学·下卷,东南亚华文文学语言研究》,厦门:厦门大学出版社,2002年,第66页。

区的华人把音译的当地语与汉语词素结合起来创造了新词。在第144页中更指出"山芭"一词是汉语吸收马来语的结果。周长楫、周清海（2002）①收录"岜"，释义为"①丛林地带或山地；也指乡村地带。也写作'芭'：烧芭｜刓芭（砍伐树林）。②种植工场：作芭。‖有人认为'岜（芭）'是外来语，借自马来语'pabrik'而简化。新加坡华语吸收该词"。

（2）认为"芭"是东南亚汉语方言的自创词②。如徐复岭（2007）③认为"芭（山野，荒地）""烧芭（烧荒）"等词是由马来西亚华语进入泰国华语的。冼伟国（2005）④将"山芭（森林）"归入"自创新词"类。

（3）认为"芭"出自汉语方言。如叶美霞（2001）⑤指出"芭（丛林地带或山地、山芭）"是从福建闽南语借到马来西亚华语中的。许宝华等（1999）⑥收录了"山芭"一词，释义为"乡村、野外"，并注明出自广东广州粤语。在第357页又收录了"山芭肚"，释义为"野外，乡村"，注明出自广东惠州客话。

（二）对以往研究的讨论

笔者对以上三种看法都存有疑问。首先，根据李泰盛的说法，华语中的"芭"是借自泰语"森林"的音译词。但潘其旭曾指出在汉译泰语地名中，对译泰语"森林"义的"巴"也可以对译泰语"山崖"义⑦。据《全球华语词典》（2010），东南亚华语中"山芭"也写作"山巴"⑧，若判定"芭"是个外来词，则"巴""芭"来源当一致，

---

①周长楫、周清海：《新加坡闽南话词典》，北京：中国社会科学出版社，2002年，第3页。

②陈晓锦曾解释海外汉语方言的自创词，"指的是海外汉语方言脱离母体到现居国后，接触了祖居地所没有的事物，为了指称这些事物所创造的、祖居地同一方言所没有的词。"（陈晓锦：《论海外汉语方言的调查研究》，《语文研究》2006年第3期，第58页。）

③徐复岭编著：《泰国华语特有词语》，曼谷：留中大学出版社，2007年，第258页。

④冼伟国：《马来西亚吉隆坡粤语之马来语借词研究》，暨南大学硕士学位论文，2005年，第25页。

⑤叶美霞：《从华语词汇看其所反映的马来西亚华社文化》，新纪元学院中文系编《新纪元学院中文系学生论文集（2000—2001）》，马来西亚：新纪元学院中文系，2004年，第438页。

⑥许宝华、（日）宫田一郎主编：《汉语方言大词典》，北京：中华书局，1999年，第351页。

⑦潘其旭指出汉译泰语地名"三巴麦尼"[san^{24}（坡地）+pa^{22}（森林）+ma:k^{22}（槟榔）+nɯa^{24}（北部的）]，意指北部的槟榔树林的坡地，又"巴辣灰力"[pʰa^{24}（山崖）+la:t^{42}（低斜地）+hui^{33}（山涧）+lək^{55}（深的）]，意指有深涧的低斜的山崖。前一个地名中"巴"对译泰语中的"森林"，后一地名中则对译泰语中的"山崖"。（潘其旭《从地名比较看壮族与泰族由同源走向异流——壮族文化语言学研究系列论文之二》，《广西民族研究》2001年第1期，第47页。）

⑧李宇明主编：《全球华语词典》，北京：商务印书馆，2010年，第717页。

"芭"也有可能来源于泰语"山崖"一词,因此李氏的说法有待进一步论证。

其次,马来语pabrik的意思为"工厂",与"芭"的常用义相距较远,周长楫等人的看法值得商榷。

再次,根据陈晓锦(2014)[①],"芭"见于东南亚大多数国家的汉语方言中,包括闽语、粤语、客家。笔者认为若判断"芭"是某一东南亚汉语方言的自创词,则需进一步论证其是何时进入东南亚其他汉语方言的,但目前未见相关论证。

最后,叶美霞、许宝华等所收录的"芭""山芭"等词,从词形和语义上,与东南亚汉语方言词接近,但在笔者目力所及的广州粤语、惠州客话和福建闽南话的研究材料中,并未看到如东南亚汉语方言中出现的由"芭"构成的"芭货、芭病、芭路"等词,因此东南亚汉语方言中的"芭"出自汉语方言的观点还有待证明。

由于缺少对东南亚汉语方言"芭"词源的考证,部分学者对"芭""山芭"的词源判断出现了自相矛盾的情况,如黄华迎(2014)[②]认为"'芭'是闽南方言词语",而在第220页又说"山芭"一词"源自粤方言";陈晓锦(2014)[③]将"山芭"看作是华人社区汉语方言词汇的自创词,但在第909页又将"芭底"[④]看作是老挝语的借词。

综上,有必要对"芭"的来源进行充分的考证。此外,《全球华语词典》(2010)认为"芭"是"山芭①"的简称[⑤],本文将通过对"芭"的词源考证证明该看法有误。

二、"芭"的来源

(一)"芭"在东南亚汉语方言中的语音形式

根据陈晓锦(2014)[⑥],"芭"在东南亚汉语方言中有五种语音形式:

---

①陈晓锦:《东南亚华人社区汉语方言概要》,广州:世界图书出版公司,2014年。
②黄华迎:《马拉西亚华语词语研究》,西南大学博士学位论文,2014版,第189页。
③陈晓锦:《东南亚华人社区汉语方言概要》,广州:世界图书出版公司,2014年,第736页。
④陈晓锦、肖自辉《广东潮汕方言在东南亚的流变》说:"各国的潮州话都有自创词,但有的自创词却是多国共有的,例如'山芭'这个词,泰国、马来西亚、新加坡和印度尼西亚的潮州话都有,老挝有一个语素不完全相等的'芭底','山芭、芭底'指代的都是山林、山区或贫困地区。"(甘于恩主编:《南方语言学》(第2辑),广州:暨南大学出版社,2010年,第153页。)
⑤李宇明主编:《全球华语词典》,北京:商务印书馆,2010年,第18页。
⑥陈晓锦:《东南亚华人社区汉语方言概要》,广州:世界图书出版公司,2014年,第738-762页。

表1 "芭"在东南亚汉语方言中的语音形式

"芭"的语音形式	东南亚汉语方言
pa^{44}	马来西亚纳闽闽语、缅甸仰光台山话、马来西亚沙巴亚庇客家话、缅甸仰光客家话、文莱马来奕客家话
pa^{55}	印尼棉兰闽语、缅甸仰光闽语、马来西亚吉隆坡粤语、新加坡粤语、印尼雅加达粤语、泰国曼谷粤语
pa^{33}	文莱斯里巴加湾闽语、马来西亚新山潮州话、新加坡潮州话、印尼坤甸潮州话、老挝万象潮州话、泰国曼谷潮州话、马来西亚柔佛士乃客家话
ba^{53}①	泰国勿洞白话
pa^{53}	印尼亚山口洋客家话

以上五种语音形式,声、韵母音值相同,虽然调值不同,但调类相同,都是方言里的第一调(中古阴平调),其语音形式都可以用pa^{1}来表示。

(二)"芭"在东南亚汉语方言中的语义和构词表现

正如陈晓锦(2014)②指出的,"芭"在东南亚汉语方言中具有很强的能产性。透过前人的研究③,我们可以观察到"芭"在东南亚汉语方言中的语义和构词表现:

(1)有"山林"义。如"山芭"(见于印尼棉兰闽语、缅甸仰光闽语、粤语、客家话、马来西亚新山潮州话、新加坡潮州话、粤语、印尼坤甸潮州话、马来西亚吉隆坡粤语、印尼雅加达粤语、泰国曼谷粤语、马来西亚柔佛士乃客家话、沙巴亚庇客家话、印尼亚山口洋客家话、东南亚华语)、"树芭"(见于文莱斯里巴加湾闽语)、"树芭口[na^{24}]"(见于马来西亚纳闽闽语)、"芭底"(见于老挝万象、泰国华文④),以上词语都是"芭"与汉语固有词"山"、"树"等语素组合成词,表示"山林"义。"芭"还可以和其他汉语词自由组合表达与"山林"有关的意义,如"芭病",意思为山林里的疾病,即疟疾(见于泰国华语);"芭货",意思为山林的土生土长的东西(见于泰国华语);"芭蛭",意思为山林中的水蛭,专门附着人畜体上吸血(见于马来西亚华语)。这些词语组合说明东南亚汉语方言中的"芭"具有"山林"义,

---

①泰国勿洞的"芭"的语音记作[ba^{53}],李建青认为:浊音的出现有可能是受到泰语和马来语的浊音影响,也有可能与勾漏片有"全浊塞音b和d"的特点有关。(李建青:《泰国勿洞广西白话语音研究》,暨南大学硕士学位论文,2013年,第9页。)

②陈晓锦:《东南亚华人社区汉语方言概要》,广州:世界图书出版公司,2014年,第820页。

③下文所引用的"芭"的语义、构词及方言点皆出自陈晓锦(2014)、李泰盛(2001)、李国正(2002)、徐复岭(2007)、吴体仁(1966)、李宇明(2010)、潘其旭(2001)。

④徐复岭写作"笆底",释义为"山野深处、内地"。(徐复岭编著:《泰国华语特有词语》,曼谷:留中大学出版社,2007年,第9页。)

且能与其他词语自由组合。

（2）有"林园"义。东南亚的橡胶、果树多种于山上，故有"树坭芭"，意思为橡胶园(见于马来西亚纳闽闽语)；"榴莲芭"，意思为种植榴莲的果园(见于马来西亚吉隆坡粤语、新加坡粤语)等名称，"芭"也进而获得了"林园"义。人们利用"芭"的"林园"义进一步构词以表达与"林园"相关的事物，如"芭镰"，意思为林园中干活的特殊农具(见于泰国勿洞白话)；"芭场"，意思为林场(见于新加坡华语、马来西亚华语)等。

（3）有"未开垦的荒地"义。如"开芭"，意思为开垦荒芜地区(见于马来西亚纳闽闽语、新加坡潮州话、印度尼西亚坤甸潮州话、马来西亚吉隆坡粤语、新加坡粤语、印尼雅加达粤语、马来西亚柔佛士乃客家话、亚沙巴亚庇客家话、文莱马来奕客家话)；"芭地"，意思为已开垦的荒地(见于新马泰印尼文莱华语)；"斩芭"，意思为开垦荒芜地区(见于泰国勿洞白话)；"砍芭"，意思为把原始林木斩倒(见于马来西亚华语)；"烧芭"，意思为焚烧山林中废弃的树木和野草(见于马来西亚华语、印尼华语)；"拾芭"，意思为拾取未全烧尽的焦木朽枝进行二次焚烧(见于马来西亚华语)，也解释为拾掇荒地(见于新马泰印尼文莱华语)。此义项当是由"山林"义引申而来，"砍芭""烧芭""拾芭"等词正反映了山林地带刀耕火种的生产方式；由"未开垦的荒地"义又进一步构造出"犁芭车"，意思为推土机(见于马来西亚柔佛士乃客家)；"田芭"，意思为山区田地(见于文莱华语)等新词。

（4）有"乡下"义，如"芭内人"，意思为乡下人(见于泰国华语)。

综上，"芭"的基本义是"山林"，再辐射式引申出"林园""未开垦的荒地""乡下"义。具体的词义引申情况见图1。

图1 "芭"的词义引申示意图

（三）"芭"的词源考证

在"芭"所通行的东南亚国家中，主要流行的有南岛语（包括新、马、印尼、文莱等国）和侗台语（包括泰、老等国）。

1. 从语音形式上考证

本尼迪克特1942年首次提出澳泰语系假说，即侗台语与南岛语有同源关系的假设。学者们也发现各语言中"石头"一词的语音形式有对应关系。

倪大白（1988）[①]发现印尼语和侗语的"石头"一词有语音对应关系：印尼语 batu，侗语 pja¹，并说明"'石头'侗语来自（印尼语的）第一音节"。罗美珍（2013）[②]列举南岛语和傣语中"石头"一词的语音形式：南岛语 bolasq，傣语"岩石"pha¹。陈孝玲（2011）[③]也发现侗台语各语言中"石/山"词条的语音形式存在对应关系：泰语 pha¹，老挝 pha¹，德宏 pha⁶，壮语 pja¹，布依 pja¹，侗语 pja¹，莫语 pja¹，布央 pja³¹²。

我们可以看到：这些南岛语和侗台语中"石头"的语音形式都与东南亚汉语方言词"芭"pa¹相近，这符合语言之间词语借贷以语音相似性为依据的基本原理。

2. 从语义上考证

陈孝玲还观察到侗台语"石""山"的词义有引申关系，"该词大部分语言表示'山岩，岩石，石头'，而壮、布依等语言指'山，石山'"。她还特别指出"泰语词 pha¹dam² '黑岩山'（dam² 黑）表明 pha¹ 也可以表示'山'"。我们也发现泰语中还有 na³pha¹ 一词，意思是"山崖"，na³ 表示"物体的一个侧面"，和 pha¹ 构词表示"山崖"义，也说明 pha¹ 在泰语中除了表示"石头"义外，还可以表示"山"的意思。

泰语地名中还有以 pha¹ 为词首表示山名的，如岜安[phja⁵⁴（石崖、石山）+ŋa:m³³（美丽）]，意指美丽的石崖，位于泰国昌盛府往差县，岜内[phja⁵⁴（石崖、石山）+nɔ:i⁵⁴（小）]，意指小石崖山，位于莱府莱县内乡[④]。

这些都说明，侗台语中"石头"一词发生了词义分化，由"石头"义分化出"山、石山"义。

事实上，在南岛语中"石头"一词也发生了与侗台语类似的词义分化。考察南岛语地名，我们发现了不少以 batu 为词首的地名，如：巴都依淡[⑤][batu（石头）+hitam（黑色的）]，意指布满黑石头的海滩，位于马来西亚森美兰州；巴株巴辖[batu（石头）+pabat（凿子、雕）]，意指被凿的石头，马来西亚柔佛州港市[⑥]；巴都牙也[batu（石）+gajah（象）]，意指象石，位于马来西亚霹雳州；巴都亚兰[batu（山）+

---

① 倪大白：《中国的壮侗语与南岛语》，《中央民族学院学报》，1988年第3期，第63页。
② 罗美珍：《东南亚相关民族的历史渊源和语言文字关系研究》，北京：中国社会科学出版社，2013年，第34页。
③ 陈孝玲：《侗台语核心词研究》，成都：巴蜀书社，2011年，第193页。
④ 潘其旭：《从地名比较看壮族与泰族由同源走向异流——壮族文化语言学研究系列论文之二》，《广西民族研究》，2001年第1期，第39页。
⑤ 汉语译名出自外国地名编译组编：《东南亚地名译名手册》，北京：星球地图出版社，1996年，第266-313页。
⑥ 邵献图等编：《外国地名语源词典》，上海：上海辞书出版社，1983年，第66页。

arang（木炭）]，意指煤炭山，位于马来西亚雪兰莪州；巴都考山 [Batu（山）+ kau（椰子壳）]，意指椰子壳山，位于印尼巴厘省。这些地名里，batu既有表示"石头"义，也有表示"山"义，说明南岛语中"石头"义也引申出"石山"义。

综上可见，"石头"一词的语义，在澳泰语系的语言中发生了变化，在侗台语的大部分语言中仍表示"岩石、石头"义，在壮、布依等语言中表示"石山"，而在南岛语的部分语言和泰语中则既保留了"岩石、石头"义，也发展出了"石山"义。

东南亚汉语方言词"芭"的基本义是"山林"，其词义与南岛语和侗台语中"石头"的一词有语义关联，即由"岩石、石头"义发展出"石山"义，进而又发展出"山林"义。

3. 小结

"芭"与南岛语和侗台语中"石头"一词，不仅语音形式近似，词义相关，而且"芭"还有多个异形，如"巴、笆、吧"等①，这些字形均是以"巴"为声符的形声字，当是借"巴"表音。此外，作为汉语固有词语的"芭""巴""笆""吧"等词都不表示山林或与山林相关的意义，这些都说明东南亚汉语方言中的"芭"等字最初就是用来纯粹记音的。最后，"芭"和汉语方言固有词"山"在东南亚汉语方言中存在同义并用的现象，如马来西亚吉隆坡粤语中既有"榴莲芭"（种植榴莲的果园）的说法，也有"树融山"（橡胶园）的说法；再如马来西亚柔佛士乃客家话中既有表示山林义的"山芭"一词，也有表示橡胶园义的"树仁山"一词，这些"芭"和"山"词义相同，都表示"山林、园林"义，正体现了汉语方言在和东南亚国家的语言接触过程中借词与固有词并用的现象。以上所说特点都证明"芭"是个外来词，是东南亚汉语方言用来记录南岛语和侗台语"石山"一词的记音符号。

冼伟国（2005）②曾指出马来西亚华人有个常用词"峇"。"峇"在马来西亚汉译地名中极为常见。冼伟国认为这是因为一百多年前的马来半岛，到处都是未开辟的深山野林，初到南洋的先辈，时常接触马来语带ba的地方名，于是便创造一个形声字"峇"来音译马来语的ba音节。翻检外国地名辞典，我们发现马来西亚地名中的"峇"也写作"巴"③，这证明"峇""巴""芭"的来源都是一样的。地名是当地

---

① 参李宇明主编：《全球华语词典》，北京：商务印书馆，2010年。
② 冼伟国：《马来西亚吉隆坡粤语之马来语借词研究》，暨南大学硕士学位论文，2005年，第99页。
③ 陆景宇编《外国地名辞典》（维新书局，1982年）第448页有"峇株巴辖，Bandar Penggaram，县治名，在马来西亚柔佛州中西部，濒峇株巴辖河之左岸，西北距蔴坡约24千米。峇都牙也，Batu Gajah，县治名，在马来西亚霹雳州中部，怡保之南"。笔者注：1894年，拿督文达拉鲁哇宣布峇株巴辖命名为帆加兰市。（马来语：Bandar Penggaram）参 https://en.wikipedia.org/wiki/Batu_Pahat_(town)

居民给居住地及地理实体取的名称，带有明显的地方烙印。外来者往往也名从主人，跟着称呼，由此pa¹也较多地出现在东南亚汉译地名中，形成了音译词"芭"。郑张尚芳（1990）①曾指出广西地名中的"岜"是侗台语"石山"的译音。"芭"与"岜"音同义通，其词源性质当一致。

三、"芭"成为汉语外来单音语素的过程

东南亚汉语方言"芭"在成为了一个纯粹记音的汉字以后，又完成了外来单音语素演化的过程。

所谓"外来单音语素演化"，指的是外来词中"本来纯粹是记音的汉字也有了表意的作用，本来由几个音、几个汉字来表示的意义凝集在一个音、一个汉字上，这个音、这个汉字要最终具有表意作用，完成与意义的结合，也必须具有在不同场合、不同环境中稳定表意、重复使用的功能"。②苏新春还描写出了外来单音语素演化的过程："复音外来词→单音节式简化→独立运用；重复构词→单音语素的完成"。东南亚汉语方言"芭"正经历了这个过程：在东南亚汉译地名中，它还只是复音外来词中的一个音节，到了"山芭、树芭、芭货、芭路"中，"芭"已经具有固定的含义，可以和其他汉语语素，按照汉语的构词方式构造新词了，这时的"芭"就清楚地显示出汉语语素的功能，它也完成了外来单音语素的形成过程。

"芭"在成为外来单音语素后，并没有静止在原有的词义形式中，而是进一步发展了词义，比较东南亚汉语方言"芭"和汉语"山"的语义，可以清楚地发现，"芭"的词义发展模式、构词方式都受到了汉语的同化。

表2　东南亚汉语方言"芭"和汉语"山"语义比较

芭		山	
义项	词例、出处	义项	词例、出处
/	/	地面上由土、石形成的高耸的部分	山（《现代汉语词典》③第1129页）
山林	山芭	有山有树林的地方	山林（《现代汉语词典》第1130页）

①郑张尚芳:《古吴越地名中的侗台语成份》,《民族语文》,1990第6期, 第17页。
②苏新春:《当代汉语外来单音语素的形成与提取》,《中国语文》, 2003年第6期, 第550页。
③中国社会科学语言研究所词典编辑室编:《现代汉语词典》(第6版), 北京: 商务印书馆, 2012年。

(续上表)

芭		山	
义项	词例、出处	义项	词例、出处
林园	榴莲芭	山中林场或田地	山场①(《汉语大词典》①第787页)
未开垦的荒地	开芭	在山上的农业用地	山地(《现代汉语词典》第1129页)
1乡下/2乡下人	1山芭(见于缅甸仰光闽语、粤语、客家话、泰国曼谷潮州话、泰国华语)、2山芭人(见于文莱斯里巴加湾闽语、印度尼西亚坤甸潮州话、泰国曼谷粤语、泰国勿洞白话)、山芭佬(见于新加坡粤语、马来西亚沙巴亚庇客家话、文莱马奕客家话)、山芭仔(见于马来华语)	1山区的村庄/2住在山区的人；乡下人	1 山村(《现代汉语词典》第1129页)/2山巴佬、山巴獠(《汉语方言大词典》②第355页)
贫穷的地区	山芭(见于马来西亚纳闽、印尼棉兰、文莱斯里巴加湾、缅甸仰光闽语、新加坡潮州话、新加坡、印尼雅加达、泰国曼谷、缅甸仰光台山粤语、印尼亚山口洋、缅甸仰光客家话)	偏僻的山区	山沟、山窝、山旮旯儿"(《现代汉语词典》第1129页)
/	/	粗野、土气	山(《汉语方言大词典》第349页)

综上，"芭"在以译音的方式被借入到东南亚汉语方言中以后，成为了一个只有记音功能的汉字，此后它完成了外来单音语素化过程，逐渐获得了表义的功能，由单纯表音到音义兼表。在此基础上，它还按照汉语的语义衍生模式、方向和构词规则，产生新的义项，构造新词，具有了极强的构词能力。随着"芭"在东南亚汉语方言中的广泛使用，"山芭""山巴"等词也进入到东南亚华语词汇中。

值得注意的是，东南亚汉语方言词"芭"与广西地名中的"岜"的构词能力大不相同，前者成为了具有固定语义的汉语语素，具有很强的能产性，而后者只出现在地名中，没有构词能力。史有为(2013)③曾指出外来词有两种基本的产生类型：借用的和底层的。两种类型的区别在于：借用型是某语言(社群)主动向他语言借用来充实本语言的，而底层型是某语言族群在采用另一语言的过程中本族语言的"碎片"残存或遗留。东南亚华语词"芭"和广西地名中的"岜"虽然都是外族

---

①汉语大词典编辑委员会汉语大词典编纂处：《汉语大词典》(第三卷)，上海：汉语大词典出版社，1989年。
②许宝华、(日)宫田一郎主编：《汉语方言大词典》，北京：中华书局，1999年。
③史有为：《汉语外来词》(增订本)，北京：商务印书馆，2013年，第10页。

语言"石山"的记音符号,但前者是东南亚华人主动借入的外来语素,因而受到东南亚汉语方言的同化,而后者是留存在汉语中的侗台语底层词,因而使用面窄、无构词能力。

四、结论

(一)结论

本文通过对东南亚汉语方言"芭"的音义的全面考察,探究了"芭"的语源,指出"芭"是借自南岛语和侗台语"石头"一词的音译词,"芭"在成为一个纯粹记音的汉字以后,又经历了外来单音语素演化过程,并逐渐产生了新义项,从而脱离原先的造词环境,获得了极强的构词能力。

东南亚汉语方言"芭"是东南亚华人按照"名从主人"的方式主动借入侨居地地名的译音成分,与留存在广西地名中的侗台语底层词"峝"的产生类型有原则上的差异。东南亚汉语方言"芭"更不是"山芭"一词的简称,而是从南岛语和侗台语中借入的汉语外来单音语素。

(二)关于"山芭佬"与"乡巴佬"的推论

《现代汉语词典》(2012)[1]收录"乡巴佬儿"一词,释义为"乡下人(含讥讽义),也指没有见过世面的人"。鲜于煌(2002)[2]考证出广泛地在南北方言中使用的"乡巴佬"源于四川、贵州等地方言中的"乡坝獠"("乡巴佬"),而这个词又源于明代李实所记录的蜀语"山巴土獠"。这里的"山巴",李实释为"巴州以西,旧獠人所居,故云"。

巴州,古巴国所辖之地。童恩正(1979)[3]考证出在古代巴国境内的"賨、獽、夷就是中世纪的僚,而由僚发展到现代僮傣语族各民族的线索也是很清楚的,所以我们认为这几种民族也和苴、濮与部分巴一样,是构成现代僮傣语族各民族的先民集团之一"。童恩正(2004)[4]还指出"在历史记载中,巴既作为种族名,又作

---

[1] 中国社会科学语言研究所词典编辑室编:《现代汉语词典》(第6版),北京:商务印书馆,2012年,第1418页。
[2] 鲜于煌:《四川方言词"乡坝佬"考释》,《古汉语研究》,2002年第3期。
[3] 童恩正:《古代巴境内民族考》,《思想战线》,1979年第4期,第59页。
[4] 童恩正:《古代的巴蜀》,重庆:重庆出版社,2004年。

为地名"。文章也探究了这一名称的由来,"考虑到巴族祖先的廪君有生于石穴的传说,而在川东的方言中,又长期地呼石为巴,那么巴最初的含义,可能就是指'石'或'石穴'而言,巴氏族可能即因其居住环境而得名,以后随着巴族历史的进步,才逐渐发展成部落、民族、国家和地区的名称。"由此推论,现代汉语"乡巴佬"中的"巴"当是汉语里的侗台语底层词,它作为部落、民族、国家和地区的名称残存在汉语中。随着中原民族的不断扩张,古巴族人逐渐南迁,也慢慢成为中原民族眼中的落后野蛮、粗俗的少数民族,进而在汉语方言中产生了指代这群人的"山巴土獠"一词,最后发展为"乡巴佬"一词。

综上,现代汉语"乡巴佬"中的"巴"与东南亚汉语方言"山芭佬"中的"芭"同源,都来源古侗台语,其区别在于它们是不同时代的音译词。

句末语气助词"定喇""啩"辨析

颜耀良
（美国国防语言学院）

【摘　要】"定喇"和"啩"都是粤方言中表示说话人主观推测的句末语气助词，本文拟从句法、语气、三域的使用情况以及主观性方面讨论二者的不同。二者都可以接于陈述句后，不同的是接上"定喇"后的陈述句其句式不变，而接上"啩"后的陈述句往往会变成问句，另外"啩"在句法使用上有更多的自由。在语气方面"定喇"更为确定，而"啩"的存疑度更高。在三域的使用情况方面，"定喇"主要用于"知域"，而"啩"除了"知域"以外还常用于"言域"。在主观性方面，"啩"比"定喇"蕴含着更为明显的交互主观性。

【关键词】语气助词　"定喇"　"啩"

　　"定喇"和"啩"都是粤方言中表示说话人主观推测的句末语气助词，二者在语义上、句法上和使用上都有很多值得探索的地方。关于"啩"的含义，彭小川（2010）指出"'啩'侧重于表示对已存在的或将发生的未知情况的揣测"，我们觉得这道出了"啩"的本质含义。另外，粤方言中还有另一语气助词"定喇"也表示说话人的推测，它所表示的推测同样也可包括"对已存在的或将发生的未知情况"。那么，究竟二者有什么不同呢？本文拟从句法、语气、三域的使用情况以及主观性等方面对此二语气助词进行讨论，以探讨二者之间的不同。

一、"定喇"和"啩"在句法与使用方面的不同

　　从构词法方面来看，"啩"是单音节的句末语气助词，而"定喇"是"定"和"喇"词汇化而成的双音节句末语气助词，二者都可以接在各种谓语形式的陈述句后，表示说话人的推测。如：

句末语气助词"定喇""啩"辨析

（1）D货实系好贵重<u>定喇</u>。（网上[①]）

（2）咁你梗系北京人<u>定喇</u>！（网上）

（3）佢琴日头又痛<u>定喇</u>。

（4）你哋食得饱过头<u>定喇</u>！（网上）

（5）佢梗系未死过<u>定喇</u>。（网上）

以上5句的"定喇"都接在不同谓语形式的陈述句后面表示推测，各自增加其陈述句的存疑度。其中例（1）、例（2）和例（3）的"定喇"分别接在形容词性谓语陈述句、名词性谓语陈述句以及主谓谓语陈述句的后面。而例（4）和例（5）的"定喇"则接在动词性谓语陈述句的后面。其中例（5）是否定陈述句而其他4句则都是肯定陈述句。

同样，"啩"也可接于各种不同谓语形式的陈述句之后表示推测。如：

（6）吓？冇咁厉害<u>啩</u>？（语料库[②]《标准丈夫》）

（7）咁你梗系北京人<u>啩</u>？

（8）佢琴日头又痛喇<u>啩</u>？

（9）吓？或者去买啲野<u>啩</u>？（语料库《鸿运喜当头》）

（10）……个肥佬唔会咁冇人情<u>啩</u>？（语料库《鸿运喜当头》）

以上例（6）—（10）的接续跟例（1）—（5）大致相同，不同的是例（6）是否定陈述句而例（1）是肯定陈述句。另外例（7）—（8）是在例（2）—（3）的基础上以"啩"代替了"定喇"而产生的。应该指出的是，加上了"啩"的陈述句，往往会变成疑问句或"准疑问句"，而加了"定喇"的陈述句则往往不会改变原句子的模式。此外，"啩"可以与一些句末语气助词重叠，而"定喇"在这一方面受到的限制则比较大。如：

（11）a. 我自杀就救咗你两个吖！噉而家我嘅爱人有难，我睇你两个，都唔能够袖手旁观<u>喇啩</u>？（语料库《化身情人》）

b.*都唔能够袖手旁观<u>喇定喇</u>？

（12）a. 佢醉……我睇你醉咗<u>啩</u>？（语料库《难兄难弟》）

b.*我睇你醉咗<u>定喇</u>？

"啩"甚至还可以跟另外两个语气助词"㗎嘞"结合，而"定喇"则不行：

（13）a. 哦！我睇佢梗系去咗机场搭机走<u>㗎嘞啩</u>？（语料库《千方百计抢财神》）

b.*我睇佢梗系去咗机场搭机走<u>㗎嘞定喇</u>？

[①] 标有"网上"的句子都是网上摘录下来的句子。

[②] 即《二十世纪中期香港粤语语料库》，本文标有"语料库"字样的例句都是从该资料库所收粤语电影对白中摘录下来的句子。

此外,"定喇"和"啩"在使用频率方面也有极大的不同,无论在口语或是书面语方面,"啩"的使用频率都超过了"定喇"。大部分的语法书都收有有关"啩"的解释,而"定喇"通常没有。从有声和文字性的历史文献方面来看,情况也基本上是一样的。我们从《粤音指南》中找到了大约30例使用"啩"的例子,但却没发现使用"定喇"的例子。在《二十世纪中期香港粤语语料库》中我们找到了77例"啩"字句,但却找不到带有"定喇"的句子。我们唯一能比较容易地找到"定喇"句的地方就只有网上了。

二、"定喇"和"啩"语气上的不同

从语气上来讲,"定喇"和"啩"都表示说话人的推测,但是在存疑度方面,二者有所不同。我们认为较之于后者,"定喇"的语气更为肯定。我们观察到网上、书本上以及《语料库》中的"定喇"句通常使用感叹号或句号,而"啩"字句则通常使用问号。我们从网上收集到了大约80例"定喇"句,其中只看到一例是用问号的,其他的都是感叹号和句号。从《语料库》中找到的77例"啩"字句中有55句使用问号,19句使用叹号,3句使用句号。所有这些都从另一个侧面反映了"啩"字句的存疑度大于"定喇"句。

关于这一点我们还可以用确定性较弱的副词"好似"来测试区别一下。我们发现当"定喇"和"啩"与"好似"搭配使用时,确定性较强的"定喇"通常排斥"好似",而确定性较弱的"啩"则搭配没有问题。我们觉得其原因是因为副词"好似"确定性较弱,因而较难或无法与确定性较强的"定喇"匹配。如:

(14) a. 好似……好似去咗个姓谢处收租啩?(语料库《鸿运喜当头》)
　　　b.*好似……好似去咗个姓谢处收定喇。

三、"定喇"和"啩"在"三域"使用上的不同

"定喇"和"啩"有一个共同点就是当它们接在"行域句"后的时候,可以将该"行域句"变成"知域句"。如:

(15) a. 佢怕(担心)赶唔到汽车。
　　　b. 佢怕(担心)赶唔到汽车定喇。
　　　c. 佢怕(担心)赶唔到汽车啩?

句末语气助词"定喇""咩"辨析

例(15a)是一种对客观情况的客观描述,属于"行域"的用法,但是加上了"定喇"(15b)和"咩"(15c)以后,都变成了"知域句",表示说话人的一种主观推测。

不过在"言域"的使用方面,"定喇"和"咩"还是有非常明显的不同的:"咩"可以较自由、广泛地用于"言域",而"定喇"则不然,其具体表现之一就是很多用于"言域"的"咩"字句通常不能转换成"定喇"句。如:

(16)a. 张英才:喂……爸爸! 唔使咁快<u>咩</u>?(语料库《标准丈夫》)
　　 b.*唔使咁快<u>定喇</u>?

(17)a. 冇喇<u>咩</u>?
　　 b.*冇喇<u>定喇</u>?

(18)a. 阿红呀,契爷对你唔错<u>咩</u>?(语料库《春色满璇宫》)
　　 b.*契爷对你唔错<u>定喇</u>?

(19)a. 唔好咁重皮都好<u>咩</u>?(语料库《错烧龙凤烛》)
　　 b.*唔好咁重皮都好<u>定喇</u>?

(20)a. 噉大概你都要畀多少钱我使下<u>咩</u>!(语料库《契爷艳史》)
　　 b.*噉大概你都要畀多少钱我使下<u>定喇</u>!

以上例(16)—(20)的"咩"字句里的"咩"主要表示语言行为,例(16)、例(17)和例(18)表示的分别是建议、拒绝和提醒等言语行为,而例(19)和例(20)表示的是规劝与请求等言语行为,它们都不能代之以"定喇",因为"定喇"主要用于"知域",极少用于"言域"。

四、"定喇"句和"咩"字句主观性方面的不同

"定喇"和"咩"都有一个共同点就是明显地带有说话人推测的主观性,但是二者所表达的主观性还是有明显的不同的。前者的推测是说话人内心独自的推测,这种推测通常独立于他人的反应、态度、情感等因素。而"咩"的推测则通常会涉及到或考虑到听话人方面的因素,它采取询问的形式,期待听话人的反应、介入或互动,因此通常是一种带有说话人与听话者交流或互动这样一种交互主观性的推测。正因为这样它常常用于对话,听话者听了说话人的话以后,常常会有所反应,有所表述或参与,比如以回答的方式肯定或否定说话人的推测等。我们在《粤音指南》中找到的30例"咩"字句,"咩"在这些句子中所表达的都是交互主观性的推测,在这30段对话中,"咩"都起到了引起或导致听话人参与对话这样的作

用。如：

（21）A：我想吓呢几千钱大概佢唔至于冇得还啩。《粤音指南》

B：慢讲话几千钱，就系几百钱，佢亦系唔还？

从《二十世纪中期香港粤语语料库》中我们也找到了77例"啩"字句，其中绝大部分的"啩"都表示交互主观性的推测，这种表示交互主观性的"啩"一般是不可以代之以"定喇"的。如：

（22）A：我唔见咗你都有成……个几月㗎嘞嘛！（语料库《标准丈夫》）

B：嗯……冇咁耐啩？（……*定喇）

A：咩冇呀？

偶尔也有"啩"能被"定喇"代替的例子，但是这种情况下的"定喇"所表示的还是独自的主观推测，而往往会失去类似于原"啩"字句那样的交互主观性（例24）：

（23）A：卖谷米使嘅个啲升斗，系由官定嘅啩？《粤音指南》

B：系，由官定嘅。

（24）卖谷米使嘅个啲升斗，系由官定嘅定喇。

五、结语

上面我们从句法、语气、三域的使用情况以及主观性等四方面探讨了句末语气助词"定喇"和"啩"的不同。我们认为：在句法方面，虽然"定喇"和"啩"都可以接于陈述句后，但"啩"字句常常会在形式上倾向于变成问句，而"定喇"句倾向于保持原来的句式，"啩"字句在使用频率上比"定喇"句高得多，在与其他句末语气助词重叠使用方面也比"定喇"句自由得多。在语气方面，"定喇"比"啩"更为确定，而"啩"所表达的存疑度更高。在三域的使用情况方面，"定喇"主要用于"知域"，而"啩"则常用于"知域"与"言域"。在主观性方面，"啩"比"定喇"蕴含着更为明显的交互主观性。

【参考文献】

[1] 彭小川. 广州话助词研究[M]. 广州：暨南大学出版社，2010.

[2] 肖治野. 现代汉语语气词语的行、知、言三域研究[D]. 浙江大学博士学位论文，2010.

[3] 肖治野，沈家煊. "了^2"的行、知、言三域[J]. 中国语文，2009(6)：518-527.

卫三畏的汉语教学观与美国汉语教学

肖海薇

(华南师范大学文学院 广东广州 510006)

【摘 要】本文从"他者"的角度,即第二语言学习者"如何习得汉语"的角度出发,探讨了美国"汉学之父"卫三畏(Sanmuel Wells Williams,1812—1884)的汉语观以及汉语习得经验,以期对当代美国汉语教学提供参考和借鉴。

【关键词】卫三畏 汉语教学观 美国汉语教学

美国本土的汉语教学和研究肇始于卫三畏(Sanmuel Wells Williams,1812—1884),他1833年来华,是美国最早的来华传教士之一,曾任美国公使,1876年回国,翌年,他建立了美国第一个汉语教学研究机构和东方图书馆,成为美国耶鲁大学中国语言和文学的第一位教授。他在中国晚清度过了四十三年时光,一边研习汉语,一边"著书立说",写就了多部汉语研究方面的著作,如《拾级大成》(1842)《英华韵府历阶》(1844)《汉语拼音字典》(1874))等[1]。其中,作为其一生最具影响的著作《中国总论》(1848)"堪称关于传统中国的百科全书"。[2] "后来被美国各大学采用为中国课本几乎达一个世纪之久,是美国人研究中国的必备书,前后几次再版,影响了几代美国人的中国史观。"[3] 这些汉语著作,不仅体现了卫三畏

---

[1]《拾级大成》英文书名为 *Easy Lessons In Chinese: Or Progressive Exercises to facilitate the study of that language, Expecially Adapted to the Conton Dialect*,1842年澳门香山书院出版;《英华韵府历阶》英文书名为 *Ying Hwá Yun-Fú Lih Kiái, An English and Chinese Vocabularly, in the Court Dilect*,1844年澳门香山书院出版;《汉音韵府》英文书名为 *A Syllabic Dictionary of Chinese Language, Arranged According to the Wu-Fang Yuen Yin, with the Pronunciation of the Characters as Heard in Peking, Conton, Amoy, and Shanghai*,1874年上海美华书院出版。

[2] [美]卫三畏:《中国总论》(*The Middle Kingdon by Samuel Wells Williams*),陈俱译,陈绛校,上海:上海古籍出版社,2014年。

[3] 陶飞亚:《晚清传教士对中国文化的研究》,《边缘的历史——基督教与近代中国》,上海:上海古籍出版社,2005年,第132页。

的汉语教学观,而且还记载了他作为第二语言习得者的许多宝贵经验。在其独具特色的西方话语表述中,我们发现了许多中国人习而不察的汉语现象以及与汉语母语学习者迥异的学习方法。目前中国学界对卫三畏的研究多集中在历史学、政治学和文化比较学方面,而从语言学尤其是第二语言习得者角度切入研究的还比较薄弱。本文就想从"汉语习得者"的角度入手,探讨卫三畏汉语著作中所体现的汉语教学思想,以期引起人们对当今美国汉语教育的反思。

一、关于中国语言文字的总体观

卫三畏对中国语言文字结构的看法有褒有贬,但总体上持肯定和欣赏的态度。在《中国总论》第十章"中国语言文字的结构"开篇,他以辩驳的口吻,深信不疑地说道:

"可以合理地向各位指出,中国的文献确有许多值得研究的东西。然而对于完全熟悉西方科学宝库的人来说,情况就不是这样,说句公道话,这样的比较不是很公正的。我已经说过这样的看法,就一般学者来说,这是人类文献中如此庞大的一部分,是人类最聪明、最有价值的心灵连续许多年代的辛劳的成果。"①

把中国的文献看作"人类文献庞大的一部分",是"人类最聪明、最有价值的成果",这并非一般评价,而是极高赞美。那时大多数欧美学者对中国语言文字还知之甚少,而且普遍持鄙夷的态度,卫三畏能给出这样高度的评价实在难能可贵。他并非为了哗众取宠,而是满怀诚意、有理有据的。他还说:

"这是在特殊的文明中发展起来的,它所吸取的养分完全不同于西方圣人和哲学家的著作,研究其中优缺点也许会增加好奇心,可以获得将中国文献同亚洲国家甚至欧洲国家进行比较的标准。对这一文献进行公正的探讨,可以揭示其真正的平凡,在钻研、学习和创造力方面都是如此,这里留下足够的地盘值得东方学的研究者或一般学者的注意。"②

在这里,卫三畏明确表示中国语言文字"所吸取的养分完全不同于西方",它是"在特殊的文明中发展起来的",蕴含着"真正的平凡"和"创造力",它"留下

---

①[美]卫三畏:《中国总论》(*The Middle Kingdon by Samuel Wells Williams*),陈俱译,陈绛校,上海:上海古籍出版社,2014年第1版,第402页。
②同①,第402页。

足够的地盘"值得东方学的研究者研究。同时，他还引用了法国汉学家雷慕莎（Abel Rémuset）的话来表达对中国文献的赞美之情："精彩的修辞和诗意，如画的文字之美使其生色，保持了想象力的光辉"。①

卫三畏对中国文献的赞美之情，发端于对中国语言文字深入研究的基础上，由熟知而生爱。在他眼中，"中国人书写的文字——特别神秘，同其他的思想媒介有很大分歧的一种——增添了它的独特声誉"。而且他认为"'包藏'在如此复杂的文字之中可能有卓越的价值或是典雅的方式，不但奇妙而且深奥"。②说它"奇妙"，那是因为它"并不表明语音，凭眼睛而不是凭耳朵来给予意义"；说它"独特"，那是因为它"出生"神秘，"他们将文字的出现归功于太古一个帝王黄帝，甚至更早的约在基督之前3000年的伏羲：似乎写字是人们的需要，就像衣服或婚姻一样，而这两样也是伏羲发明的。神话人物仓颉，据称在公元前2700年，由它发明了表现观念的符号，他注意到龟背的纹，以此模仿自然界的常见事物。"③卫三畏对古老中国仓颉造字的传说异常感兴趣，充满神秘感，他在《中国总论》写道："中国史家说，当传递观念、并赋予永久性的媒介一形成，在这紧要关头，'天、地、神'激动起来。地狱的居民夜间哭泣；天上由于喜悦，落下成熟的谷物。"④可见，卫三畏已经意识到中国的语言文字具有"天雨粟、鬼夜哭"的重大意义。相对于西方的拼音文字而言，它是一种表意文字，"字的意义可以很容易从形状和结构来推断，这是相当独特的。"⑤且看他的一段解说：

"原始的字来自自然界或人为的事物，一开始是粗糙的轮廓。大多数的形状保存在本国语言学家的论著中，表明了如何逐步变迁的过程。一开始，所选的事物数量不大；其中有日、月、山、动物、身体各部分，等等；画这些东西的时候，画师描的好像只是草图，略加说明就可以理解。)，看到的人都知道是月，鱼就是鱼，诸如此类。"⑥

在这段浅显易懂、生动有趣的讲解中我们得知，卫三畏对中国语言文字具有

---

①[美]卫三畏：《中国总论》(*The Middle Kingdon by Samuel Wells Williams*)，陈俱译，陈绛校，上海：上海古籍出版社，2014年第1版，第434页。
②同①，第402页。
③同①，第403页。
④同①，第404页。
⑤同①，第407页。
⑥同①，第405页。

相当敏锐的感知力,他十分赞赏创造出这种独特文字的中国人。他说:"中国人对语言文字给予很大的注意,令人钦佩,为我们提供了研究必备的一切书籍。"①当然,除了赞美,他也提到了中国语言文字的缺点,比如"文字难以驾驭""传达意念全在于眼睛,与读音无关""地方性发音多歧义""表示时间采取含糊态度"等,但他还是实事求是地说:"尽管有严重缺点,中文也有惊人的美。在熟悉其组合部分之后,这种文字的表现特色、句子的含义让人触目生情,从简洁而生锐气,全然没有西方语法的词尾变化,偏于使用语助词,为其风格增添气势,这是任何拼音文字难以办到的。"②正因为卫三畏发现了中国语言文字与拼音文字的不同,挖掘出汉语中所潜藏的"美",他才能公正、客观地把自己在研习汉语中的亲身体验以及对汉语的钟爱之情写进自编的汉语著作中,并给欧美汉语学习者提供了有创建性的学习建议。

二、"以字为核心"的汉语教学观与习得经验

卫三畏虽然没有明确提出有关汉语教学观的问题,但是他的著作思路以及教材编写至始至终都体现了"以字为核心"的教学理念。在《中国总论》《拾级大成》以及《汉语拼音字典》等著作中他都表达了同样的观点:学习汉语应该从汉字开始,而汉字学习又应该从部首开始。《拾级大成》前言写道:"经验表明,开始学习汉语的最佳方法是从部首开始,而且要让214个部首烂熟于心,就像在其他语言中对基本字母的熟悉程度一样。"③这种"以部首为起点,以汉字为核心"的教学理念,较好地体现在《拾级大成》的内容选择以及课程编排上。如第一章"汉字部首",首先介绍汉语的学习方法、部首使用说明以及部首列表;第二章"汉字字根",解释字根的含义、数目、分类和构字规则。他从部首的表意特征出发,对《康熙字典》列出的214个部首,从独立成字时的读音、意义、构词能力、字频以及与别的字构成合体字的方式等做了相应的详细说明。以"一"和"刀"为例:

1. "一", Yat, One, the same, similar; to make as one, to reduce to one state.

---

① [美]卫三畏:《中国总论》(*The Middle Kingdom by Samuel Wells Williams*),陈俱译,陈绛校,上海:上海古籍出版社,2014年第1版,第414页。

② 同①,第430页。

③ Samuel Wells Williams, Easy Lessons In Chinese,《拾级大成》, Macao: Printed at the office of the Chinese Repository, 香山书院, 1842年。

44. 一16

No uniformity of signification can be trace in the characters comprised under this radical, nor is its position uniform; this in also the case, with the next seven groups, As is the case under some other radicals, such words appeal to have been collected together here, as could not well be referred elsewhere;most of them are primitives.

注释：其中"1"是序号，"一"是部首，"Yat"是广州话发音；"44-16"中的"44"，指《康熙字典》部首"一"下面有44个汉字，而"16"则表明有16个常用字，英文部分是""一"的语义解释。

C 刂 to

2. "刀"，As a sword，a knife，a cutting or dividing instruments; To cut. 378-33.

注释："刀"右上角的C表示"刀"独立成字的情况不多；"刂"表示"刀"与别的构件组合成字的形态；"to"表示与"刂"构成的汉字通常是动词，意义相当于"To cut"（切割）；"378-33"中的"378"，指《康熙字典》部首"刀"下面有378个汉字，而"33"则表明有33个常用字；英文部分是"刀"的语义解释。

卫三畏不仅对每个部首作了详细讲解，而且还把51个部首组成有意义的句子，在旁边附上英文翻译，编制成朗朗上口的"部首歌谣"。如下图①：

如"部首歌谣"的前两句：

The fish leap(tiú) over the dragons's gate.

鱼跃龙门

①转引自岳岚：《晚清时期西方人所编汉语教材研究》，北京外国语学院博士学位论文，2015年。

The deer plays (yau) before the tiger's den.

鹿游虎穴

为了让句意完整，他还把不是部首的字加到句子当中（如"虎"）；而对于极少出现的合体字，则标出广州话读音（如"躍 tiú""遊 yau"）。卫三畏认为汉字就是由"部首"（radicals）和"字根"（primitive）组成的，所以他对部首和字根的教学尤为重视。《拾级大成》第二章的标题就是"Of the Primitive"。卫三畏解释："Primitive"指的是那些可以独立成字，也可以与其他部首组合成字的汉字。例如，在"侗、楼、憐"中，汉字右面的部分，即"同、娄、粦"，是字根。这类字在与别的构件组合而成的汉字中，常常是作为表音的成分，因此也可以叫做"声旁"。他从西方词源学以及中国传统文字训诂学"音近义通"中得到启发，从而提出"字根"（Primitive）的概念，他通过对声符的分析和整理，还总结出汉字部首和字根的学习要领：

"学生应该要掌握好所有的部首，能说出每个部首在214部中的顺序和意义。这不仅方便查字典，还能帮助记忆汉字的组成和字义。将部首和字根结合起来记比较简单，通过这种联系也容易记住字音和字义（比单独记笔画要好）。学习部首后，用伽利略（Josephe. G. P. M. Callery）提供的原则来检查字根可以帮助我们观察汉字是如何组成的，相应的读写练习则会使汉字掌握得更牢固。"①

其实，这种方法就是西方语言学的"正字法"（Orthography），即通过学习汉字的组成部分，记住它的组成要素来记住汉字。他以字根"可"和"奇"与其他各部首的组合为例，证明了在由字根和部首组成的字中，部首对字义有重大影响，而字根在很大程度上决定了字的读音。卫三畏认定"汉字中的'字根'有3867个，而这些字根的构字能力不完全相同，经常出现的有1689个，这1689个字根与别的汉字构件组合而成的汉字，占到了汉字总量的5/6"。②为此，他将伽利略（Josephe. G.P.M.Callery）列出的所有字根进行分析归纳，挑选了其中的2/3制出了一张含有1040个字根的表，并按字根的笔画数进行排列。他在《中国总论》告诫汉语学习者："学会这些字以后，应当学习短句和选自中国优秀作家的课文，做到能够背诵。

---

① Samuel Wells Williams: A Tonice Dictionary of the Chinese Language in the Canton Dialect（英华分韵撮要），Canton: printed at the office of the Chinese Repository. 羊城中和行梓行，1856年，第35页。

② 参见江莉、王澧华：《拾级大成》——美国人在中国编印的第一本汉语教材，《语言研究集刊》（第七集），2010年，第319页。

同时要学词组，用于会话；好办法是牢记一两百个常用字，放在句子中练习使用，读课文和词组，练习说和写，将为学习经典和本国作家的文章做好准备。学生能做到这一步，他就不需要更多的指导；此后按自己的意愿努力向前，就可以有所作为。"①

在《拾级大成》序言和前三章对汉字部首、字根以及汉语学习的各种方法做了详尽的介绍和说明后，卫三畏随后"以字扩词""以字扩句""以字扩段"，步步深入地体现其"以字为核心"的教学理念。

以《拾级大成》第四章"阅读"（Lessons in Reading）为例，他从《三国志》中选取了91个句子，把"字"融入到句子中进行练习。如第一句：

吕 布 无 義 之 人 不 可 信 也
Lǔ Pò mò i chi yan pat hó sun yá
Lǔ Pò no principle's man, not can believe truly.

注释：Lǔ Pò, a man of no principlem, cannot be trusted.

他采用"行间翻译"的方法，在句子每一个汉字下面，都注上相应的广州话读音和英语翻译，并以"注释"的形式给出全句的英文释义，通过这种英汉对比的方法，帮助学习者更好地理解字义和句义。

又如第六章"文选阅读"（Selection for Reading），从字扩展到段，编排体例与第四章相同，只是学习材料换作《鹿州女学》《东国杂字》和《聊斋志异》。在这一章里，卫三畏对学习者提出了更高的要求，强调学习者对汉字的形、音、义都应该熟记于心，做到遮住汉字时，能根据读音写出汉字；遮住读音时，能流利地朗读；或者只看英文就能回忆起汉语的表达。

第五章"会话练习"（Exercises in Conversation），他更是把"字"从书面语材料扩展到口语材料中。这章提供三段对话，包括师生对话、客商对话和主仆对话。在编写语句时，他注重给学习者提供在日常交际中常用的汉语表达方式，并配有全句的英文翻译，但不提供字词对译，目的是锻炼学习者"以字猜词"的能力，体会汉语句子的建构规则以及摆脱英语表达习惯对汉语的影响。

第七章"量词"（Classifier）。卫三畏除重点介绍28个常用量词如"个""双""对""把""张"等用法外，还采取"英文+拼音"的句子形式，让学生在真实的语

---

① [美]卫三畏：《中国总论》（The Middle Kingdom by Samuel Wells Williams），陈俱译、陈绛校，上海：上海古籍出版社，2014年，第430页。

境中把握量词"双"的用法。如:

A pair of swallows flying hither and thither./Yat shéung in' 'tsz' fi loi fi hü.

虽然上述例句没有出现汉字,但是学生根据在《拾级大成》前几章已经掌握的一定数量的汉字,单凭英语翻译和广州话读音,就可以毫不费力地写出"一双燕子飞来飞去"的句子。这种"以字扩词""以字入句"的教学设计,渗透到《拾级大成》的各个章节中,第八章"汉译英"、第九章"英译汉"和第十章"篇章翻译"表现最为明显。如第八章"汉译英"的句子:

北 海 孔 融 字 文 举 鲁 国 曲 阜 人 也
Pak 'hoi Hong Yung tsz Man kü Lú Kuok Huk fau yan ya
Pakhoi Hong Yung Styled Mankü, [was a] Lú state, Hukfau man.

卫三畏把一个个汉字安放在具体的语句中,通过标出汉字的读音和全句英文翻译的方法,培养学生凭借字的本义"识词辨义"的能力。卫三畏对"字"在汉语中的意义和重要地位是深有体会的。他曾语重心长地告诫汉语学习者:"有许多人热心地急于传教,或同人们交谈,于是一开始就致力枯燥的文字,心力交瘁,妨碍了根本的进步;另一些人一旦能够迅速而完美地讲话,认为书面文字不那么重要,最后才发现,和其他活语言一样不通过文法和文学,没法走上康庄大道。"[1]

三、对当今美国汉语教育的启示

卫三畏站在"他者"的角度,凭借一个西方人敏感的认知发掘出汉语的迥异特性,意识到"汉字"才是引领学习者"走上康庄大道"的制胜法宝,形成一种"以字为核心和起点"的汉语教学观。这种汉语教学观与当今中国汉语教学界所说的"字本位"教学理念遥相呼应,虽然时隔一个半世纪,二者却有惊人的相似之处。

长期以来,中国对外汉语教学深受欧美印欧语理论的影响,遵循的大多是欧美教授外语的模式,认为"文字有别于语言,文字教学并非真正的语言教学",因此"词本位"历来都是首选模式,"字"被安放在语言教学的次要地位;而卫三畏却恰恰相反,他把"字"摆在了汉语教学的首要地位,认为"汉字才是汉语的本质特性",学汉语若不从"字"入手将无法取得成功。

---

[1] [美]卫三畏:《中国总论》(*The Middle Kingdon by Samuel Wells Williams*),陈俱译,陈绛校,上海:上海古籍出版社,2014年,第431页。

其实，并非只有卫三畏这样的西方汉学家才提出"字本位"的汉语教学观，在中国国内亦有一批学者如徐通锵、吕叔湘、鲁川、潘文国等是主张"字本位"教学思路的。早在20世纪90年代，徐通锵（1991）就曾指出："汉语的基本结构格局隐含在传统所说的'字'中，所代表的语言现象是汉语的语音、词汇、语义、语法的交汇点，隐含着'一个音节·一个概念·一个词'的结构关联。"①吕叔湘（2009）也认为："'字'是音节和汉字的合称。对口头汉语来说，'字'是指音节；对书面汉语来说，'字'是指汉字。也就是说，所谓字是汉语的基本结构单位，是说音节是口头汉语的基本结构单位，汉字是书面语言的基本结构单位。"②

"字本位"理论自提出以来，引起了中国语言学界广泛的重视，尤其得到了中国对外汉语教学界的认同。法国德高望重的汉学家白乐桑就是高举"字本位"大旗的杰出代表。20世纪90年代，他撰文质疑中国对外汉语教学的路子。他说："目前对外汉语教学面临着危机……大部分教材没有抓住汉语教学中最根本的问题（即怎样处理字这一语言教学单位）……确切地说，无论在语言学和教学理论方面，还是在教材的编写原则和课程设置方面，不承认中国文字的特殊性以及不正确处理中国文字和语言所特有的关系，正是汉语教学危机的根源。"他同时指出："汉语教学上不是有两口锅吗？我们认为有这么两口锅：以字为基本语言教学单位的书面语言算一口，以词为基本语言教学单位的口头语言算一口。"③陆俭明先生对白乐桑先生的这种做法给予了积极评价："对于西方汉语学习者来说，'字本位'的教学思路确实优于'词'本位的教学思路。"④他列举了如下理由：

"对于西方的汉语学习者来说，一个个汉字就是一幅幅神奇的图画，要记住2000幅（或者说降低点标准，只要求记住1000幅）神奇的图画才能学会汉语，简直不可思议。他们对汉字产生强烈的神秘感。如果采用'词本位'教学法，以教词为主，以词带字，对于字只是简单地一笔一划地教书写，这不仅不能满足他们希望解开汉字之谜的要求，而且会产生学习汉字的畏难情绪。……而白乐桑先生的'字本位'教学模式，从教汉字入手，而教汉字不是一笔一划的书写法，而是对研究

---

①徐通锵：《语义句法刍议——语言的结构基础和和语法研究的方法论初探》，《语言教学与研究》，1991年第3期。
②吕叔湘：《"语言文字大论坛"第14期发言摘录——说"字"》，《汉字文化》，2009年第1期。
③白乐桑：《汉语教材中的文、语领土之争：是合并，还是自主，抑或分离？》，《世界汉语教学》，1996年第4期。
④陆俭明：《我关于"字本位"的基本观点》，《语言科学》，2011年第10卷第3期。

确定的400个常用汉字,讲每个字的笔画,讲每个字的笔顺,讲偏旁,讲每个字的汉字部件与结构组合,讲每个字的字源,讲每个字从甲骨文到楷书的形体变化,讲字里的文化,讲每个字的字音字义,讲由字到词的组合。"[1]

由此可见,白乐桑的"字本位"教学模式与一个半世纪以前卫三畏"以字为核心"的教学理念是一致的、相通的,两者的共同点都以"字"为起点和核心,以字构词,以词造句。时至今日,卫三畏的这种汉语教学理念已经在白乐桑的"字本位"教学实践中得到进一步验证,陆俭明称赞其为"汉语教学模式的一项成功创举"。据王若江(2003)介绍,白乐桑先生1989年在法国出版了《汉语语言文字启蒙》初级汉语教程,"该书一问世,便为法国汉语教学界广泛接受,第一年销售量为5000册,历经10年,持续不衰,并呈稳定上升趋势,现在年销售量为2.5万册,在法国任何一部汉语教材(包括我国国内以及国外编写的教材)都无法与之抗衡,可以说《启蒙》牢牢地统治着法国的基础汉语教学领域。"[2]"其成功之处就在于它突破了传统的语法框架,根据汉语的特点,以字为基本结构单位,采用字本位教学法,有效地组织了字、词、句以及文化的教学。"[3]

不论白乐桑还是卫三畏,他们教授汉语的方法其实与中华民族几千年来一直沿用的母语启蒙教育是一样的,采用的都是"形音义,字词句"的方式。为什么中国国内的对外汉语教学却偏偏与之相反呢?笔者认为是到了中国对外汉语教学界深刻反思汉语教学"本位"问题的时候了!王若江(2003)早就指出:"确定汉语教学是以'字'为本位还是以'词'为本位,将直接关系到我们所采取的教学方法,决定着汉语教学的成败。印欧语言以'主语—谓语'为结构框架,'词'(word)是支撑这个框架的基本结构单位,所以'词本位'教学模式适用于印欧语言。"[4]言下之意,以"字"为基本结构单位的汉语,"词本位"并不适用,只有"字本位"才能对症下药。

李如龙也是一位主张"字本位"教学模式的大家。早在2004年,他就曾质疑中国对外汉语教材编写"词本位"的问题。他指出:"对于汉语来说,只有'字(语素)—词—语—句'的生成才是学习语言的正确过程,在教材编写中不去开发这种

---

[1]陆俭明:《我关于"字本位"的基本观点》,《语言科学》,2011年第10卷第3期。
[2]王若江:《由法国"字本位"汉语教材引发的思考》,《世界汉语教学》第3期、2000年。
[3]同[2]。
[4]同[2]。

生成能力，而采用不考虑并适当体现字—词关系的"词本位"的编写原则，这是摆着大路不走，去走羊肠小道。"①

对于如何体现汉语教学的"字本位"，李如龙先生发表过许多有见地的观点。2016年5月12日，他在华南师范大学文学院演讲"汉字的类型特征和历史命运"中强调："汉字已经进入汉语，一身二任，既是文字，又是语素；汉字和语素之间保持着一定的独立性，在一定程度上超越了时空，具备了贯穿古今，沟通南北的神奇力量。"因此，他极力赞同周有光"字有定量，辅以拼音"的对外汉语教学法，同时主张实行"汉字和拼音双轨制"以及"字词句贯通"的对外汉语教学新模式。这是一种融合了"字本位"思想，同时又发挥了汉语拼音功能的对外汉语教学新模式。2015年5月23—24日，他在重庆大学联合举办的"第四届汉语国别化教材"国际研讨会上已作了清晰的表述：

"汉字在现今世界上是'特立独行'的文字。字形复杂、字数繁多、表音不准、表意多样，学起来确实不容易，所以往往成为外国人学习汉语的'拦路虎'。然而汉字的总量虽多，常用的的确是少数，由少及多、由简而难，也能学得快；作为语素，学会了单字怎样造出多音词，也就大体知道词语怎样造出句子，便可以搭上'字词句'的'直通车'。汉字标音不准、字词无界，在拼音教学完成之后，为各类课文、读物加注拼音，使汉字和拼音在教学中全程相伴，则'形音义紧相连'，听说读写也一路畅通。这就是'形音义结合、字词句贯通'的教学法。我认为，这才能充分体现汉字与汉语关系，应该是对外汉语教学的基本模式。"②

令人欣慰的是，在探索汉语教学新思路的今天，人们越来越关注"字本位"的教学模式，我们的美国同行们也给我们树立了"美式字本位"教学模式的榜样。如印京华（2006）提出的"分进合击"教学方法。他把汉语声调和汉字按各自的内在规律分开教学。其目的是把初学者顺利地领进门，打好汉语学习的基础，然后经过至少一个学期的"分进"，最后再进行"合击"，即把听说读写技能的教学合为一体，进行综合教学。他指出："美国大学的汉语教学广泛采用'语文一体'的教学路子，这使得多数美国学生对汉语学习不是望而却步就是浅尝辄止。因为'语文一体'的教学路子不能有效地帮助美国大学生克服在初级阶段所遇到的汉字和声

---

① 李如龙、何颖：《试析对外汉语教材编写的"词本位"》，《海外华文教育》，2004年第2期。
② 李如龙、马杜娟：《汉字的特征与对外汉语教学》，《变革中的国际汉语教育——第四届汉语国别化教材国际研讨会论文集》，2015年。

调所造成的障碍。为有效帮助学生突破汉字和声调两大障碍,从而使更多的学生愿意学汉语并使他们能继续提高汉语水平,我们应该在起始阶段采用'分进合击'的教学新路,按照汉语语言和文字各自的特点和规律分别教学。"①

  如今,国际汉语教育如火如荼。虽然卫三畏的时代离我们已经有一个半世纪了,他所处时代以及学术背景无法与今天的国际汉语教育水平同日而语,但是,作为美国汉语教学的开山鼻祖,他所提出的"字本位"汉语教学思想,对提高当今美国汉语教学水平仍有非凡的意义。笔者期盼着卫三畏的汉语教学思想能引领人们走出一条汉语教学的光明大道来。

【参考文献】

[1] [美]卫三畏.《中国总论》(The Middle Kingdon by Samuel Wells Williams)[M]. 陈俱译,陈绛校,上海:上海古籍出版社,2014.

[2] 顾钧. 卫三畏与美国早期汉学[M]. 北京:外语教学与研究出版社,2009.

[3] 江莉,王澧华.《拾级大成》——美国人在中国编印的第一本汉语教材[J]. 语言研究集刊,2010(1).

[4] 卞浩宇. 晚清来华西方人汉语学习与研究[D]. 苏州大学博士学位论文,2010.

---

① 印京华:《探寻美国汉语教学的新路——分进合击》,《世界汉语教学》,2006年第1期。